2024

현대자동차
생산직 필기시험 대비

550제

타임적성검사연구소

2024

현대자동차 생산직 필기시험 대비 550제

인쇄일 2024년 2월 5일 2판 1쇄 인쇄
발행일 2024년 2월 10일 2판 1쇄 발행
등 록 제17-269호
판 권 시스컴2024

발행처 시스컴 출판사
발행인 송인식
지은이 타임적성검사연구소

ISBN 979-11-6941-318-3 13320
정 가 20,000원

주소 서울시 금천구 가산디지털1로 225, 514호(가산포휴) | **홈페이지** www.nadoogong.com
E-mail siscombooks@naver.com | **전화** 02)866-9311 | **Fax** 02)866-9312

INTRO

글로벌 자동차 그룹인 현대자동차가 2013년 4월 이후 10년 만에 생산직 채용의 문을 열었습니다. 현대자동차는 그동안 대졸 신입 및 경력직 채용에 대한 공채 대신 수시채용을 통해 우수한 인력을 모집해 왔으며, 이번에는 수시채용을 통해 도전과 창의, 열정과 협력 그리고 글로벌 마인드를 지닌 생산직 직군을 모집 · 선발합니다.

현대자동차 생산직은 고졸 학력 이상의 연령 및 성별에 제한이 없고 정년이 보장되며 생산직 직군 중 연봉 및 복지가 신의 직장이라 불릴 만큼 거의 국내 탑 수준의 직장입니다. 그러나 채용의 문이 좁아 현대자동차 생산직에 입사를 희망하는 취업 준비생은 효율적이고 체계적인 시험 준비가 필요합니다.

이에 본서는 현대자동차 생산직 입사를 위한 필기시험을 준비하는데 다음과 같이 맞춤형 학습 과정을 제공하고 있습니다.

[핵심요약] 현대자동차 생산직 필기시험 과목인 자동차구조학, 기계기능이해력, 회사 및 일반상식, 기초생활영어의 필수 내용을 중요 포인트만 콕 집어 외울 수 있도록 압축하여 요약 정리하였습니다.

[적중문제] 현대자동차 생산직 기출문제를 분석 · 연구하여 출제 경향을 파악하고, 각 과목별 적중문제를 통해 앞서 학습한 요약 내용을 확인 마무리 할 수 있도록 엄선하여 수록하였습니다.

[정답해설] 현대자동차 생산직 필기시험 대비 적중문제 풀이과정을 통해 앞서 학습한 내용을 반복하여 암기하도록 유도하였습니다.

[직업기초능력평가] 현대자동차 생산직 필기시험 대비 직업기초능력 평가 항목인 언어능력, 수리능력, 추리능력, 공간능력의 적중 예상문제를 전격 수록하였습니다.

이 책으로 취업 준비생들이 현대자동차 생산직 채용 시험에 충분히 대비하여 어려운 취업 관문을 뚫고 성공적인 입사에 한 발짝 다가갈 수 있기를 진심으로 희망합니다.

타임적성검사연구소

01 회사개요

창의적인 도전정신을 바탕으로 세계적인 기업 현대자동차

(단위: 백만원)

회사명	현대자동차(주)
설립일	1967년 12월 29일
상장일	1974년 06월 28일
대표이사	정의선, 장재훈, 이동석
대표업종	자동차 제조업
자본금	1,488,993
결산기	12월
자산총계	233,946,415
본점주소	서울시 서초구 헌릉로 12
대표전화	02) 3464-1114

02 경영철학과 비전

경영철학(Management Philosophy)
창의적 사고와 끝없는 도전을 통해 새로운 미래를 창조함으로써 인류 사회의 꿈을 실현한다.

비전(Vision)
자동차에서 삶의 동반자로

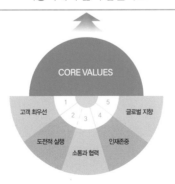

CORE VALUES

고객 최우선
글로벌 지향
도전적 실행
소통과 협력
인재존중

03 5대 핵심가치

5대 핵심가치는 현대자동차의 조직과 구성원에게 내재되어 있는 성공 DNA이자 더 나은 미래를 향하여 새롭게 발전시키고 있는 구체적인 행동양식이다.

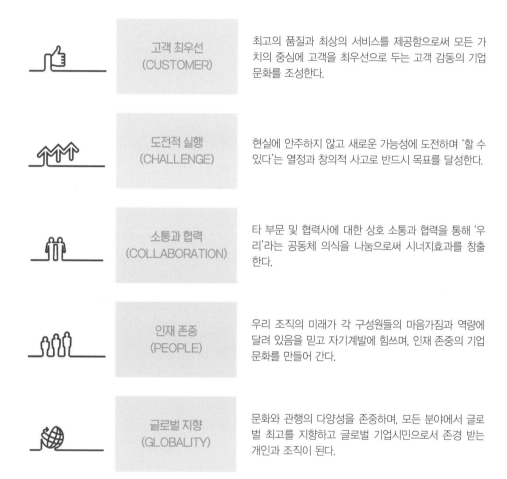

고객 최우선 (CUSTOMER)
최고의 품질과 최상의 서비스를 제공함으로써 모든 가치의 중심에 고객을 최우선으로 두는 고객 감동의 기업문화를 조성한다.

도전적 실행 (CHALLENGE)
현실에 안주하지 않고 새로운 가능성에 도전하며 '할 수 있다'는 열정과 창의적 사고로 반드시 목표를 달성한다.

소통과 협력 (COLLABORATION)
타 부문 및 협력사에 대한 상호 소통과 협력을 통해 '우리'라는 공동체 의식을 나눔으로써 시너지효과를 창출한다.

인재 존중 (PEOPLE)
우리 조직의 미래가 각 구성원들의 마음가짐과 역량에 달려 있음을 믿고 자기계발에 힘쓰며, 인재 존중의 기업문화를 만들어 간다.

글로벌 지향 (GLOBALITY)
문화와 관행의 다양성을 존중하며, 모든 분야에서 글로벌 최고를 지향하고 글로벌 기업시민으로서 존경 받는 개인과 조직이 된다.

04 ESG 경영

1), 2) 담당조직 신설 (탄소중립추진팀, 중대재해예방팀 등)

이사회 (지속가능경영 위원회)	ESG위원회	간사: 기획재경본부 (지속가능경영팀)	ESG협의체 (실무분과)
• ESG 주요 정책 수립과 개선 계획 논의 등 ESG 경영 체계를 강화 • 안전 및 보건, 윤리 등 주요 이슈 관련 계획 및 이행 점검/감독 • 반기별 1회 ESG 주요 현안에 대한 보고 및 심의/의결	• 경영전략회의 내 소회의체로, 부문별 경영진이 ESG 관련 사안을 검토/논의	• 체계 구축/고도화 • ESG경영 내재화 • 개선활동 유도/추진 • 정보공시/소통	• 분과 별 개선방향 논의, 개선활동 수행, 개선성과 공유

05 CSV(공유가치창출)

현대자동차는 공유가치창출(CSV; Creating Shared Value)을 통해 사회 임팩트를 확산하고, 지속가능한 기업 생태계를 구축하고자 'Hyundai Continue' 이니셔티브를 시작하였다.

비전	**Progress for Humanity**		
미션	공유가치 창출(CSV)을 통한 사회 임팩트 확산과 지속가능한 기업 생태계 구축		
CSV 이니셔티브	**Hyundai continue**		
중점 영역	**continue earth** 지구와 사람의 공존을 노력을 계속하겠습니다.	**continue mobility** 자유로운 이동과 연결을 위한 노력을 계속하겠습니다.	**continue hope** 미래세대의 희망을 위해 노력을 계속하겠습니다.
추진 방향	생태계 복원, 자원순환, 기후변화 대응, 생물다양성 보존 활동	이동약자/소외지역 이동 지원, 교통안전기술 지원, 미래 모빌리티 연계 활동	미래세대 교육, 성장 지원, 인재 육성 활동

1. 채용프로세스

현대자동차는 수시채용을 통해 도전과 창의, 열정과 협력 그리고 글로벌 마인드를 지닌 생산직 직군을 모집 및 선발한다.

2. 채용안내

(1) 모집시기

- 모집시기가 따로 정해져 있지 않으며 연중 수시로 진행한다.
- 생산직의 경우 2023년에 10년 만의 신규 모집이 이루어졌다.

(2) 지원자격

- 고등학교 졸업 이상의 학력을 보유한 자 또는 고등학교 졸업예정자
- 병역필 또는 면제자
- 해외여행에 결격사유가 없는 자
- 생산공장 교육 및 현장실습이 가능한 자

(3) 지원방법

- 현대자동차 채용 포털(talent.hyundai.com)에 접속 후 지원서를 작성 및 제출한다.
- 지원서는 현대자동차 채용 홈페이지를 통해서만 접수하며, 그 외의 개별접수는 받지 않는다.

(4) 주의사항

- 채용 절차의 모집 부문 및 분야, 지격 요건 및 일정 등 세부 내용은 채용 공고를 참고한다.
- 지원서의 내용이 사실과 다르거나 문서로 증빙이 불가할 경우 합격이 취소되거나 전형 상의 불이익을 받을 수 있다.
- 채용 부문 및 직무별 요소에 따라 채용 진행 순서나 방식은 상이하게 운영될 수 있다.
- 취업보호대상자(장애, 보훈 등)는 관계 법령에 의거하여 우대한다.

3. 채용전형절차

지원서 접수 ▶ 서류전형 ▶ 인성검사 및 필기시험 ▶ 면접 ▶ 신체검사

(1) 지원서 접수
기본적인 인적사항, 학업 이수내용, 경험 및 자격 등을 작성한 후 제출한다.

(2) 서류전형
온라인으로 작성·제출한 입사지원서를 바탕으로 지원자의 업무 관심도, 기본 인성, 열정 등을 면밀히 검토한다.

(3) 인성검사 및 필기시험
- **인성검사**: 개인의 인성적 특성을 파악하기 위해 제시되는 문항에 대한 응답을 주어진 레벨 내에서 본인에게 가장 부합하는 정도를 골라 답변하는 형식이다.
- **필기시험**: 회사의 실제 사무 수행에 필요한 직무 능력 및 적성을 검증하기 위한 기초 역량 평가 시험이다.

(4) 면접
- **1차 면접**: 현대자동차그룹에 적합한 핵심 역량과 인성 및 직무 역량을 갖추고 있는지 인사 전문가들로 구성된 면접관들이 평가한다.
- **2차 면접**: 현대자동차그룹을 대표하는 각 부문의 임원들이 핵심 직무 역량에 대해 종합적으로 검토한다.

(5) 신체검사
직무수행에 문제가 될 만한 건강상의 문제가 있는지 혹은 타인에게 전염 가능성이 있는 질병을 보유하고 있는지에 대해 지정 병원에서 확인한다.

(6) 최종합격

1. 자동차 구조학

자동차의 기초원리부터 엔진, 섀시, 전기 등 자동차 구조에 관한 일반적인 지식을 탐구한다.

> 타이어의 구조에서 노면과 접촉되는 부분으로, 마모에 견디고 미끄럼 방지를 담당하는 것은?
>
> ① 트레드(tread)　　　　　　　② 브레이커(breaker)
> ③ 카커스(carcass)　　　　　　④ 사이드 월(side wall)

2. 기계기능이해력

기계에 관한 기초이론 및 축, 밸브, 베어링 등 각종 기계요소들의 기능과 이해 정도를 탐구한다.

> 마찰차에서 원동차의 지름이 500mm, 종동차의 지름이 200mm일 때, 두 축간 중심거리와 원동차에 대한 종동차의 각속도 비를 알맞게 구한 것은?
>
> ① 중심거리 : 300mm, 각속도비 : 1.5
> ② 중심거리 : 300mm, 각속도비 : 2.5
> ③ 중심거리 : 350mm, 각속도비 : 1.5
> ④ 중심거리 : 350mm, 각속도비 : 2.5

3. 회사 및 일반상식

현대자동차에 관한 기업정보와 기술혁신 사항 및 이해력, 판단력, 사리분별력에 대한 상식의 정도를 탐구한다.

> 고객의 비즈니스 목적과 요구에 맞춰 낮은 비용으로 제공 가능한 친환경 다목적 모빌리티 차량은?
>
> ① AAM　　　　　　　　　　② HEV
> ③ PBV　　　　　　　　　　④ FCEV

4. 기초생활영어

직무수행을 위해 영어로 의사소통하는 데 필요한 기초적인 생활영어 수준의 정도를 탐구한다.

다음 대화 내용 중 가장 어색한 것은?

① A : Are we still going on a picnic tomorrow? It might rain.

　B : Let's wait and see.

② A : Would you like to have a dinner with me this weekend?

　B : I'm sorry I can't make it. Can you give me a rain check?

③ A : Can you hand in the report as soon as possible?

　B : Be my guest.

④ A : Is it true that Mr. Smith is out of town?

　B : Not that I know of.

5. 직업기초능력평가

직무수행에 필요한 직업기초능력인 언어능력, 수리능력, 추리능력, 공간능력의 이해 정도를 탐구한다.

C사의 영업사원인 A, B 두 사람은 지난달에 25군데의 지점을 관리했다. 이번 달에 A는 지난달에 비해 관리 지점 수가 30% 증가, B는 40% 감소하여 두 사람이 합해서는 12% 감소했다. 이번 달에 A의 관리 지점은 몇 군데인가?

① 12　　　　　　　　　　② 13

③ 14　　　　　　　　　　④ 15

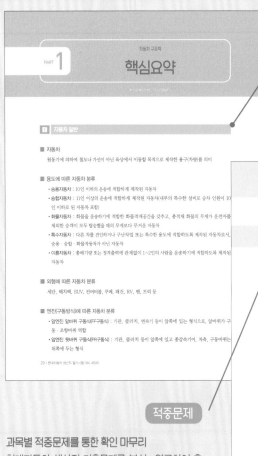

핵심요약

중요 포인트만 콕 집어 외우는 핵심요약
현대자동차 생산직 필기시험 과목인 자동차구조
학, 기계기능이해력, 회사 및 일반상식, 기초생활영
어의 필수 내용을 중요 포인트만 콕 집어 외울 수
있도록 압축하여 요약 정리하였습니다.

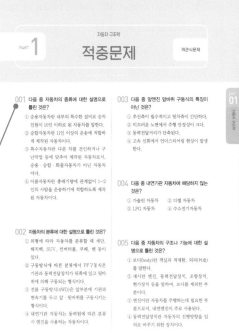

적중문제

과목별 적중문제를 통한 확인 마무리
현대자동차 생산직 기출문제를 분석 · 연구하여 출
제 경향을 파악하고, 각 과목별 적중문제를 통해
앞서 학습한 요약 내용을 확인 마무리 할 수 있도
록 550문제를 엄선하여 수록하였습니다.

각 문제에 대한 해설을 달아 문제풀이를
통해 학습 내용을 습득하도록 하였다.

정답 및 해설

정답 및 해설을 통해 익히는 암기식 해설
현대자동차 생산직 필기시험 대비 550
문항의 적중문제 풀이과정을 통해 앞서
학습한 내용을 반복하여 암기하도록 유
도하였습니다.

빠른 정답 찾기로 오답 여부를 빠르게
채점할 수 있도록 하였다.

효율적인 학습이 가능한 학습계획표를 활용해보세요!

과목	세부영역	학습 날짜	학습 시간
Part 1 자동차 구조학	01 자동차 일반		
	02 기관		
	03 섀시		
	04 전기		
Part 2 기계기능이해력	01 기계의 기초이론		
	02 체결용 기계요소		
	03 축 관계 기계요소		
	04 동력 전달용 기계 요소		
	05 완충 · 제동용 기계요소		
	06 관 · 밸브 기계요소		
Part 3 회사 및 일반상식	01 현대자동차		
	02 정치 · 법률		
	03 국제 · 외교		
	04 경제 · 경영		
	05 사회 · 노동		
	06 과학 · 기술		
	07 환경 · 기후		
	08 역사 · 교육 · 철학		
	09 문화 · 예술 · 스포츠		
	10 한국사		
Part 4 기초생활영어	01 인사 · 소개 ~ 02 전화		
	03 시간 · 날짜 · 날씨 ~ 04 길 안내		
	05 교통 ~ 06 부탁 · 제안 · 약속		
	07 감사 · 사과 ~ 08 공항 · 호텔		
	09 은행 · 우체국 ~ 10 부탁 · 제안		
	11 상점 · 쇼핑 ~ 12 기타		
Part 5 직업기초능력평가	01 언어능력		
	02 수리능력		
	03 추리능력		
	04 공간능력		

Special Information Service Company
SISCOM

HYUNDAI MOTORS

PART 1

자동차 구조학

Automotive Tectonics

PART **1**

핵심요약

AUTOMOTIVE TECTONICS

---

1 자동차 일반

▓ 자동차

원동기에 의하여 철도나 가선이 아닌 육상에서 이동할 목적으로 제작한 용구(차량)를 의미

▓ 용도에 따른 자동차 분류

- **승용자동차** : 10인 이하의 운송에 적합하게 제작된 자동차
- **승합자동차** : 11인 이상의 운송에 적합하게 제작된 자동차(내부의 특수한 설비로 승차 인원이 10인 이하로 된 자동차 포함)
- **화물자동차** : 화물을 운송하기에 적합한 화물적재공간을 갖추고, 총적재 화물의 무게가 운전자를 제외한 승객이 모두 탑승했을 때의 무게보다 무거운 자동차
- **특수자동차** : 다른 차를 견인하거나 구난작업 또는 특수한 용도에 적합하도록 제작된 자동차로서, 승용 · 승합 · 화물자동차가 아닌 자동차
- **이륜자동차** : 총배기량 또는 정격출력에 관계없이 1~2인의 사람을 운송하기에 적합하도록 제작된 자동차

▓ 외형에 따른 자동차 분류

세단, 해치백, SUV, 컨버터블, 쿠페, 왜건, RV, 밴, 트럭 등

▓ 엔진(구동방식)에 따른 자동차 분류

- **앞엔진 앞바퀴 구동식(FF구동식)** : 기관, 클러치, 변속기 등이 앞쪽에 있는 형식으로, 앞바퀴가 구동 · 조향바퀴 역할
- **앞엔진 뒷바퀴 구동식(FR구동식)** : 기관, 클러치 등이 앞쪽에 있고 종감속기어, 차축, 구동바퀴는 뒤쪽에 두는 형식

- 뒤엔진 뒷바퀴 구동식(RR구동식) : 기관과 동력전달장치가 뒤쪽에 있고 뒷바퀴에 의해 구동
- 전륜 구동방식(4WD) : 앞부분에 기관과 변속기를 두고 앞 · 뒷바퀴를 구동시키는 형식

▦ 동력원에 따른 자동차 분류

- 내연기관 자동차 : 엔진을 사용
- 친환경 자동차 : 무공해 · 저공해 차량으로, 에너지 소비효율 우수

▦ 자동차의 치수

- 전장 : 자동차의 앞부분부터 뒷부분까지의 길이(앞 범퍼에서 뒷 범퍼까지의 길이)
- 전폭 : 자동차의 너비가 가장 넓은 폭으로, 사이드미러는 제외
- 전고 : 자동차 접지면에서 가장 높은 곳까지의 수직거리
- 윤간거리 : 앞바퀴(뒷바퀴) 좌우 타이어 접지면의 중심선 사이의 거리
- 뒤오버행(리어 오버행) : 뒷바퀴 중심에서 뒷 범퍼까지의 거리

▦ 자동차의 중량

- 공차 중량(차량 중량) : 운행에 필요한 규정량을 다 채운 상태의 무게(연료 · 냉각수 · 윤활유 등을 가득 채운 공차 상태의 무게)
- 최대 적재량 : 공차상태에서 최대로 적재한 중량
- 총 중량 : 탑승자와 화물 등 최대 적재량을 실은 자동차의 총 무게

▦ 자동차 상식

- 배기량 : 엔진 실린더 내부의 체적 및 부피를 산출한 양(주로 엔진의 크기를 말함)
- 마력 : 일률을 측정하는 단위(75kg의 물체를 1초에 1미터만큼 들어 올리는 일률)로, 마력이 높을수록 자동차의 속도가 빨라짐
- 구동력 : 동력기구(자동차)를 움직이는 힘으로, 구동륜에 전달되어 노면과 마찰에서 발생되는 저항을 이기고 차량을 움직이게 함
- 최대출력 : 엔진에서 발생하는 최대한의 동력으로, 최대속력과 비례(분당 엔진회전수가 몇 회전할 때 최고출력은 몇 마력이 나온다는 뜻으로 사용)
- 토크 : 엔진실린더에서 피스톤이 밀려나는 힘, 즉 자동차의 동력이 엔진 축에 순간적으로 전달되는 힘(최대토크가 높을수록 가속성능이 좋음)
- 공주거리 : 운전자가 위험을 인식하고 브레이크 페달을 밟아 브레이크가 작동되기 전까지의 거리

- **제동거리** : 브레이크를 작동시킨 후 자동차가 정지할 때까지의 거리
- **정지거리** : 운전자가 위험을 인식해 브레이크를 밟아 차량이 멈춰선 상태까지의 진행거리(정지거리 = 공주거리 + 제동거리)
- **안전거리** : 앞차가 갑자기 정지하더라도 충돌을 피할 수 있는 거리로, 정지거리보다 조금 긴 거리를 의미
- **연비** : 연료 소비율의로, 자동차에서는 연료 1리터로 주행가능한 킬로미터 수를 의미
- **에코 드라이브** : 친환경적 운전방식(경제운전)으로, 운전방식을 개선하여 연료소비와 배기가스를 줄이는 운전법을 말함
- **환경친화적 자동차** : 전기자동차, 태양광자동차, 하이브리드자동차, 수소전기자동차 등 에너지소비효율과 저공해자동차의 기준, 자동차의 성능 등 기술적 세부사항 기준에 적합한 자동차
- **전기자동차** : 전기 공급원으로부터 충전받은 전기에너지를 동력원으로 사용하는 자동차로, 유해가스 배출이 적고 가속력이 좋으며, 주행소음이 적은 장점이 있음
- **하이브리드자동차** : 휘발유, 경유, 액화석유가스, 천연가스 등과 전기에너지를 조합하여 동력원으로 사용하는 자동차
- **수소전기자동차** : 수소를 사용하여 발생시킨 전기에너지를 동력원으로 사용하는 자동차

■ 타이어 공기압 상식

공기압 과다	• 핸들이 가벼워지고, 충격을 흡수하지 못해 승차감이 나빠짐 • 높은 압력으로 접지면적이 감소해 그립(접지력)이 감소 • 타이어 중앙부분이 빠르게 마모
공기압 과소	• 충격량 흡수가 많아져 승차감 향상 • 타이어의 과다운동으로 발열이 증가하고 코드와 고무가 손상될 수 있음 • 접지면적 증가로 타이어의 구름저항이 증가해 연비가 감소

■ 차량에서 나는 냄새

- **기름 타는 냄새** : 엔진오일 누수
- **달착지근한 냄새** : 냉각수 누출
- **고무 타는 냄새** : 전기 배선 이상
- **종이 타는 냄새** : 브레이크 패드 · 라이닝의 비정상적 마모

■ 디젤자동차가 배출하는 유해 물질

일산화탄소, 탄화수소, 질소산화물, 입자상물질, 매연 등

2 기관

▦ 엔진

자동차의 동력을 발생하는 기관으로, 본체에 해당하는 실린더 헤드와 블록, 밸브 등으로 구성

▦ 내연엔진

- 연료와 공기를 실린더 내에서 연소하여 발생된 열에너지를 기계적 에너지로 변환시키는 기계적 장치
- **종류** : 왕복형(가솔린엔진, 디젤엔진, 석유엔진, 가스엔진), 회전형(로터리엔진), 분사추진형(제로 엔진)

▦ 외연엔진

- 실린더 외부에 있는 연소장치에 연료가 공급되어 발생한 열에너지를 실린더 내부로 끌어들여 기 계적 에너지를 얻는 엔진
- **종류** : 왕복형(증기엔진), 회전형(증기터빈엔진), 스털링엔진 등

▦ 실린더

- **기능** : 증기 압력으로 피스톤 왕복운동을 하는 원통형의 부분으로, 열에너지를 기계적 에너지로 바꾸어 동력을 발생시킴
- **종류** : 블록과 일체로 만든 일체식, 실린더를 따로 제작하여 삽입하는 삽입식(라이너식)

▦ 실린더 헤드

- **구성** : 실린더 블록 위에 실린더 헤드 개스킷을 사이에 두고 설치되며 실린더, 피스톤과 함께 연소 실의 일부를 구성
- **구비요건** : 고온에서 강도가 커야하고 열전도가 좋아야 하며 주조나 가공이 쉬울 것, 온도에 따른 열팽창이 적을 것 등
- **변형원인** : 제작 시 열처리 조작이 불충분, 기관과열, 냉각수 동결, 헤드 개스킷 불량, 볼트 조임의 불균일

▥ 실린더 블록

- **구성** : 4~6개가 일체를 이루고 이루는 블록구조이고, 내부에 물과 오일통로 등이 있으며 블록위에는 실린더 헤드가 있음
- **종류** : 내벽 재료가 실린더 블록과 동일한 일체형, 내벽에 별도의 실린더 라이너를 끼워 넣은 라이너식
- **냉각방식** : 건식(냉각수가 라이너에 직접 접촉하지 않음), 습식(냉각수가 직접 작용)

▥ 실린더 라이너

- **재질** : 통상 강한 제철 또는 보통 주철의 실린더 블록에 특수 주철의 라이너를 삽입
- **건식 라이너** : 냉각수가 직접 접촉하지 않는 형식, 두께는 2~4mm로 비교적 얇음
- **습식 라이너** : 라이너 바깥에 냉각수와 직접 접촉하며, 열팽창과 누설을 고려하여 2~3개의 고무 실링이 삽입되어 있음

▥ 밸브 기능

연소가 일어나는 부분으로, 연소실에 혼합가스를 흡입하고 연소된 배기가스를 배출할 목적으로 실린더에 설치

▥ 밸브 간극

- 엔진 동작 중에 열팽창을 고려하여 로커암과 밸브스템엔드 사이에 두는 간극
- **간극이 클 경우** : 밸브 열림 기간이 짧아 흡배기 시 완전하게 열리지 못하고, 효율이 저하되며, 잡음이 심하고 충격이 있어 파손을 초래함
- **간극이 작을 경우** : 밸브 열림 기간이 길어 기밀유지가 안되고 엔진 출력이 감소하며, 푸시로드가 휘고 각 부분에 이상 마모가 발생함

▥ 밸브 기구

- **캠(Cam)** : 캠축의 회전에 의하여 밸브 리프트나 로커암을 밀어 밸브를 개폐시키며, 배전기와 연료 펌프를 가동시킴
- **밸브시트** : 밸브면과 밀착되는 실린더 헤드나 블록의 면을 말하는 것으로, 연소실의 기밀을 유지하고 열을 방출함
- **밸브스프링** : 캠의 회전에 의해 열려진 흡배기 밸브를 닫게 하고 닫힌 상태를 유지하는 역할을 함(밸브면이 시트에 밀착되게 하여 기밀을 유지)

▨ 피스톤

- **기능** : 실린더 내부를 왕복운동하며 고온 · 고압의 팽창압력을 커넥팅 로드를 통해 크랭크축에 전달하여 회전력이 발생함으로서 동력을 얻음
- **구성** : 헤드, 보수부, 스커트부 등
- **구비조건** : 고온 · 고압에 견디고 열전도성이 클 것, 열팽창률이 적을 것, 무게가 가볍고 피스톤 상호간 무게 차이가 적을 것, 가스나 오일의 누출을 방지할 것
- **커넥팅 로드** : 소단부(피스톤과 크랭크축을 연결하는 막대로서 피스톤핀에 지지되는 부분)와 대단부(크랭크축과 연결되는 부분)의 중심선 사이의 거리를 말하며, 피스톤 행정의 1.5~2.3배 정도임
- **피스톤 링의 3대 작용** : 기밀유지(밀봉), 오일제어, 열전도(냉각) 작용

▨ 크랭크축(크랭크샤프트)

- **기능** : 실린더에서 얻어진 피스톤 왕복운동을 회전운동으로 바꾸어주는 장치로, 피스톤의 운동을 도와주어 연속적인 동력이 발생하게 함
- **구성** : 크랭크핀, 크랭크암 등은 일체로 되어 있고, 크랭크축의 정적 · 동적 평형을 유지하기 위해 밸런스 웨이트가 설치되어 있음
- **비틀림 진동의 발생 원인** : 크랭크축의 회전력이 클 때, 축의 길이가 길 때, 강성이 적을 때
- **제동 열효율(정미 열효율)** : 크랭크축이 한 일과 공급된 열량의 비를 말하며, '도시 열효율 × 기계효율'로 구함
- **베어링의 사용** : 피스톤과 커넥팅 로드, 커넥팅 로드와 크랭크핀 · 크랭크축 사이

▨ 베어링의 구비조건

- 하중 부담 능력(내피로성)과 매몰성이 있어야 하고, 내마멸성 · 내부식성이 커야 함
- 산화에 저항할 수 있어야 함(내식성)
- 열전도성과 길들임성, 융착성이 우수해야 함

▨ 플라이휠

- 크랭크축의 주기적 파동을 막아 엔진의 회전속도를 고르게 하는 기능을 하며, 크랭크축 후단에 플랜지 볼트로 고정되어 있음
- 회전 중 관성력이 크고 가벼워야 함

▨ 윤활 목적 및 작용

- **목적** : 윤활은 각 운동 부분의 마찰을 감소시키고 최소화하여 동력 손실을 방지하고, 부품의 마모와 마멸을 방지
- **윤활유의 작용** : 마찰감소 및 마멸방지, 밀봉 · 세척 · 냉각 · 응력분산 · 방청 작용

▨ 윤활장치 구성 부품

오일 팬(크랭크 케이스), 펌프 스트레이너(1차 필터), 오일펌프, 오일 여과기, 유압조절밸브, 유압계, 유면지시기 등

▨ 윤활 방식

- **비산식** : 커넥팅 로드의 대단부 끝이 유면에 접착되어 엔진회전 시 오일을 비산하는 방식으로, 단기통이나 2기통의 소형기관에 사용
- **압송식(압력식)** : 오일팬에 있는 오일을 오일펌프로 흡입 · 가압하여 윤활하는 방식
- **비산압송식** : 피스톤 핀이나 실린더 벽 등은 커넥팅 로드에 비산구멍을 설치하여 오일을 비산하고 캠축이나 크랭크축 베어링 등에는 압송식을 이용하는 방식
- **혼기식(혼합식)** : 연료와 윤활유를 혼합하여 연소실에 공급하였을 때, 연소되지 않은 윤활유가 윤활 작용을 수행하는 방식

▨ 냉각장치

엔진 부품의 열적 변형과 손상을 방지하고 유해가스 배출 저감, 부분품의 수명을 유지하기 위한 장치

▨ 냉각방식

- **공랭식** : 실린더 주위에 냉각핀을 두어 직접 대기에 접촉시켜 엔진을 냉각하는 방식으로, 주행 시 공기로 냉각하는 자연 냉각방식과 냉각팬을 통한 강제 냉각방식이 있음
- **수랭식** : 실린더 주위에 냉각수를 두어 엔진을 냉각하는 방식으로, 냉각 팬, 워터 재킷, 수온조절기 등으로 구성되며, 공랭식 보다 구조가 복잡하나 냉각작용이 우수하여 자동차는 대부분 수랭식을 채택함

▨ 냉각장치 구성부품

- **워터 재킷(물 재킷)** : 실린더 헤드와 블록에 마련된 냉각수 통로
- **물 펌프** : 물 재킷 내에 냉각수를 순환시키는 원심식 펌프

- **냉각 팬** : 라디에이터를 통해 공기를 흡입하여 냉각효과를 향상시키는 것으로, 유체 커플링식과 전동식으로 구분
- **구동밸트(팬밸트)** : 크랭크축의 동력을 받아 발전기와 물 펌프를 구동시킴
- **수온조절기** : 수랭식의 구성부품으로, 실린더 헤드의 냉각수 통로에 설치되어 냉각수 온도를 적절하게 조절(75~85도 정도로 조절)

▓ 엔진의 과열 · 과냉

과열	원인	냉각장치의 고장, 냉각수 부족, 팬밸트의 손상, 라디에이터 호스 손상 등
	영향	엔진 출력 저하, 조기점화, 노킹 발생, 부품 변형, 윤활유 소비량 증가, 계기판 온도계가 적색선으로 올라감
과냉	원인	수온조절기 고장이나 열리는 온도가 너무 낮은 경우, 물 펌프의 고속회전
	영향	연료소비율이 증가하고 연료 응결로 연소가 곤란, 출력 저하, 오일 희석, 베어링 마모 등

▓ 연료장치

엔진에 필요한 연료를 실린더로 공급하는 장치로서 엔진의 성능과 경제성을 결정하며, 연료탱크와 연료파이프, 연료여과기, 연료펌프, 기화기 등으로 구성

▓ 연료장치 구성

- **연료탱크** : 주행에 필요한 연료를 저장하는 장치로, 세퍼레이터(연료의 흔들림 방지)와 연료 센더(연료량을 계기판에 표시)로 구성
- **연료펌프** : 연료를 흡입 · 송출하는 장치로, 기계식 연료펌프와 전기식 연료펌프, 연료 진공 조합식 펌프로 구분
- **연료분사장치** : 실린더 내부에 연료를 분사하는 장치로, 기계식과 전자식(기화기를 사용하지 않음)으로 구분

▓ 연료펌프가 연속적으로 작동될 수 있는 조건

- 급가속할 때, 크랭킹 할 때
- 공전 상태(기관 회전속도 600rpm 이상)

▦ 전자식 연료분사장치의 특성

- 기화기보다 정밀한 혼합비 제어가 가능하며, 연소효율이 높음
- 기화기에서 증발되는 휘발유 절약이 가능하며, 응답성이 향상됨
- 배출가스 중 유해물질 소멸이 가능

▦ 흡기장치

실린더 내부로 혼합가스나 공기를 흡입하는 장치로, 공기청정기와 흡기다기관(흡기매니폴드) 등으로 구성됨

▦ 흡기장치의 구성

- **공기청정기** : 실린더에 흡입되는 공기 중에 함유되어 있는 불순물을 여과하고 소음을 방지하는 장치로, 건식 공기청정기와 습식 공기청정기, 사이클론 여과 공기청정기로 구분
- **흡기다기관(흡기매니폴드)** : 각 실린더에 혼합가스가 균일하게 분배되도록 안내하는 통로
- **가변흡기장치** : 엔진의 회전수에 따라 다기관의 길이나 지름 등을 가변시켜 체적효율을 향상시키는 장치

▦ 배기장치

실린더에서 배출되는 가스를 모아 외부로 방출하는 장치로, 배기다기관과 촉매장치, 소음기 등으로 구성됨

▦ 배기장치의 구성

- **배기다기관** : 실린더에서 배출되는 가스를 모아 소음기로 보내는 장치
- **촉매장치** : 연소 후 발생되는 배기가스의 유해물질을 산화 · 환원반응을 통해 무해물질로 변환하는 장치
- **소음기** : 고온의 배기가스를 실린더에서 그대로 방출하면 급격히 팽창하여 폭발음을 내는데, 이를 막아주는 장치

▦ 배출가스

자동차에서 배출되는 가스로서, 크게 배기가스(일산화탄소, 탄화수소, 질소산화물, 입자상물질 등)와 블로바이가스, 증발가스가 있음

▓ 배출가스 제어장치

- 배기가스 재순환장치(EGR) : 질소산화물 배출을 저감시키기 위해 배기가스 중 일부를 배기다기관에서 빼내어 흡기다기관으로 순환 · 연소시킴
- 블로바이가스 제어장치 : 엔진 운전 중 크랭크 케이스 내로 다량의 탄화수소가 포함된 배기가스가 들어오는데, 이를 연소실로 보내 강제로 연소시키는 장치
- 연료증발가스 제어장치 : 증발가스를 연소실로 유도하여 연소시키는 장치

3 섀시

▓ 동력전달장치

엔진의 동력을 구동바퀴에 전달하는 장치로, 클러치와 변속기, 추진축, 종감속기어, 차동기어, 차축 등으로 구성됨

▓ 클러치

엔진의 동력을 전달하거나 차단하는 장치로 플라이휠과 변속기 사이에 설치되며, 클러치 판, 클러치 축, 압력판, 클러치 스프링, 릴리스 레버, 클러치 커버로 구성

▓ 클러치 구비조건

- 동력차단이 신속하고 확실하게 이루어져야 함
- 회전부분의 평형이 좋아야 하고, 회전관성이 적어야 함
- 과열되지 않고, 조작 · 구조가 간단하고 고장이 적어야 함

▓ 클러치 조작 기구

로드와 와이어를 사용하여 릴리스 포크를 움직이는 기계식 클러치와 페달을 밟아 유압을 발생시켜 릴리스 포크를 움직이는 유압식 클러치로 구분

▓ 클러치 미끄럼 원인

스프링 불량, 클러치 페달의 유격 감소, 플라이휠이나 압력판의 손상, 페이싱 마모나 오일의 부착

▦ 변속기(트랜스미션)

엔진에서 발생한 동력을 속도에 따라 필요한 회전력으로 바꾸어 구동바퀴에 전달하는 장치로, 수동
변속기와 자동변속기로 구분

▦ 수동변속기

- 엔진과 추진축 사이에 설치되며 엔진의 동력을 주행상태에 맞는 회전력과 속도로 전달하는 변속
  기로, 플라이휠, 클러치디스크, 입력판, 릴리스포크 등으로 구성
- **구비조건** : 변속이 쉽고 안정적, 연속적인 변속조작 가능, 소형 · 경량이어야 하고 전달효율이 좋
  아야 함

▦ 자동변속기

- 주행상태에 따라 클러치 · 변속기 작용이 자동적으로 조작되며, 유체 클러치와 토크 컨버터(변환
  기), 유성기어 유닛 및 제어장치로 구성
- 장 · 단점

장점	단점
• 가속 · 감속이 원활하여 승차감이 좋음 • 엔진이 멈추는 일이 적어 운전이 편리함 • 유체가 댐퍼 역할을 하여 충격을 흡수	• 구조가 복잡하고 값이 비쌈 • 밀거나 끌어서 시동할 수 없음 • 연료소비가 많음

▦ 추진축

- 변속기와 종감속기어 사이에 설치되어 변속기의 동력을 전달하는 장치로, 강한 비틀림 하중을 받
  으며 고속으로 회전하므로 속이 빈 강관으로 구성
- **기능** : 구동 토크 전달, 각도 변화 용이, 비틀림 진동 감쇠
- **자재 이음** : 각도를 가지고 동력을 전달하는 추진축이나 앞차축에 설치되어 동력을 전달하는 장치
  로, 십자형과 플렉시블, CV(등속이음) 형식 등으로 구분

▦ 종감속기어(종감속장치), 차동기어

- **종감속기어** : 추진축에서 받은 동력을 직각으로 변환 · 전달하여 일정한 감속(회전력 증대)을 얻어
  내는 장치로, 웜기어와 베벨기어, 하이포이드 기어 등으로 구성
- **차동기어** : 커브길이나 굴곡 노면에서 양쪽바퀴의 회전수 차이를 자동적으로 조절해주는 장치

▥ 차축

- 차량의 무게를 지지하며 동력을 바퀴에 전달하는 장치
- 지지 방식

반부동식	휠이 구동축에 직접 장착된 형식, 구동축과 액슬하우징 사이에 베어링 설치
전부동식	피스톤과 커넥팅 로드에 피스톤 핀이 고정되지 않아 회전이 자유로움
3/4부동식	반부동식과 전부동식의 중간 형식

▥ 현가장치(서스펜션)

차축과 프레임을 연결하여 노면의 충격 · 진동을 흡수 및 완화하는 차대의 받침 장치

▥ 현가장치 구성

- 스프링 : 차축과 프레임 사이에 설치되어 진동 · 충격을 흡수, 판스프링과 코일스프링, 토션바 스프링, 고무 스프링, 공기 스프링 등이 있음
- 쇼크업소버 : 진동 · 충격을 흡수(충격흡수장치), 스프링의 미세진동을 흡수
- 스태빌라이저 : 롤링을 방지

▥ 일체차축 현가장치

- 일체로 된 차축에 양 바퀴가 설치되고, 차축은 스프링을 거쳐 차체에 설치된 구조
- 장 · 단점

장점	단점
• 구조가 간단하고 부품수가 적음(많은 중량을 지지) • 선회 시 차체의 기울기가 적음	• 승차감과 안정성이 떨어짐 • 스프링 상수가 적은 것을 사용할 수 없음

▥ 독립 현가장치

- 차축을 분할하여 좌우 바퀴가 독립적으로 작동할 수 있는 형식으로, 승차감과 조향안정성이 요구되는 승용차에 주로 사용
- 장 · 단점 : 스프링 하부 질량을 가볍게 할 수 있어 승차감 · 안정성이 뛰어난 장점이 있는 반면, 구조가 복잡하고 취급 및 정비가 곤란하며 타이어의 마멸이 촉진된다는 단점이 있음

part
01
자동차 구조학

▓ 전자제어 현가장치(ECS)

자동차 각 부에 설치된 센서가 주행조건과 노면상태 등을 종합하여 작동부를 제어함으로써 차의 높이와 현가장치를 자동 조정하여 승차감과 조향성을 향상시켜주는 장치

▓ 조향장치

자동차의 진행방향을 바꾸기 위한 장치로, 조향핸들을 조작해 조향기어에 전달되면 조향기어에 의해 바퀴의 방향이 바뀌게 됨

▓ 조향장치의 구비조건

- 주행 중 충격에 영향을 받지 않고 고속주행에서도 조향핸들이 안정적일 것
- 방향의 전환과 조작이 쉽고 조향핸들이 회전과 바퀴의 선회 차이가 크지 않을 것
- 수명이 길고 정비하기가 쉬울 것

▓ 조향장치의 구조

- **조향휠** : 운전자의 조작력을 조향축에 전달
- **조향축** : 조향휠의 조작력을 조향기어 박스에 전달
- **조향칼럼** : 튜브 내에 설치되어 축을 지지
- **조향기어** : 조향휠의 회전을 감속하는 동시에 차의 진행방향을 바꾸어 주는 장치(가역식, 비가역식, 반가역식)
- **조향링크** : 기어의 움직임을 바퀴에 전달하고 좌우바퀴의 관계위치를 바르게 하는 부분으로, 피트먼암, 드래드 링크, 너클암, 타이로드 등이 있음

▓ 조향기어 비

조향휠 회전각도와 피트먼암 회전각도와의 비를 말하며, 조향기어 비가 크면 조향조작력이 가벼우나 조향조작이 늦고, 작으면 조작은 신속하나 힘이 많이 소요됨

▓ 동력조향장치

조향조작력을 가볍게 하고 조작이 신속하게 작동하게 하는 장치

▓ 전자제어 동력조향장치

- 주행속도에 따른 최적의 조향감각을 제공
- 주차와 저속 시에는 조향핸들의 조작력이 작고 조향을 용이하게 하며, 중속 이상 시에는 차량 속도에 감응하여 조작력을 변화시켜 불안감을 해소

▓ 제동장치

차를 감속 · 정지시키기 위한 장치로, 운동에너지를 열에너지로 바꾸어 제동함

▓ 제동장치의 구비조건

- 차량의 최고속도와 중량에 대해 제동력이 적당하고, 신뢰성과 내구성 높아야 함
- 조작이 간단하고 점검 · 조정하기 쉬울 것
- 브레이크가 작동하지 않을 때는 각 바퀴의 회전에 관여하지 않아야 함

▓ 제동장치의 종류

- 풋브레이크 : 페달을 밟으면 바퀴의 안쪽에 있는 브레이크 드럼이나 디스크에 의한 마찰력이 작용해 제동하며, 기계식과 유압식, 공기식 등이 있음
- 유압식 브레이크 : 유압을 이용해 제동력을 얻으며, 휠실린더, 마스터실린더, 브레이크슈 등으로 구성
- 공기 브레이크 : 압축 공기를 이용해 제동력을 얻으며, 공기 파이프의 배관이 독립되어 한쪽이 고장 나도 다른 쪽이 정상 작동함
- 주차 브레이크(핸드 브레이크) : 추진축에 브레이크 장치를 장착해 제동하는 센터 브레이크식(트럭 · 버스에서 주로 사용)과 풋브레이크식을 기계적으로 확장시켜 제동한 휠 브레이크식이 있음
- ABS(전자제어 제동장치) : 주행 중 급정지나 미끄러운 노면에서 제동할 때 바퀴의 고착을 방지하여 안전성을 유지하고 제동거리를 단축하는 장치로, 방향안정성과 조향안정성 유지 그리고 제동거리 단축의 기능을 함

▓ 유압식 브레이크 장 · 단점

- 장점 : 제동력이 각 바퀴에 균일하게 공급되며, 마찰 손실이 적음
- 단점 : 유압계통의 파손이나 오일의 유입 시 제동력이 상실되며, 베이퍼록 현상이 발생하기 쉬움

▨ 휠

- **차축에 연결되어 타이어와 함께 차의 중량을 분담·지지하고, 구동력·제동력을 노면에 전달함**
- **구비조건** : 직경과 강성·탄성이 커야하고 방열성이 우수해야 함, 경량이고 교환이 용이해야 함
- **종류** : 강판제 디스크 휠, 와이어 스포크 휠, 스파이더 휠 등
- **휠 얼라인먼트** : 노면과의 관계에 있어 타이어와 차체의 연결 각도를 나타낸 것

▨ 타이어

휠의 림에 설치되어 일체로 회전하며, 노면으로부터 충격을 흡수하여 승차감을 향상하고 구동이나 제동을 가능하게 함

▨ 타이어의 구조

- **트레드** : 노면에 접촉되는 고무 부분으로, 마모에 견디고 미끄럼 방지(견인력 증대)와 열의 방산을 담당
- **브레이커** : 카커스와 트레드 사이에 설치되며, 충격을 완화하고 트레드의 손상이 카커스에 전달되는 것을 방지
- **카커스** : 타이어의 형상을 유지시키는 뼈대로, 공기압력을 견디고 일정 체적을 유지하며 충격과 하중에 따라 변형하여 완충작용을 함
- **비드** : 타이어가 림에 부착상태를 유지하고 림에서 이탈을 방지

▨ 타이어의 종류

- **사용압력에 따른 분류** : 고압 타이어(60~90PSI), 저압 타이어(30~36PSI), 초저압 타이어
- **튜브 유무에 따른 분류** : 튜브 타이어, 튜브리스 타이어(튜브를 사용하지 않는 타어어)
- **타이어 형상에 따른 분류** : 바이어스 타이어(보통 타이어), 편평 타이어(광폭 타이어), 레이디얼 타이어

바이어스 타이어 (보통 타이어)	카커스 코드가 사선방향으로 설치된 타이어로, 버스나 트럭, 건설기계에 주로 사용
편평 타이어 (광폭 타이어)	타이어 단면의 높이와 폭의 비율인 편평 비로 표시된 타이어로, 접지면적이 크고 제동·가속 시 미끄러짐이 작고 선회성이 좋아 승용차에 사용
레이디얼 타이어	카커스의 코드 방향이 원둘레 방향의 직각방향으로 배열된 타이어로, 원둘레 방향의 압력은 브레이커가, 직각 방향의 충격은 카커스가 받음

■ 튜브리스 타이어의 특성

- 고속주행에도 발열이 적음
- 중량이 가벼움
- 못에 박혀도 공기가 잘 새지 않고 펑크 수리가 간단함
- 유리조각에 손상되면 수리가 어려움
- 림이 변형되면 밀착이 불량해 공기누출이 쉬움

part
01
자동차 구조학

4 전기

■ 축전지

- 자동차에 전원을 공급하는 공급원으로, 전기에너지를 화학에너지로 바꾸어 두었다가 필요 시 전원으로 작용
- 기능 : 장치의 전기적 부하를 담당, 발전기 고장 시 주행을 확보하기 위해 전기에너지 공급, 발전기 출력과 부하와의 불균형을 조정

■ 축전지의 종류

- 알칼리 축전지 : 방전 성능이 우수하고 불리한 사용조건에서도 성능이 떨어지지 않으며 사용기간도 10~20년이나 되나, 값이 비싸 널리 쓰이지 않음
- 납산 축전지 : 제작이 간편하고 값이 싸서 거의 모든 자동차에 사용되나, 중량이 무겁고 수명이 짧음, 건식 축전지와 습식 축전지로 분류됨

■ 축전지의 구조

- 케이스(셀 케이스) : 극판군과 전해액을 넣은 상자로, 절연체이며 충격이나 산에 강함
- 극판 : 작용물질을 격자에 압착시킨 것으로, 양극판과 음극판으로 구분됨
- 격리판 : 양극판과 음극판 사이에 설치되어 극판의 단락을 예방하고 극판 간 간격을 유지하는 다공질의 절연용 판
- 극판군 : 하나의 단전지(1셀)를 말함
- 커넥터(셀 커넥터) : 셀을 직렬로 접속하기 위해 만든 납 합금
- 단자 : 회로와 전기장치 등을 연결하는 부분으로, 양극단자와 음극단자가 있으며 납 합금으로 되어 있음

• **전해액** : 순도가 높은 무색 · 무취의 묽은 황산으로, 전해액의 비중과 온도는 반비례함

▓ 점화장치의 원리

• **자기 유도 작용** : 한 개의 코일에 흐르는 전류를 단속하면 코일에 유도전압이 발생하는 작용
• **상호 유도 작용** : 하나의 전기회로에 자력선의 변화가 생기면 그 변화를 방해하려고 다른 전기 회로에 기전력이 발생하는 작용

▓ 렌츠의 법칙(유도 전압의 방향)

유도 전압 또는 유도 전류의 방향에 대한 법칙으로, 전자기 유도에 의해 코일에 흐르는 유도 전류는 자석의 운동을 방해하는 방향 또는 자속의 변화를 방해하는 방향으로 흐른다는 법칙

▓ 플레밍의 오른손 법칙

자기장의 방향은 도선이 움직이는 방향으로 유도전류 또는 기전력의 방향을 결정한다는 법칙

▓ 시동장치(기동장치)

엔진을 시동하기 위한 장치로, 시동 전동기와 축전지, 시동 스위치, 시동 릴레이 등으로 구성

▓ 시동장치의 특성

• 기동토크가 크고 소형 경량인 직류 직권전동기를 사용
• 시동 키를 돌리면 배터리 전류를 이용해 시동장치를 회전

▓ 시동장치의 종류

• **직권식** : 짧은 시간에 큰 회전력이 요구되는 차량에 맞는 형식으로, 계자코일과 전기자코일이 직렬로 연결되어 있음
• **분권식** : 계자코일과 전기자코일이 병렬로 연결되어 있는 장치로, 회전속도는 일정하나 토크가 적은 편임
• **복권식** : 계자코일과 전기자코일이 직 · 병렬로 연결되어 있는 장치

▓ 충전장치

• 자동차의 전기장치에 전기를 공급하고 축전지로 충전하는 장치

- **구성** : 엔진으로 구동되는 발전기와 발전 전압·전류를 적절한 상태로 만들어 주는 조정기, 충전 상태를 알려주는 전류계 등으로 구성

▓ 충전장치의 구비조건

- 소형·경량이어야 하고, 내구성이 좋고 정비가 쉬워야 함
- 저속·고속에 관계없이 충전이 가능하며, 출력이 커야 함
- 출력 전압이 안정되고 전압의 맥동이 없어 전파방해가 발생하지 않아야 함

▓ 충전장치의 종류

- **직류(DC) 충전장치** : 전자유도 작용에 의해 기전력이 발생하며, 전기자코일에 발생한 교류를 정류하여 직류 전류를 얻음(전기자, 계철, 계자철심, 계자코일, 브러시 등으로 구성)
- **교류(AC) 충전장치** : 회전속도에 관계없이 양호한 충전을 할 수 있는 장치(스테이트 코일에서 발생한 전류는 교류이며, 실리콘 다이오드로 정류)

▓ 등화장치

도로를 비추거나 도로 이용자에게 등화신호를 제공하는 장치

▓ 등화장치의 종류

조명용	• **전조등** : 야간에 주행하기 위해 전방을 조명하는 등으로, 상향등(원거리 조명)과 하향등 (근거리 조명)이 구분 • **안개등** : 안개·눈·비 속을 운행하기 위한 조명 • **실내등** : 차 실내 조명 • **계기등** : 계기판의 계기 조명 • **후진등(후퇴등)** : 후진 시 후방 조명
표시용	• **차폭등과 차고등** : 차의 폭과 높이를 조명 • **주차등** : 주차중임을 알림 • **번호판등** : 번호판 조명 • **후미등** : 차의 후방임을 표시
신호용	• **방향지시등** : 주행방향을 표시 • **제동등(브레이크등)** : 풋브레이크 작동중임을 표시 • **비상등** : 비상시나 경고 표시

▓ 냉 · 난방장치

온도 · 습도 · 풍속 등을 제어하여 쾌적한 운전을 확보하기 위해 설치한 장치

▓ 난방장치의 특성

- 냉각수의 열로 따뜻한 공기를 순환
- 열 교환기(라디에이터)에 냉각수를 흘려 전동 팬을 회전시킨 후 실내로 순환
- 온수, 배기 열, 연소 등을 이용한 방식으로 구분됨

▓ 냉방장치의 특성

- 압축−응축−팽창−증발−압축의 냉동사이클을 거침
- 에어컨 시스템이 작동 중인 경우 냉매의 온도는 압축기와 응축기 사이에서 가장 높음

▓ 에어컨 구성요소

- **압축기** : 저온저압의 기체 냉매를 고온고압의 기체 냉매로 만듦
- **응축기** : 고온고압의 기체 냉매를 고온고압의 액체 냉매로 만듦
- **건조기(리시버 드라이어)** : 응축기에서 들어온 냉매를 저장하고 수분제거 · 기포분리 기능을 함
- **팽창밸브** : 압축된 기체의 압력을 줄이고 팽창시켜 온도를 낮춤
- **증발기** : 물질을 녹인 후 액체를 가열하여 물을 증발시키는 장치

자동차 구조학

PART **1**

적중문제

AUTOMOTIVE TECTONICS

정답 및 해설
230p

part
01

자동차 구조학

001 다음 중 자동차의 종류에 대한 설명으로 틀린 것은?

① 승용자동차란 내부의 특수한 설비로 승차 인원이 10인 이하로 된 자동차를 말한다.

② 승합자동차란 11인 이상의 운송에 적합하게 제작된 자동차이다.

③ 특수자동차란 다른 차를 견인하거나 구난작업 등에 맞추어 제작된 자동차로서, 승용·승합·화물자동차가 아닌 자동차이다.

④ 이륜자동차란 총배기량에 관계없이 1~2인의 사람을 운송하기에 적합하도록 제작된 자동차이다.

002 자동차의 분류에 대한 설명으로 틀린 것은?

① 외형에 따라 자동차를 분류할 때 세단, 해치백, SUV, 컨버터블, 쿠페, 밴 등이 있다.

② 구동방식에 따른 분류에서 FF구동식은 기관과 동력전달장치가 뒤쪽에 있고 뒷바퀴에 의해 구동되는 형식이다.

③ 전륜 구동방식(4WD)은 앞부분에 기관과 변속기를 두고 앞·뒷바퀴를 구동시키는 형식이다.

④ 내연기관 자동차는 동력원에 따른 분류 시 엔진을 사용하는 자동차이다.

003 다음 중 앞엔진 앞바퀴 구동식의 특징이 아닌 것은?

① 추진축이 필수적이고 뒷차축이 간단하다.

② 미끄러운 노면에서 주행 안정성이 크다.

③ 동력전달거리가 단축된다.

④ 고속 선회에서 언더스티어링 현상이 발생한다.

004 다음 중 내연기관 자동차에 해당하지 않는 것은?

① 가솔린 자동차   ② 디젤 자동차
③ LPG 자동차   ④ 수소전기자동차

005 다음 중 자동차의 구조나 기능에 대한 설명으로 틀린 것은?

① 보디(body)란 객실과 적재함, 외피(外皮)를 말한다.

② 섀시란 엔진, 동력전달장치, 조향장치, 현가장치 등을 말하며, 보디를 제외한 부분이다.

③ 엔진이란 자동차를 주행하는데 필요한 부분으로서, 내연엔진이 주로 사용된다.

④ 동력전달장치란 자동차의 진행방향을 임의로 바꾸기 위한 장치이다.

006 자동차의 기능·성능에 대한 설명으로 맞는 것은?

① 동력전달장치는 핸들을 돌려 주행방향을 조향한다.
② 제동장치는 엔진에서 발생한 동력을 주행상태에 맞추어 변화시켜 바퀴에 전달한다.
③ 현가장치는 노면에서 발생하는 진동·충격을 완화한다.
④ 주행장치는 주행 중인 차의 속도를 감속·정지한다.

007 엔진의 시동과 점화 등 지속적인 운전을 위한 장치로, 각종 등화 및 계기장치를 무엇이라 하는가?

① 동력전달장치
② 현가장치
③ 전기장치
④ 조향장치

008 다음 중 전장에 해당하는 설명은?

① 자동차의 너비가 가장 넓은 폭
② 자동차의 앞부분부터 뒷부분까지의 길이
③ 자동차 접지면에서 가장 높은 곳까지의 수직거리
④ 좌우 타이어 접지면의 중심선 사이의 거리

009 다음 중 차량의 중량에 대한 설명으로 틀린 것은?

① 공차 중량은 통상 차량중량이라 한다.
② 공차 중량은 운전자, 연료, 냉각수, 윤활유 등을 가득 채운 무게이다.
③ 최대 적재량은 공차상태에서 최대로 적재한 중량이다.
④ 총 중량은 탑승자와 화물 등 최대 적재량을 실은 자동차의 총 무게이다.

010 다음 중 용어에 대한 설명이 틀린 것은?

① 배기량 – 엔진 실린더 내부의 체적 및 부피를 산출한 양
② 마력 – 일률을 측정하는 단위, 즉 75kg의 물체를 1초에 1미터만큼 들어 올리는 일률
③ 구동력 – 엔진실린더에서 피스톤이 밀려나는 힘
④ 정지거리 – 공주거리 + 제동거리

011 다음 중 환경친화적 자동차에 해당하지 않는 것은?

① 디젤 자동차
② 전기 자동차
③ 태양광자동차
④ 하이브리드자동차

012 다음 중 하이브리드 자동차의 전기충전 시 주의사항으로 틀린 것은?

① 전기자동차의 스위치가 on 상태에서 반드시 충전할 것
② 폭풍, 천둥, 번개가 심하게 칠 때는 충전기 사용을 금할 것
③ 충전 중에는 차량을 이동시키거나 작동하지 말 것
④ 충전 중 세차, 정비 등 차량유지보수 작업을 금할 것

013 하이브리드 차량의 전기장치 정비 전 준수할 사항으로 가장 부적절한 것은?

① 오렌지색의 고전압 케이블과 고전압 부품에 접촉하지 않도록 주의한다.
② 해당 차종의 매뉴얼 및 안전수칙을 참고하여 정비에 들어간다.
③ 엔진이 정지하였다면 하이브리드 시스템이 정지 상태라 판단한다.
④ READY 표시등이 꺼져 있는 상태는 시스템 정지 상태이다.

014 다음 중 하이브리드 자동차에서 고전압 관련 정비 시 고전압을 해제하는 장치는?

① 보조배터리
② 세이프티 스위치
③ 진공펌프
④ 배터리 팩

015 다음 중 하이브리드 자동차 특화시스템 점검 수행 순서를 바르게 나열한 것은?

① 고전압 파워 릴레이 점검 - 모터 점검 - 고전압 차단 - 잔존 전압 및 메인 퓨저 점검
② 고전압 파워 릴레이 점검 - 고전압 차단 - 잔존 전압 및 메인 퓨저 점검 - 모터 점검
③ 고전압 차단 - 잔존 전압 및 메인 퓨저 점검 - 모터 점검 - 고전압 파워 릴레이 점검
④ 고전압 차단 - 잔존 전압 및 메인 퓨저 점검 - 고전압 파워 릴레이 점검 - 모터 점검

016 다음 중 전기자동차의 구동 모터 작동을 위해 전기를 공급·저장하는 기능을 하는 것은?

① 모터 제어기
② 고전압 배터리
③ VCU
④ 변속기 제어기

017 다음 중 전기자동차의 구성에 해당되지 않는 것은?

① LDC
② VCU
③ STACK
④ 진공펌프

018 다음 중 전기자동차의 장점에 해당되지 않는 것은?

① 주행 소음이 적고 가속력이 좋다.
② 유지비가 저렴하고 차량 수명이 길다.
③ 유해가스를 배출하지 않아 친환경적이다.
④ 충전시간이 짧고 수리비용이 저렴하다.

019 다음 중 수소연료 자동차에 대한 설명으로 틀린 것은?

① 수소를 사용하여 발생시킨 전기에너지를 동력원으로 한다.
② 주행거리가 전기자동차보다 길고 충전 속도 또한 상대적으로 빠르다.
③ 수소는 연료로서의 성능이 우수하고 보관성이 좋다.
④ 연료전지에서 생성된 전기는 인버터를 통해 모터로 공급된다.

020 연료전지 자동차에 대한 설명으로 틀린 것은?

① 에너지원을 순수 수소나 개질 수소를 이용하여 전력을 발생한다.
② 연료전지 자동차에서 배출되는 배출가스의 양은 내연기관보다 조금 많다.
③ 전기자동차의 주요 공해원은 축전지 충전에 필요한 전기를 생산하기 위한 발전소의 공해이다.
④ 전기자동차의 실용화를 위해서는 축전지의 충전, 폐차, A/S서비스 등의 시설 구축이 필요하다.

021 자동차에 사용되는 냉매 중 오존을 파괴하지 않는 신냉매의 특성으로 옳지 않은 것은?

① 무색, 무취, 불연성이며 독성이 없다.
② 다른 물질과 반응하지 않는다.
③ 오존 파괴계수가 0이다.
④ 열역학적 성질상 R-12와 유사하다.

022 다음 중 타이어 공기압이 과소한 경우 나타날 수 있는 현상은?

① 핸들이 가벼워진다.
② 접지면적이 감소해 그립이 감소한다.
③ 타이어 중앙부분이 빠르게 마모된다.
④ 충격량 흡수가 많아져 승차감이 향상된다.

023 차량에서 나는 냄새와 발생 현상이 바르게 연결된 것은?

① 기름 타는 냄새 – 엔진오일 누수
② 달착지근한 냄새 – 전기 배선 이상
③ 고무 타는 냄새 – 브레이크 패드 · 라이닝의 비정상적 마모
④ 종이 타는 냄새 – 냉각수 누출

024 다음 중 디젤자동차가 배출하는 유해 물질과 거리가 먼 것은?

① 탄화수소
② 우라늄
③ 입자상물질
④ 매연

025 다음 중 적재함의 중심선과 후측 중심선과의 거리를 무엇이라 하는가?

① 축거
② 오버행 각
③ 하대 오프셋
④ 앞오버행

026 다음 중 내연기관에 대한 설명으로 틀린 것은?

① 내연기관은 연료를 실린더 내에서 연소하여 발생된 열에너지를 기계적 에너지로 변환시키는 장치이다.
② 가솔린엔진은 가솔린을 연료로 하는 내연기관이다.
③ 경유 또는 중유를 연료로 하는 내연기관은 디젤엔진이다.
④ LPG, 천연가스 등의 가스를 연료로 하는 내연기관은 석유엔진이다.

027 다음 중 2행정 사이클 엔진에 대한 설명으로 틀린 것은?

① 크랭크축이 2회전할 때 완료되는 형식이다.
② 구조가 간단하고 고속회전이 용이하다.
③ 배기량 출력은 4행정 사이클 보다 크고 연료소비율은 2배이다.
④ 흡기와 배기가 불완전하여 열손실이 많다.

028 엔진의 출력 성능을 향상시키기 위하여 제동평균 유효압력을 증대시키는 방법을 사용한다. 이에 대한 설명으로 틀린 것은?

① 흡기 압력을 낮추어서 흡기의 비중량을 적게 한다.
② 흡기구의 위치를 낮게 설치하여 흡기온도를 낮게 한다.
③ 배기 밸브 직후 압력인 배압을 낮게 하여 잔류 가스양을 감소시킨다.
④ 흡기 및 배기 때의 유동저항을 감소시킨다.

029 다음 중 엔진의 구성에 대한 설명으로 틀린 것은?

① 실린더는 증기 압력으로 피스톤 왕복운동을 하는 부분으로, 블록과 일체로 만든 일체식과 따로 제작하여 삽입하는 삽입식(라이너식)이 있다.
② 실린더 헤드는 고온에서 강도가 커야하고 열전도가 좋아야 하며, 온도에 따른 열팽창이 적어야 한다.
③ 실린더 블록의 냉각방식에는 냉각수가 직접 작용하는 건식과 냉각수가 라이너에 직접 접촉하지 않는 습식 방식이 있다.
④ 실린더 헤드의 변형원인으로는 제작 시 열처리 조작이 불충분하거나 냉각수 동결, 헤드 개스킷 불량 등이 있다.

030 라이너 방식의 실린더 특성으로 옳지 않은 것은?

① 재질은 실린더 블록에 특수 주철의 라이너를 삽입하여 제작한다.

② 건식 라이너에는 열팽창과 누설을 고려하여 2~3개의 고무 실링이 삽입되어 있다.

③ 마멸되면 라이너만 교환하므로 정비성능이 좋다.

④ 원심주조 방식으로 제작하며, 실린더 벽에 도금하기가 쉽다.

031 밸브 간극과 밸브 기구에 대한 설명으로 틀린 것은?

① 밸브 간극이 작을 경우 밸브 열림 기간이 짧아 흡배기 시 완전하게 열리지 못한다.

② 밸브 간극이 클 경우 효율이 저하되며, 잡음이 심하고 파손을 초래한다.

③ 밸브시트는 밸브면과 밀착되는 실린더 헤드나 블록의 면을 말하는 것이다.

④ 밸브스프링은 캠의 회전에 의해 열린 흡배기 밸브를 닫히게 하고 닫힌 상태를 유지하는 역할을 한다.

032 다음 중 밸브스프링 서징현상을 방지하는 방법으로 틀린 것은?

① 고유 진동수를 높게 할 것

② 사용 중인 것보다 피치가 큰 스프링을 사용할 것

③ 부등 피치 스프링이나 원추형 스프링을 사용할 것

④ 피치가 다른 이중 스프링을 사용할 것

033 유압식 밸브 리프터의 유압은 어떤 유압을 사용하는가?

① 흡기다기관 진공 압력을 이용한다.

② 배기다기관 배기 압력을 이용한다.

③ 윤활장치의 유압을 이용한다.

④ 브레이크 계통의 브레이크 오일을 사용한다.

034 다음 중 피스톤에 대한 설명으로 틀린 것은?

① 피스톤은 고온·고압의 팽창압력을 커넥팅 로드를 통해 크랭크축에 전달하여 동력을 얻는다.

② 헤드와 보수부, 스커트부 등으로 구성된다.

③ 고온·고압에 견디고 열전도성과 열팽창률이 커야 한다.

④ 커넥팅 로드는 소단부와 대단부의 중심선 사이의 거리를 말하며, 피스톤 행정의 1.5~2.3배 정도이다.

035 다음 중 피스톤 링의 3대 작용이 아닌 것은?

① 내마멸 작용

② 기밀유지 작용

③ 오일제어 작용

④ 냉각 작용

036 다음 중 크랭크샤프트(크랭크축)에 대한 설명으로 옳지 않은 것은?

① 크랭크축은 피스톤 왕복운동을 회전운동으로 바꾸어주어 연속적 동력이 발생하게 한다.

② 크랭크축의 회전력이 클 때나 축의 길이가 길 때 비틀림 진동이 발생한다.

③ 베어링은 크랭크축의 주기적 파동을 막아 엔진의 회전속도를 고르게 한다.

④ 플라이휠은 크랭크축 후단에 플랜지 볼트로 고정되어 있으며, 관성력이 크고 가벼워야 한다.

037 기계효율이 80%인 내연기관에서 불완전 연소로 30%, 냉각 손실로 25%의 열손실이 발생하였다면 제동 열효율(정미 열효율)은 얼마인가?

① 32% ② 34%

③ 36% ④ 38%

038 윤활장치 내의 압력이 지나치게 상승하는 것을 방지하여 압력을 일정하게 하는 것은?

① 오일펌프

② 유압 조절기

③ 오일 여과기

④ 유면지시기

039 다음 중 엔진의 윤활방식으로 적절하지 않은 것은?

① 압송식(압력식)

② 공랭식

③ 비산압송식

④ 혼기식(혼합식)

040 다음 중 엔진오일에 대한 설명으로 틀린 것은?

① 엔진에 알맞은 오일을 사용하며 평지 상태에서 오일을 점검한다.

② 엔진오일이 노란색을 띠는 경우 무연가솔린이 유입된 것이다.

③ 오일량은 시동상태에서 F눈금에 위치해야 한다.

④ 엔진오일이 우유색을 띠는 경우 냉각수가 혼입된 것이다.

041 다음 중 공랭식의 특징이 아닌 것은?

① 구조가 간단하고 마력당 중력이 가볍다.

② 주행 시 공기로 냉각하는 자연 냉각방식과 냉각팬을 통한 강제 냉각방식이 있다.

③ 정상 작동온도에 도달하는 시간이 짧다.

④ 냉각작용이 수랭식보다 우수하다.

042 다음 중 냉각장치에 대한 연결로 옳지 않은 것은?

① 워터 재킷(물 재킷) – 실린더 헤드와 블록에 마련된 냉각수 통로
② 냉각 팬 – 라디에이터를 통해 냉각효과를 향상시키는 것으로, 유체 커플링식과 전동식으로 구분
③ 구동밸트(팬밸트) – 크랭크축의 동력을 받아 발전기와 물 펌프를 구동
④ 수온조절기 – 수랭식의 구성부품으로, 냉각수 온도를 55~65도 정도로 조절

043 다음 중 엔진 과열의 원인과 그 영향으로 나타나는 현상과 거리가 먼 것은?

① 냉각장치의 고장이나 팬밸트의 손상으로 발생한다.
② 조기점화와 노킹 발생이 일어나기 쉽다.
③ 시동 시 회전저항이 커지고 연소가 곤란해진다.
④ 계기판 온도계가 적색선으로 올라간다.

044 다음 중 부동액의 구비조건으로 적절하지 않은 것은?

① 침전물이 발생되지 않고 냉각수와 혼합이 잘 되지 않아야 한다.
② 내식성이 크고 팽창계수가 작아야 한다.
③ 비등점이 높고 응고점은 낮아야 한다.
④ 휘발성이 없고 유동성이 좋아야 한다.

045 라디에이터(방열기)에 대한 설명으로 옳지 않은 것은?

① 내연기관에서 발생한 열의 일부를 냉각수를 통해 대기 중으로 방출한다.
② 단위 면적당 발열량이 커야 한다.
③ 헤드 개스킷이 파손된 경우는 내부에 오일이 떠 있게 된다.
④ 공기 저항이 크고 냉각수의 저항이 작아야 한다.

046 연료장치에 관한 설명으로 옳지 않은 것은?

① 연료탱크는 주행에 필요한 연료를 저장하는 장치이다.
② 연료펌프는 세퍼레이터와 연료 센더로 구성된다.
③ 연료분사장치는 실린더 내부에 연료를 분사하는 장치이다.
④ 연료분사장치는 기계식과 전자식으로 구분된다.

047 연료펌프 라인에 고압이 걸릴 경우 연료의 누출이나 파손을 방지하는 것은?

① 사일런서(silencer)
② 체크 밸브
③ 안전 밸브
④ 축압기(accumulator)

048 다음 중 전자식 연료분사장치의 특성으로 틀린 것은?

① 연소효율이 낮다.
② 응답성이 향상된다.
③ 배출가스가 감소한다.
④ 기화기에서 증발되는 휘발유 절약이 가능하다.

049 다음 중 가솔린 기관의 전자제어 연료분사 장치를 구성하는 부품이 아닌 것은?

① 연료 압력조절기
② 인젝터
③ 웨스트 게이브 밸브
④ ECU

050 전자제어 연료분사 장치 중 인젝터는 무엇에 의해 연료를 분사하는가?

① 펌프의 송출입력
② ECU의 분사신호
③ 플러저의 상승
④ 냉각수온센서의 신호

051 디젤기관의 연소실 중 직접 분사식의 장점에 해당하는 것은?

① 분사펌프나 분사노즐의 수명이 길다.
② 노크를 일으키지 않는다.
③ 부하변동에 민감하지 않다.
④ 열효율이 높고 연료소비율이 적다.

052 다음 중 디젤 노크의 방지 대책으로 적절하지 않은 것은?

① 압축비를 작게 할 것
② 분사량을 줄일 것
③ 회전속도를 느리게 할 것
④ 냉각수의 온도를 높일 것

053 다음 중 자동차용 LPG 연료의 성질로 적절하지 않은 것은?

① 옥탄가가 가솔린보다 높아 노킹이 잘 발생되지 않는다.
② 탱크를 고압 용기로 사용하기 때문에 중량이 감소한다.
③ 가솔린 연료보다 가격이 저렴하여 경제적이다.
④ 블루바이에 의한 오일의 희석과 오일 소모가 적다.

054 다음 중 압축천연가스(CNG)에 대한 설명으로 옳지 않은 것은?

① 매장량이 풍부하다.
② 공기보다 가벼워 위로 올라간다.
③ 옥탄가가 상대적으로 낮다.
④ 엔진 체적효율이 낮다.

055 흡기 및 배기장치에 관한 설명으로 옳지 않은 것은?

① 공기청정기는 실린더에 흡입되는 공기 중 불순물을 여과하고 소음을 방지하는 장치이다.
② 흡기다기관은 각 실린더에 혼합가스가 균일하게 분배되도록 안내하는 통로이다.
③ 배기다기관은 배기가스의 유해물질을 산화·환원반응을 통해 무해물질로 변환하는 장치이다.
④ 소음기는 고온의 배기가스 방출 시 팽창하여 폭발음을 내는 것을 막아주는 장치이다.

056 다음 중 배기가스 중 일부를 흡기다기관으로 재순환시킴으로써 연소온도를 낮춰 질소산화물의 배출량을 감소시키는 것은?

① EGR 장치
② 촉매 컨버터
③ 캐니스터
④ 과급기

057 유해 배출가스에 대한 설명으로 옳지 않은 것은?

① 일산화탄소(CO)는 농후한 혼합기가 공급되면 산소가 부족하여 발생하며, 불완전연소 시 다량 발생한다.
② 탄화수소(HC)는 혼합기가 연소되지 않는 경우 가솔린 성분이 분해되어 발생한다.
③ 질소산화물(NOx)은 엔진의 내부온도가 1,500℃ 이상일 때 급증하므로, 저감대책으로는 연소온도를 낮추어 준다.
④ 이산화탄소(CO_2)는 유독성 배기가스 중 맹독성이며, 폐기능을 저하시키고 스모그의 주요 원인이 된다.

058 다음 중 디젤 엔진의 배기가스에 대한 설명으로 틀린 것은?

① 가솔린 기관에 비해 일산화탄소(CO)와 탄화수소(HC)의 배출량이 적다.
② 질소산화물(NOx)을 저감하기 위해 배기가스 재순환장치(EGR)를 사용한다.
③ 탄화수소는 호흡이나 음식물을 통해 축적되어 호흡기능 저하나 빈혈의 원인이 된다.
④ 입자상물질(PM)을 저감하기 위해 매연필터(DPF)를 사용한다.

059 다음 중 클러치에 대한 설명으로 틀린 것은?

① 엔진의 동력을 전달하거나 차단하는 장치이다.
② 발열이 잘되어 과열되지 않아야 한다.
③ 회전부분의 평형이 좋아야 하고 회전관성이 커야 한다.
④ 기계식 클러치와 유압식 클러치로 구분된다.

060 다음 중 기계식 클러치의 미끄러짐 현상이 나타나는 원인으로 잘못된 것은?

① 페이싱 마모나 오일의 부착
② 클러치 페달의 자유간극 과대
③ 클러치 압력 스프링의 쇠약 · 절손
④ 플라이휠이나 압력판의 손상

061 다음 중 변속기에 대한 설명으로 옳지 않은 것은?

① 엔진의 회전수를 높여 바퀴의 회전력을 증가시킨다.
② 후진 및 중립상태를 가능하게 한다.
③ 필요한 회전력으로 바꾸어 구동바퀴에 전달한다.
④ 수동변속기는 변속이 쉽고 연속적인 변속 조작이 가능해야 한다.

062 다음 중 변속기의 점검에 대한 설명으로 가장 적절하지 않은 것은?

① 수동변속기의 고장유무를 점검할 때는 오일 누수가 없는지, 조작기구가 헐거운지, 기어의 물림이 빠지는지 점검한다.
② 자동변속기의 오일이 부족할 때에는 일반 기어오일이 아니라 자동변속기 전용오일을 사용하여 보충한다.
③ 자동변속기의 쇼크 및 슬립여부, 엔진 브레이크의 효과, 킥다운 작동여부는 주행상태에서 시험할 때 점검할 사항이다.
④ 수동변속기의 경우 헤리컬 기어보다 측압을 많이 받는 스퍼기어는 와셔의 마모를 점검해야 한다.

063 자동변속기의 장점 및 단점에 대한 설명으로 틀린 것은?

① 가속 · 감속이 원활하여 승차감이 좋다.
② 엔진이 멈추는 일이 적고 연료소비가 적다.
③ 구조가 복잡하고 값이 비싸다.
④ 밀거나 끌어서 시동할 수 없다.

064 자동변속기 차량에서 자동변속기 오일량은 오일 레벨 게이지로 점검한다. 엔진과 변속기는 어떤 상태에서 점검해야 하는가?

	엔진	변속기
①	정지 상태	선택 레버 N
②	정지 상태	선택 레버 D
③	공회전 상태	선택 레버 N
④	공회전 상태	선택 레버 D

065 추진축의 구조 및 특성에 대한 설명으로 틀린 것은?

① 변속기와 종감속기어 사이에 설치되어 변속기의 출력을 구동축에 전달하는 장치이다.

② 밸런스 웨이트는 뒷 차축의 상하운동 시 축의 길이 변화에 대응한다.

③ 자재이음은 각도 변화에 대응하기 위해 설치된다.

④ 요크의 설치 방향이 다르거나 슬립 조인트의 마모가 있는 경우 소음이 발생한다.

066 종감속기어(종감속장치)에서 사용되는 하이포이드 기어의 장점이 아닌 것은?

① 추진축의 높이를 낮게 할 수 있다.

② 운전이 정숙하다.

③ 기어 물림 율이 크다.

④ 제작이 쉽다.

067 차축과 프레임 사이에 스프링을 설치하여 노면의 충격과 진동을 흡수 · 완화하는 장치를 무엇이라 하는가?

① 동력전달장치

② 현가장치

③ 조향장치

④ 제동장치

068 다음 중 현가장치에서 스프링에 대한 설명으로 틀린 것은?

① 스프링은 차축과 프레임 사이에 설치되어 진동을 흡수한다.

② 스프링 상수는 스프링의 세기를 표시한다.

③ 상수를 일정하게 하고 하중을 증가시키면 진동수는 증가한다.

④ 진동수는 스프링 상수에 비례하고 하중에 반비례한다.

069 독립 현가장치에 비교한 일체차축 현가장치의 특성이 아닌 것은?

① 차축의 위치를 정하는 링크나 로드가 필요하다.

② 구조가 간단하고 부품수가 적다.

③ 승차감과 안정성이 떨어진다.

④ 선회 시 차체의 기울기가 적다.

070 전자제어 현가장치에서 조향휠의 회전 각 속도를 검출하여 차량의 롤링 제어나 선회 제어 등을 하기 위한 장치는?

① 가속도 센서

② 조향각 센서

③ 스로틀포지션 센서

④ 차속 센서

071 조향장치의 구조에 대한 설명으로 옳지 않은 것은?

① 조향휠은 운전자의 조작력을 조향축에 전달한다.
② 조향칼럼은 튜브 내에 설치되어 축을 지지한다.
③ 조향기어 비가 작으면 조향조작력이 가벼우나 조향조작이 늦다.
④ 조향링크에는 피트먼암, 드래드 링크, 너클암, 타이로드 등이 있다.

072 다음 중 조향장치가 갖추어야 할 조건으로 틀린 것은?

① 조향 조작이 주행 중에 충격을 적게 받을 것
② 회전 반경이 작고 방향의 전환이 쉬울 것
③ 조향 핸들의 회전과 바퀴의 선회차가 클 것
④ 고속 주행에서도 조향 핸들이 안정될 것

073 후륜 구동장비에서 주행 중 조향 핸들이 한쪽으로 쏠리는 원인이 아닌 것은?

① 브레이크 라이닝 간격 조정 불량
② 조향기어 하우징의 풀림
③ 타이어 공기압의 불균형
④ 앞바퀴 얼라인먼트 불량

074 주행 중 조향 핸들이 무거워지는 원인으로 볼 수 없는 것은?

① 조향기어 박스의 오일 부족
② 앞 타이어의 공기 누출
③ 볼 조인트의 과도한 마모
④ 타이어 밸런스의 불량

075 주행 중 조향 핸들에 진동이 발생하는 원인과 거리가 먼 것은?

① 브레이크 슈의 라이닝 간극 과다
② 타이로드 엔드의 마모로 인한 유격 과다
③ 엔진 마운틴 브래킷의 노후 손상
④ 쇽업쇼버 작동 불량

076 조향 핸들의 유격에 대한 설명으로 옳지 않은 것은?

① 조향기어나 킹 핀의 마모는 조향 핸들의 유격이 커지는 원인이 된다.
② 조향 핸들의 유격의 범위는 조향 핸들 지름의 15.5% 이내이어야 한다.
③ 볼 너트 형식은 스크루를 조이면 유격이 감소하고 풀면 유격이 증가한다.
④ 랙 피니언 형식은 요크 플러그를 조이면 유격이 감소하고 풀면 유격이 증가한다.

077 다음 중 앞바퀴 정렬(휠 얼라인먼트)의 4개 요소에 해당하지 않는 것은?

① 카커스(Carcass)
② 캠버(Camber)
③ 킹 핀 경사각(King Pin Angle)
④ 토인(Toe-in)

078 다음 중 앞바퀴 정렬의 예비 점검사항과 거리가 먼 것은?

① 타이어의 공기압
② 허브 베어링의 유격
③ 현가장치의 피로 점검
④ 앞 범퍼의 변형유무

079 동력조향장치에 대한 설명으로 옳지 않은 것은?

① 동력조향장치는 작은 힘으로 조향조작력이 가능하고 신속히 작동하게 한다.
② 동력조향장치는 구조가 간단하고 고장 시 정비가 쉽다.
③ 동력조향장치는 조향조작력에 관계없이 조향기어 비를 선정할 수 있다.
④ 전자제어 동력조향장치는 주행속도에 따른 최적의 조향감각을 제공한다.

080 파워스티어링(Power Steering)에 대한 설명으로 옳지 않은 것은?

① 핸들조작에 편의를 더하기 위해 설비된 자동차 장치의 일종이다.
② 고속 주행 시 조작을 가볍게 하여 편의를 도모하고 안전도를 향상시킨다.
③ 구동 벨트와 맞물려 있는 펌프에 의해 유압으로 작동한다.
④ 최근에는 EPS방식이 도입되어 유압펌프 대신에 컨트롤 모터가 작용하고 있다.

081 차량의 속도를 감속하거나 정지시키기 위한 장치는 무엇인가?

① 주행장치
② 조향장치
③ 현가장치
④ 제동장치

082 다음 중 브레이크 드럼의 구비조건에 해당하지 않는 것은?

① 정적·동적 평형이 잡혀있다.
② 브레이크가 확장되었을 때 변형되지 않는다.
③ 방열이 잘 되지 않는다.
④ 마찰 면에 내마멸성이 있다.

083 디스크 브레이크의 장점과 단점에 대한 설명으로 옳지 않은 것은?

① 드럼 브레이크에 비하여 브레이크의 평형이 좋다.
② 패드는 강도가 큰 재료로 만들어야 한다.
③ 편 제동되는 경우가 적다.
④ 드럼에 비해 페이드 현상이 잘 일어난다.

084 제동장치에서 발생하는 베이퍼 록의 원인에 해당하지 않는 것은?

① 긴 내리막길에서 과도한 브레이크의 사용
② 오일 불량 및 비점이 높은 오일 사용 시
③ 드럼과 라이닝의 끌림에 의한 가열
④ 슈 리턴스프링의 쇠손에 의한 잔압 저하

085 유압식 제동장치에서 브레이크 라인 내에 잔압을 두는 목적으로 볼 수 없는 것은?

① 베이퍼 록을 방지한다.
② 제동 작용을 신속하게 한다.
③ 페이드 현상을 방지한다.
④ 유압회로에 공기 침입을 방지한다.

086 브레이크의 종류에 대한 설명 중 틀린 것은?

① 풋브레이크에는 기계식과 유압식, 공기식 등이 있다.
② 유압식 브레이크는 유압을 이용해 제동력을 얻으며, 휠실린더, 브레이크슈 등으로 구성된다.
③ 유압식 브레이크는 유압계통의 파손이나 오일의 유입 시에도 제동력이 상실하지 않는 것이 장점이다.
④ 센터 브레이크식 주차 브레이크는 추진축에 브레이크 장치를 장착해 제동하며, 트럭 · 버스에서 주로 사용한다.

087 브레이크를 작동시켰을 때 하이드로백 내의 상태나 작동 방향으로 옳지 않은 것은?

① 공기 밸브가 닫힌다.
② 진공 밸브가 닫힌다.
③ 동력 피스톤 앞쪽은 진공 상태이다.
④ 동력 피스톤이 하이드로릭 실린더 쪽으로 이동한다.

088 브레이크 페달을 밟아도 효과가 나쁘다. 그 원인으로 볼 수 없는 것은?

① 브레이크 오일이 누설됨
② 간격 조정이 지나치게 적음
③ 유압장치에 공기가 유입됨
④ 라이닝에 마멸이 발생됨

089 브레이크 페달을 놓았을 때 브레이크가 풀리지 않는 원인으로 볼 수 없는 것은?

① 브레이크의 파열
② 드럼과 라이닝의 소결
③ 푸시로드 길이가 너무 길게 조정
④ 마스터 실린더의 리턴스프링 불량

090 공기식 브레이크 장치의 브레이크 밸브와 브레이크 챔버 사이에 설치되어 브레이크가 빠르고 확실하게 풀리도록 하는 것은?

① 체크 및 안전밸브
② 압력 조정기
③ 공기 압축기
④ 퀵 릴리스 밸브

091 브레이크 오일이 갖춰야 할 조건으로 볼 수 없는 것은?

① 빙점이 낮고, 인화점이 높을 것
② 온도에 대한 점도 변화가 클 것
③ 비점이 높아 베이퍼 록을 일으키지 않을 것
④ 윤활 성능이 있을 것

092 제동장치 중 ABS에 대한 설명으로 옳지 않은 것은?

① 제동할 때 바퀴가 고착되는 현상을 방지한다.
② 방향안정성 및 조향안정성, 조정성 등을 유지한다.
③ ABS가 없는 제동장치에 비해 미끄러지지 않는다.
④ ABS의 고장 발생 시 페일 세이프 기능이 없는 것이 단점이다.

093 자동차의 휠에 대한 설명으로 옳지 않은 것은?

① 차축에 연결되어 타이어와 함께 차의 중량을 분담·지지한다.
② 직경과 탄성이 작고, 방열성이 우수해야 한다.
③ 종류에는 강판제 디스크 휠, 와이어 스포크 휠, 스파이더 휠 등이 있다.
④ 휠 얼라인먼트는 노면과의 관계에 있어 타이어와 차체의 연결 각도를 나타낸 것이다.

094 다음 중 타이어의 구조에 해당되지 않는 것은?

① 트레드(tread)
② 브레이커(breaker)
③ 스태빌라이저(stabilizer)
④ 비드 및 비드 와이어(bead with bead wire)

095 타이어의 구조에서 노면과 접촉되는 부분으로, 마모에 견디고 미끄럼 방지를 담당하는 것은?

① 트레드(tread)
② 브레이커(breaker)
③ 카커스(carcass)
④ 사이드 월(side wall)

096 다음 중 튜브 리스 타이어에 대한 설명으로 틀린 것은?

① 고속 주행에도 발열이 적음
② 못에 박혀도 공기가 잘 새지 않음
③ 림이 변형되면 공기 누출이 쉬움
④ 유리조각에 손상될 때 수리가 간편함

097 다음 중 레이디얼 타이어의 특징으로 볼 수 없는 것은?

① 카커스의 코드 방향이 원둘레 방향의 직각방향으로 배열된다.
② 원둘레 방향의 압력은 브레이커가 받고 직각 방향의 충격은 카커스가 받는다.
③ 접지면적이 크고 미끄러짐이 작으며, 선회성이 좋아 승용차에 사용된다.
④ 충격 흡수가 잘 되어 저속 주행이나 험한 도로 주행 시에 적합하다.

098 레이디얼 타이어의 규격 표시가 "220 / 50 R 18"로 되어 있다. 이에 대한 설명으로 틀린 것은?

① 220은 타이어의 폭을 나타낸다.
② 50은 편평비를 나타낸다.
③ R은 레이디얼(방사형)을 나타낸다.
④ 18은 외경을 나타낸다.

099 차량이 고속주행하면 타이어가 노면과 직접 접촉하는 것이 아니라 수막 위로 떠올라 주행하게 되는데, 이를 지칭하는 용어는?

① 스탠딩웨이브 현상
② 하이드로 플래닝 현상
③ 페이드 현상
④ 언더 스티어 현상

100 다음 중 전류의 3대 작용에 대한 설명으로 적절하지 않은 것은?

① 전구와 같이 열에너지로 발열하는 작용
② 축전지의 전해액과 같이 화학작용에 의해 기전력이 발생
③ 릴레이나 모터의 전류에 따라 홀 작용이 발생
④ 코일에 전류가 흐르면 자계로 인하여 자기 작용이 발생

101 다음 중 AC발전기에서 생성하는 것은 무엇인가?

① 전압
② 교류 전류
③ 직류 전류
④ 전압

102 다음 중 교류를 직류로 바꾸는 장치는?

① 컨버터(Converter)
② 인버터(Inverter)
③ 컷 아웃 릴레이
④ 실리콘 다이오드

103 다음 중 축전지(배터리)의 기능으로 옳지 않은 것은?

① 기관 시동에 필요한 전기 에너지를 공급한다.
② 시동 후에는 전기장치에 전기 에너지를 공급한다.
③ 발전기 고장 시에는 주행을 확보하기 위해 전기 에너지를 공급한다.
④ 발전기 출력과 부하 사이에 시간적 불균형을 조정한다.

104 다음 중 축전지를 급속 충전할 때 주의사항으로 적절하지 않은 것은?

① 충전 중인 축전지에 충격을 가하지 않아야 한다.
② 통풍이 잘 되는 곳에서 충전하며, 충전 시간은 가급적 짧게 한다.
③ 축전지의 양극 · 음극 케이블을 기관 본체에 연결하고 충전한다.
④ 충전 중 전해액의 온도가 45도를 넘지 않도록 한다.

105 다음 중 배터리 충전상태를 의미하는 말로, 잔존용량이라고도 하는 용어는?

① PRA(Power Relay Assembly)
② LDC(Low voltage DC-DC Converter)
③ BMS(Battery Management System)
④ SOC(States Of Charge)

106 다음 중 납산 축전지의 특성으로 옳지 않은 것은?

① 제작이 간편하다.
② 값이 저렴하다.
③ 수명이 길다.
④ 건식 축전지와 습식 축전지로 분류된다.

107 다음 중 축전지 구조에 관한 설명으로 틀린 것은?

① 셀 케이스는 셀을 직렬로 접속하기 위해 만든 납 합금이다.

② 극판은 작용물질을 격자에 압착시킨 것으로, 양극판과 음극판으로 구분된다.

③ 격리판은 극판의 단락을 예방하고 극판 간 간격을 유지하는 다공질의 절연용 판이다.

④ 단자는 회로와 전기장치 등을 연결하는 부분으로, 양극단자와 음극단자가 있다.

108 다음 중 무 배전기 점화장치에 대한 설명으로 틀린 것은?

① 엔진 회전수 및 부하에 맞추어 적절한 점화시기를 얻기 위하여 전자제어장치를 사용한다.

② 배전기 내에 배전에 의한 전파 장해의 발생 가능성이 높다.

③ 점화시기의 정밀도가 우수하고 유효에너지 감소가 없어 실화가 없다.

④ 실린더 별로 정밀 점화시기 제어가 가능하다.

109 다음 중 점화플러그에 대한 설명으로 옳지 않은 것은?

① 전극 앞부분의 온도가 950도 이상이 되면 자연 발화가 될 수 있다.

② 엔진 운전 중 전극 부근은 온도가 400~800도 정도로 유지되어야 한다.

③ 진동충격뿐만 아니라 급변하는 압력, 화학적 침식에도 견디어야 한다.

④ 점화플러그의 열 방출이 가장 큰 부분은 단자 부분이다.

110 전자제어 점화장치에서 점화 시기는 센서의 신호에 의해 제어되는데, 이때의 센서에 해당하지 않는 것은?

① 크랭크 각 센서

② 냉각수 온도 센서

③ 산소 센서

④ 대기압력 센서

111 자기장의 방향은 도선이 움직이는 방향으로 유도전류 또는 기전력의 방향을 결정한다는 법칙은?

① 플레밍의 오른손 법칙

② 렌츠의 법칙

③ 패러데이 전자기 유도 법칙

④ 앙페르의 법칙

part
01
자동차 구조학

112 다음 중 엔진의 시동이 불가한 경우 어느 부분이 문제인가?

① 점화코일
② 플라이휠
③ 시동 전동기
④ 인젝터

113 시동장치에 대한 설명 중 옳지 않은 것은?

① 기동토크가 크고 소형 경량인 직류 직권 전동기를 사용한다.
② 시동키를 돌리면 배터리 전류를 이용해 시동장치를 회전시킨다.
③ 직권식은 계자코일과 전기자코일이 직렬로 연결되어 있다.
④ 분권식은 계자코일과 전기자코일이 직렬·병렬로 연결되어 있는 장치이다.

114 자동차 시동 모터의 파손을 방지하기 위해 엔진의 회전력이 시동 모터에 전달되지 않도록 하는 것은?

① 유체 클러치
② 전자 클러치
③ 오버러닝 클러치
④ 마찰 클러치

115 다음 중 충전장치에 대한 설명으로 옳지 않은 것은?

① 자동차의 전기장치에 전기를 공급하고 축전지도 충전하는 장치이다.
② 발전기와 조정기, 전류계 등으로 구성된다.
③ 전압의 맥동이 안정되게 발생되어야 한다.
④ 저속·고속에 관계없이 충전이 가능하며, 출력이 커야 한다.

116 충전장치의 종류에 대한 설명으로 틀린 것은?

① 교류(AC) 충전장치는 회전속도에 관계없이 양호한 충전을 할 수 있는 장치이다.
② 스테이트 코일에서 발생한 전류는 직류이며, 실리콘 다이오드로 정류한다.
③ 발전기에 따라 직류 충전장치와 교류 충전장치가 있다.
④ 직류(DC) 충전장치는 전기자, 계철, 계자 철심, 계자코일, 브러시 등으로 구성된다.

117 바퀴에서 발생하는 회전력을 이용하여 전기적 에너지로 변환시켜 축전지 충전을 실행하는 모드를 무엇이라 하는가?

① 시동 모드
② 감속 모드
③ 발진 모드
④ 이이들 스톱 모드

118 자동차 등의 도난을 방지하기 위해 키마다 고유 암호를 부여하여 정당한 권한을 갖지 못한 자가 운전할 수 없도록 하는 장치는?

① 클러치디스크
② 시동키
③ 브러시
④ 이모빌라이저

119 다음 중 등화장치에 대한 설명으로 옳지 않은 것은?

① 등화장치는 도로를 비추거나 이용자에게 등화신호를 제공하는 장치이다.
② 조명용 등에는 전조등, 안개등, 실내등, 후미등 등이 있다.
③ 표시등 중 차폭등과 차고등은 차의 폭과 높이를 조명하기 위한 것이다.
④ 계기판의 계기를 조명하기 위해서는 계기등을 켜야 한다.

120 다음 중 풋브레이크 작동중임을 표시하는 등은 무엇인가?

① 제동등
② 계기등
③ 방향지시등
④ 비상등

121 방향지시등은 차체너비의 몇 퍼센트 이상의 간격을 두고 설치하여야 하는가?

① 차체너비의 20% 이상
② 차체너비의 30% 이상
③ 차체너비의 40% 이상
④ 차체너비의 50% 이상

122 냉 · 난방장치에 대한 설명으로 틀린 것은?

① 난방장치는 냉각수의 열로 따뜻한 공기를 순환시키는 장치이다.
② 냉방장치는 압축-응축-팽창-증발-압축의 냉동사이클를 거친다.
③ 난방장치는 온수, 배기 열, 연소 등을 이용한 방식으로 구분된다.
④ 냉방장치는 열 교환기에 냉각수를 흘려 전동 팬을 회전시킨 후 실내로 순환한다.

123 에어컨 시스템이 정상 작동 중인 경우 냉매의 온도가 가장 높은 곳은?

① 압축기와 응축기 사이
② 응축기와 팽창밸브 사이
③ 팽창밸브와 증발기 사이
④ 증발기와 압축기 사이

124 라디에이터 앞쪽에 설치되며 고온 고압의 기체냉매를 냉각시켜 액화상태로 만드는 것은?

① 압축기

② 응축기

③ 리시버 드라이어

④ 증발기

125 다음 중 자동차 에어컨의 구성요소에 대한 설명으로 틀린 것은?

① 압축기는 저온저압의 기체 냉매를 고온고압의 기체 냉매로 만든다.

② 건조기는 압축기에서 들어온 기체 냉매를 팽창밸브로 보낸다.

③ 팽창밸브는 압력을 줄이고 팽창시켜 온도를 낮춘다.

④ 증발기는 물질을 녹인 후 액체를 가열하여 물을 증발시키는 장치이다.

기계기능이해력

Mechanical Function Understanding

핵심요약

MECHANICAL FUNCTION UNDERSTANDING

1 기계의 기초이론

▦ 기계

- 여러 부품으로 구성되어 일정한 상호운동에 의해 움직이는 장치
- 외부로부터 에너지를 공급받아 일을 하며, 허용 이하의 외력에 의해 파괴 · 변형되지 않음(변형이 쉽지 않은 몇 개의 부분 조합으로 구성)
- 동력을 전달하도록 설계되어 있으며, 동력전달이 없는 기구를 포함하는 개념
  ※ 기구 : 강체로 구성되며 운동을 원하는 형태로 변환할 수 있으나, 동력전달이 없는 것

▦ 기계 설계 시 유의사항

- 기계 · 기구는 사용 목적에 적합하며, 동작이 명확해야 함
- 작용력을 견딜 수 있는 강도 높은 재료를 선택하고, 각 부는 경량 · 소형이며 수명이 길어야 함
- 생산비와 유지비가 저렴하고 취급이 용이할 것(제작 · 조립 · 운반 및 유지보수가 쉬운 구조로 설계)
- 제품 · 부품이 표준화되어 있어야 하고, 기계의 효율이 좋아야 함
- 전체의 외관과 색채가 조화를 이루고 디자인이 좋고 상품가치가 있어야 함

▦ 기계재료의 분류

금속재료	• **철강재료** : 순철, 강, 주철, 주강 • **비철금속재료** : 구리와 구리합금, 니켈과 니켈합금, 알루미늄과 알루미늄합금, 마그네슘과 마그네슘합금
비금속재료	• **유기재료** : 천연재료, 합성재료 • **무기재료(세라믹스)** : 유리, 시멘트, 세라믹재료
복합재료	유리섬유, 섬유강화금속, 섬유강화플라스틱

▥ 기계요소

- 기계를 구성하고 있는 여러 개의 단위 부품
- 기계의 목적 달성을 위해서는 부품 상호간 기능을 발휘해야 함
- 각각의 기계요소로는 볼트, 너트, 키, 축, 베어링, 벨트, 기어, 클러치, 스프링 등이 있음

▥ 기계요소의 종류

체결용 기계요소 (결합 요소)	• 두 개 이상의 부품을 체결하거나 고정하는 기계요소 • 나사, 볼트, 너트, 키, 핀, 코터, 리벳, 용접 등
축 관계 기계요소	• 회전축을 일정 위치에 고정하거나 축을 받쳐주는 기계요소 • 축, 축이음(커플링 · 클러치), 베어링 등
동력 전달용 기계요소	• 동력을 전달할 때 사용하는 기계요소 • 마찰차, 기어, 벨트, 체인, 로프, 캠 등
완충용 · 제동용 기계요소	• 기계의 완충 · 제동에 사용하는 기계요소 • 스프링, 브레이크 등
관 · 밸브 기계요소	• 유체를 수송할 때 사용하는 기계요소 • 관, 관 이음, 밸브 등

▥ 단위 – 국제단위계(SI)의 종류

물리량	길이	질량	시간	전류	절대온도	물질량	광도
단위 명칭 단위 기호	미터 [m]	킬로그램 [kg]	초 [s]	암페어 [A]	켈빈 [K]	몰 [mol]	칸델라 [cd]

▥ 하중(힘)

물체나 각 기계요소에 작용하는 여러 종류의 힘으로, 일반적으로 하중이 가해지면 응력이 발생함

▥ 작용방향에 따른 하중의 분류

인장 하중	재료가 축선 방향으로 늘어나도록 작용하는 힘(단면에 수직으로 당기는 하중)
압축 하중	재료가 축선 방향으로 압축되도록 작용하는 힘(단면에 수직으로 누르는 하중)
전단 하중	재료 안의 평행한 두 단면에 작용하는 힘
비틀림 하중	재료를 원주 방향으로 비트는 형태로 작용하는 힘
휨(굽힘)하중	재료가 휘도록 작용하는 힘

part
02
기계기능이해력

63

▨ 작용속도에 따른 하중의 분류

정하중	• 시간에 따라 재료에 작용하는 크기가 변하지 않는 하중 • 수직하중(법선하중), 수평하중(접선하중)
동하중	• 시간에 따라 재료에 작용하는 크기가 변하는 하중 • **변동 하중** : 진폭과 주기가 변하는 하중 • **반복 하중** : 진폭과 주기가 일정한 하중(크기와 방향이 일정한 하중이 반복) • **교번 하중** : 하중의 크기와 방향이 주기적으로 변하는 하중(인장과 압축 하중이 연속적으로 작용하는 하중) • **충격 하중** : 비교적 짧은 시간에 충격적으로 급격히 작용하는 하중

▨ 작용점(분포)에 따른 하중의 분류

집중 하중	전체 하중(힘)이 한 점 또는 매우 작은 면적에 작용하는 하중
분포 하중	전체 하중(힘)이 부재의 일정한 범위 내에 분포하여 작용하는 하중

▨ 응력

재료나 구조에 압축 · 인장 · 굽힘 · 비틀림 등의 외력(하중)을 작용했을 때 재료 내부에 생기는 하중 만큼의 크기를 가진 저항력으로, '단위면적당 작용하는 힘'으로도 표현함

▨ 응력의 분류

• **수직 응력** : 재료에 작용하는 하중의 방향이 단면적과 수직을 이룰 때 발생하는 응력

인장 응력	재료에 인장 하중이 작용할 때 단면에 분포되어 생기는 응력에서 해당 단면의 단위면적에 대한 인장력
압축 응력	재료에 압축 하중이 작용할 때 단면에 분포되어 생기는 응력에서 해당 단면의 단위면적에 대한 압축력

• **전단 응력** : 재료에 작용하는 하중의 방향이 단면적과 평형을 이룰 때 발생하는 응력(전단력에 생기는 응력으로, 단면에 따라 접선 방향으로 발생하여 접선 응력이라고도 함)

• **휨(굽힘) 응력** : 재료에 휨을 발생시키는 외력에 대한 재료 내부의 저항력(횡단면에 작용하는 휨 모멘트에 의해 발생하는 응력)

※ **모멘트** : 물체를 회전시키려고 하는 힘

■ 응력 집중의 완화 대책

- 필렛 반지름을 크게 함(필렛 반지름을 작게 하면 응력 집중이 증가)
- 재료에 여러 개의 단면변화형상을 설치
- 테이퍼 부분을 설치하여 단면변화를 완화시킴
- 단면변화 부분에 보강재를 결합함

■ 변형률

- 재료가 가해진 외력(하중)으로 인해 변형된 정도에 따른 변형량과 그 재료의 변형 전 길이에 대한 비율(변형 전의 치수에 대한 변형 비율)

- 변형률(공칭변형률) $= \dfrac{\text{나중길이} - \text{처음길이}}{\text{처음길이}} \times 100(\%)$

※ 전단탄성계수 $= \dfrac{\text{응력}}{\text{변형률(각)}} \times 100(\%)$, 푸아송의 비 $= \dfrac{\text{가로변형률}}{\text{세로변형률}}$

■ 변형률의 분류

- **세로 변형률(종 변형률)** : 재료의 길이 방향으로 발생하는 변형량과 그 재료의 변형 전 길이에 대한 비율(변형 전 길이에 대한 변형량의 비율)
- **가로 변형률(횡 변형률)** : 재료의 단면적 방향으로 발생하는 변형량과 그 재료의 변형 전 지름에 대한 비율(단면수축률)
- **인장 변형률** : 재료가 축 방향의 인장하중을 받으면 길이가 늘어나는데, 처음 길이에 비해 늘어난 길이의 비율
- **전단 변형률** : 재료에 전단력이 가해져 발생하는 변형량과 그 재료의 변형 전 길이에 대한 비율(변형 전 길이에 대한 전단력에 의해 발생한 변형량의 비율)
- **비례한도(Proportional Limit)** : 응력과 변형률 사이에 정비례 관계가 성립하는 구간 중 응력이 최대인 점으로, 후크의 법칙이 적용됨(후크의 법칙은 비례한도 내에서 응력과 변형률은 비례한다는 법칙임, 응력 – 변형력 곡선)
- **탄성한도(Elastic Limit)** : 하중을 제거하면 원래 치수로 돌아가는 구간
- **항복점(Yield Point)** : 인장 시험에서 하중이 증가하여 어느 한도에 도달하면 하중을 제거해도 원위치로 돌아가지 않고 변형이 남게 되는 순간의 하중
- **극한강도(Ultimate Strength)** : 재료가 파단되기 전에 외력에 버틸 수 있는 최대의 응력

② 체결용 기계요소

▓ 나사 용어 정리

- **나사산** : 나사의 골과 골 사이의 높은 부분(볼록 나온 부분)
- **나사골** : 나사에서 오목하게 들어간 홈 부분
- **나사산 곡선(나선)** : 원통의 표면에 직각 삼각형을 감았을 때 빗변이 원통에 그리는 곡선
- **리드(L)** : 나사를 1회전 시켰을 때 축 방향으로 움직인 거리
- **피치(p)** : 나사산과 인접한 나사산 사이의 거리 또는 골과 인접한 골 사이의 거리
- **골지름** : 골과 골 사이의 지름으로, 수나사에서 최소지름이고 암나사에서 최대지름
- **바깥지름** : 수나사의 축에 직각으로 측정한 최대지름(나사산의 꼭지점 간의 지름)
- **안지름** : 암나사의 최소지름
- **호칭지름** : 수나사와 암나사의 호칭지름은 모두 수나사의 바깥지름으로 표시

▓ 나사의 분류

나사의 위치	• **수나사** : 원통의 표면에 나사산과 골이 있는 나사 • **암나사** : 원통의 안쪽 면에 나사산과 골이 있는 나사
나사선이 감기는 방향	• **왼나사** : 반시계방향으로 돌리면 조여지는 나사 • **오른나사** : 시계방향으로 돌리면 조여지는 나사
나사산의 줄 수	• **1줄 나사** : 한 줄의 나사산의 감아서 만든 나사 • **2줄 나사(다줄 나사)** : 두 줄(여러 줄)의 나사산을 감아서 만든 나사

▓ 나사의 종류

- **삼각나사** : 기계부품을 결합하는 체결용 나사이며 나사산의 단면이 삼각형인 나사로, 나사산 모양에 따라 미터나사, 유니파이 나사, 관용나사로 구분

미터나사	나사산의 각도가 60°인 삼각나사로, 나사의 지름과 피치를 mm로 표시
유니파이 나사	나사산의 각도가 60°이고, 피치를 1인치 사이에 들어오는 나사산의 수로 표시
관용나사	나사산의 각도가 55°이고 인치계 나사이며, 파이프 결합에 주로 사용

- **사각나사** : 나사산의 단면이 정사각형 형태로 된 나사로, 작은 힘으로 축방향에 큰 힘을 전달할 수 있으며 잭, 나사 프레스 등의 동력 전달용 나사로 사용됨

- **사다리꼴나사(애크미나사)** : 나사산의 단면이 사다리꼴로 된 나사로, 이송용(전달용) · 운동용 나사로 사용되며, 사각나사에 비해 제작하기 쉽고 나사산의 강도가 큼
- **톱니나사** : 나사산의 단면이 톱니 모양의 나사로, 축방향의 힘이 한 방향으로 작용하는 경우에 사용되며 바이스, 프레스 등의 이송용(운동용) 나사로 사용됨
- **둥근나사(너클나사)** : 나사산과 골이 둥근 모양, 전구나 소켓 체결용으로 사용되며, 주로 먼지나 모래가 많은 곳에서 사용됨
- **볼나사(Ball Screw)** : 나사축과 너트 사이에 볼이 구름운동을 하면서 물체를 이송하는 고효율의 나사(최근 CNC 공작기계의 이송용 나사로 사용)

▓ 볼트

물체를 조이거나 붙이는데 사용되는 기계요소로, 육각 또는 사각 머리를 가진 형태

▓ 볼트의 종류

- **육각볼트** : 일반 체결용으로 가장 많이 쓰임
- **죔 볼트** : 스터드볼트, 관통볼트, 탭볼트
- **특수볼트** : 기초볼트, 아이볼트, T볼트, 스테이볼트

▓ 너트

볼트에 끼워 부품 등을 고정하는 데 사용하는 기계요소

▓ 너트의 종류

육각너트, 특수너트(둥근너트, 나비너트, 캡너트, 아이너트 등)

▓ 키(Key)

기계요소들을 연결해 동력을 전달할 수 있게 해주는 결합용 기계요소(회전체와 축을 고정하는 기계요소)

▓ 전달강도가 큰 키의 순서

세레이션 > 스플라인키 > 접선키 > 묻힘키 > 경사키 > 반달키 > 평키 > 안장키

part
02

기계기능이해력

▓ 키의 종류

- **안장키(새들키)** : 축은 가만히 두고 보스에만 홈을 파서 끼운 뒤 회전력을 전달하는 키로, 축에 기어 등을 고정할 때 사용하며 주로 작은 동력 전달에 사용
- **평키(납작키)** : 축을 키의 폭만큼 평평하게 가공한 키로, 안장키보다 강한 힘을 전달
- **반달키** : 반달모양의 키로, 축에 테이퍼가 있어도 사용할 수 있으므로 편리하나 축에 홈을 깊이 파야하므로 축이 약해지는 단점이 있음
- **묻힘키(성크키)** : 가장 널리 쓰이는 키로, 축과 보스 양쪽에 모두 홈을 파서 동력을 전달하며, 평행키(키의 상·하면이 평행한 키)와 경사키(묻힘키에서 키가 1/100의 기울기를 갖는 키)로 구분됨
- **접선키** : 기울기가 반대인 키를 2개 조합한 키로, 전달토크가 큰 축에 주로 사용됨(중심각을 90°로 배치한 것은 케네디키라고 불림)
- **스플라인키** : 축의 둘레에 원주방향을 여러 개의 키 홈을 깎아 만든 키로, 세레이션키 다음으로 큰 동력(토크)을 전달할 수 있음
- **세레이션** : 축과 보스에서 작은 삼각형의 이를 만들어서 동력을 전달하는 키로, 키 중에서 가장 큰 힘을 전달함
- **미끄럼키(페더키, 안내키)** : 회전력을 전달하면서 보스를 축 방향으로 이동시킬 수 있는 키로, 키를 작은 나사로 고정하며 기울기가 없고 평행함
- **원뿔키** : 축과 보스 사이에 축방향으로 쪼갠 원뿔을 박아 헐거움 없이 고정되도록 한 키
- **둥근키(핀키)** : 단면이 원형인 키로, 축이 손상되지 않으나 큰 토크 전달에는 부적합함

▓ 핀(Pin)

큰 힘을 받지 않는 부품을 고정하거나 설치·분해·조립하는데 사용하는 기계요소

▓ 핀의 종류

- **평행핀** : 부품 고정 시 부품의 위치를 결정하는데 사용
- **테이퍼핀** : 보스를 축에 고정하는 핀으로, 정밀한 위치결정에 사용
- **분할핀** : 부품의 풀림 방지나 바퀴가 축에 빠지는 것을 방지하는데 사용
- **스프링핀** : 핀의 반지름 방향으로 스프링 작용이 발생하게 한 핀으로, 해머로 충격을 가해 물체를 고정하는데 사용

▨ 코터(Cotter)

단면이 평판모양의 쐐기로서, 주로 인장 또는 압축을 받는 두 축을 흔들림 없이 연결하는데 사용하는 기계요소

▨ 코터의 3요소

로드, 코터, 소켓

▨ 코터의 자립조건

풀림현상을 방지하고 부품의 결합상태를 유지하기 위해서는 자립조건을 갖춰야 함

- 한쪽 기울기 : $\alpha \leq 2\rho$
- 양쪽 기울기 : $\alpha \leq \rho$

(α : 코터의 경사각, ρ : 마찰각)

▨ 리벳

리벳은 판재나 형강을 영구적으로 이음할 때 사용하는 결합용 기계요소로서, 구조가 간단하고 잔류변형이 없어서 기밀을 요하는 곳에 주로 사용

▨ 리벳의 분류

- 머리 모양에 따른 분류 : 둥근머리 리벳, 접시머리 리벳, 납작머리 리벳, 냄비머리 리벳 등
- 제조방법에 따른 분류

냉간 리벳	냉간 성형되며, 호칭지름 1~13mm의 비교적 작은 지름의 리벳
열간 리벳	열간 성형되며, 호칭지름 10~44mm의 비교적 큰 지름의 리벳

▨ 리벳의 종류

- 사용 목적에 따른 분류

관용리벳	주로 강도와 기밀을 요하는 보일러나 압력용기, 고압탱크에 사용
저압용 리벳	강도보다는 기밀을 필요로 하는 물탱크나 연통에 사용
구조용 리벳	주로 힘의 전달과 강도를 필요로 하는 구조물이나 교량, 선박에 사용

part
02

기계기능이해력

• 판의 이음 방법에 따른 분류

겹치기 이음	결합할 판재를 겹쳐지게 접합한 이음
맞대기 이음	체결되는 것끼리 맞붙은 상태로, 한쪽 덮개판 맞대기 이음과 양쪽 덮개판 맞대기 이음이 있음

• 리벳의 열수에 따른 분류 : 한줄 리벳 이음(1줄 겹치기 이음), 복줄 리벳 이음(1줄 겹치기 이음, 2줄 겹치기 지그재그 이음 등)

▓ 리벳이음의 작업순서

• 강판 또는 형판을 펀치나 드릴을 이용하여 구멍을 뚫는다.
• 뚫린 구멍을 리머로 다듬은 후 리베팅한다.
• 기밀을 요하는 경우는 코킹을 만든다.

▓ 리벳이음의 설계 시 고려사항

리벳의 전단강도, 판재의 압축강도 · 인장강도

▓ 리벳이음의 작업방법

• 리베팅(Rivetting) : 스냅공구를 이용하여 제2의 리벳의 머리를 만드는 작업방법
• 코킹(Caulking) : 기밀과 수밀을 유지하기 위해 리벳의 머리 또는 강판의 이음부 가장자리를 때려 박음으로써 틈을 없애는 작업방법
• 풀러링(Fullering) : 기밀을 완벽하게 하기 위해 풀러링 용구(넓은 끌)로 때려 붙이는 작업방법

▓ 리벳과 용접이음의 기밀성 정도 비교

용접이음 > 리벳이음

▓ 용접이음

용접이란 서로 다른 물체를 접합할 때 사용하는 기술, 두 개 이상의 금속을 용융온도 이상으로 가열하여 접합하는 금속적 결합으로, 영구적인 이음을 말함

■ 용접이음의 장 · 단점

장점	단점
• 제작비가 적게 들며, 재료가 절약 • 이음 형태가 자유롭고 구조가 간단 • 이음효율이 우수하고 유지보수가 용이 • 재료의 두께 제한이 없고 이종재료도 접합이 가능 • 틈새가 없어 기밀성과 수밀성이 우수 • 제품성능과 수명이 향상되며 자동화 용이	• 열 변형이 발생하며 취성과 균열 발생 • 용접부의 결함 판단이 어려움 • 용융 부위 금속 재질의 특성이 변함 • 저온에서 쉽게 약해질 수 있음 • 모재의 재질에 따라 영향을 크게 받음 • 용접기술자의 능력에 따라 품질이 다름 • 용접 후 변형 · 수축에 따라 잔류응력이 발생하며, 완료 후 수정이 어려움

■ 용접부의 모양에 따른 용접

- **홈 용접** : 접합할 부위에 홈을 만들어 용접하는 방법
- **필릿 용접** : 직교하는 두 면을 접합하는 용접 방법
- **플러그 용접** : 접합할 재료의 한 쪽에만 구멍을 내어 구멍을 통해 판재의 표면까지 비드를 쌓아 접합하는 용접 방법
- **비드 용접** : 재료에 구멍을 내거나 가공하지 않은 상태에서 비드를 용착시키는 용접 방법

■ 용접이음의 종류

- **맞대기 용접이음** : 재료를 맞대고 홈을 판 뒤 두 모재가 거의 같은 평면을 이루며 용접을 하는 방법
- **겹치기 용접이음** : 모재의 일부를 겹친 용접 방법
- **덮개판 용접이음** : 모재표면과 판과의 끝면을 필릿 용접으로 처리한 용접 방법
- **단붙임 겹치기 용접이음** : 이음의 한쪽 부재에 단을 만들어 모재가 동일 평면이 되도록 한 용접 방법

3 축 관계 기계요소

■ 축

- **정의** : 베어링에 의해 지지되며 축에 장착된 기어 벨트플리를 통해 회전력(동력)을 전달
- **모양** : 축의 단면은 일반적으로 원형이며, 원형 축에는 속이 찬 중실축(주로 사용)과 속이 빈 중공축(지름이 커야 하거나 무게가 가벼워야 할 때 사용)이 있음
- **재료** : 탄소강이 가장 널리 쓰이며, 고속회전이나 고하중의 기계용에는 Ni-Cr강, Cr-Mo강 등의

특수강이, 저하중의 기계에는 연강이나 경강이, 베어링에 접촉되어 내마모성이 요구되는 경우에는 표면경화강이 사용됨

▨ 축 설계 시 고려사항

- 강도(strength) : 정하중, 반복하중, 충격하중 등 다양한 하중을 충분히 견딜 수 있는 강도를 유지하도록 설계
- 강성(stiffness) : 처짐이나 비틀림에 대한 저항력을 말하며, 굽힘 강성과 비틀림 강성이 있음(1m에 대해 1/4도 이내로 축의 비틀림 각을 제한하여 설계)
- 진동(vibration) : 축의 고유진동과 공진할 때의 위험속도를 고려하여 다양한 진동에 충분히 견딜 수 있도록 설계(고유진동수와 일치하는 위험속도로부터 25% 이상 떨어진 상태에서 사용할 수 있도록 설계)
- 열응력 : 고온 상태에서 사용할 때 축은 열응력 및 열팽창을 고려하여 파괴를 방지할 수 있도록 설계
- 부식 : 축은 전기적 · 화학적 부식을 방지할 수 있는 방식처리를 할 수 있도록 설계
  ※ 위험속도 : 축의 고유진동수와 축의 회전속도가 일치했을 때 진폭이 점차 커져서 축이 위험상태에 놓이게 되고, 결국 파괴에 이르게 되는 축의 회전속도

▨ 차축

- 축은 고정된 채 바퀴만 회전하며, 토크를 전하는 회전축과 회전하지 않는 정지축이 있음
- 주로 굽힘 하중을 받음, 자동차나 철도차량에 쓰이는 축

▨ 전동축(transmission shaft)

- 축과 바퀴가 모두 고정된 채로 회전하며, 축의 회전에 의하여 동력을 전달
- 주로 비틀림과 굽힘에 의해 동력을 전달하며, 굽힘응력과 전단응력이 동시에 발생

▨ 크랭크축(crank shaft)

- 왕복운동을 회전운동으로 변환하는데 사용되는 축
- 증기기관이나 내연기관 등에서 피스톤 왕복운동을 회전운동으로 바꾸어 주는데 사용

▨ 스핀들(spindle)

주로 비틀림 하중을 받는 축으로, 모양과 치수가 정밀한 짧은 회전축이며 공작기계의 회전축에 쓰임

▨ 플렉시블축(유연성축)

고정되지 않은 두 개의 서로 다른 물체 사이에 회전하는 동력을 전달하는 축

※ 축은 모양에 따라 차축, 전동축, 스핀들로 구분되며, 형상에 따라 직선축, 크랭크축, 플렉시블축으로 구분됨

▨ 축이음

- 두 개 또는 여러 개의 축을 연결하여 회전이나 동력을 전달하는 데 사용되는 기계요소
- 축이음에는 커플링(운전 중 결합을 끊을 수 없는 영구적 이음)과 클러치(동력을 단속할 필요성이 있을 때 사용되는 이음)가 있음

▨ 커플링(Coupling)

- 고정 커플링 : 직선상에 있는 두 축을 연결할 때 사용하는 커플링으로, 원통형과 플랜지 커플링으로 구분
- 원통형 커플링 : 두 축의 축단에 원통을 부착하여 볼트나 키에 의해서 연결되며 머프커플링과 마찰원통커플링, 클램프커플링(분할원통커플링)으로 구분됨
- 플랜지 커플링 : 두 축을 일직선상에 볼트나 키로 연결하는 것으로, 고속정밀회전축에 적합하며 가장 널리 사용되는 방식
- 플랙시블 커플링 : 두 축의 중심선을 일치시키기 어려울 경우 또는 진동이나 충격이 발생하기 쉬운 경우에 유연성이 있는 것을 매개로 사용하는 커플링
- 올덤 커플링 : 두 축이 평행하고 중심선이 살짝 어긋났을 때 사용하며, 각속도의 변동 없이 토크를 전달할 때는 적합하지만 고속회전에는 적합하지 않음
- 유니버설 조인트(유니버설 커플링) : 두 축이 같은 평면 내에 있으면서 그 중심선이 서로 $30°$ 이내의 각도를 이루고 교차하는 경우에 사용되며, 공작 기계나 자동차의 동력전달기구 등에 널리 사용, 자재이음이라고도 함

▨ 클러치(Clutch)

- 마찰 클러치 : 두 개의 마찰면을 강하게 접촉시켜 발생하는 마찰력으로 동력을 전달하는 클러치로, 구동축이 회전하는 중에도 충격 없이 피동축을 결합시킬 수 있으며 원판 클러치와 원추 클러치가 있음
- 유체 클러치 : 원통축에 고정된 날개를 회전하면 원심력에 의해 유체가 회전하면서 터빈 날개를 회전시키게 되는 클러치
- 맞물림 클러치 : 클러치 중 가장 간단한 구조로, 맞물려 돌아가는 한쪽을 원동축으로, 다른 쪽은 종

part
02

기계기능이해력

동축으로 하여 동력을 전달할 수 있도록 한 클러치

- **전자 클러치** : 전자력에 의해 작동하는 클러치로, 각종 기계의 위치 · 속도 등을 제어할 수 있고 작동도 안정적임

▓ 베어링

회전하고 있는 축을 본체 내부의 일정한 위치에 고정시키고, 축의 하중과 축에 걸리는 하중을 지지하면서 축을 회전(동력을 전달)하는 기계요소

▓ 베어링의 성질

- 하중 및 피로에 대한 충분한 강도를 가질 것
- 내열성 · 내부식성 · 내마멸성 · 내구성이 좋을 것
- 유연성이 좋고 유막의 형성이 용이할 것
- 열전도율이 크고 마찰열을 소산시키기 용이할 것
- 마찰계수가 작고 흡착력이 좋을 것
- 축 재질보다 면압강도가 클 것

▓ 베어링의 분류

- **힘의 방향** : 레이디얼 베어링, 스러스트 베어링
- **접촉상태(구조)** : 미끄럼 베어링, 구름 베어링

▓ 미끄럼 베어링

- **정의** : 저널부(축)와 베어링이 접촉하여 접촉면 사이에 유막을 두고 미끄럼 운동을 하는 베어링
- **구조** : 윤활부, 베어링메탈, 베어링하우징
- **장 · 단점**

장점	단점
• 충격을 잘 견디고 하중이 클 때 사용됨 • 진동 · 소음이 적음 • 가격이 싸고, 구조가 간단하며 수리 용이	• 시동 시 마찰저항이 큼 • 윤활유 주입이 까다로움

▨ 구름 베어링

- 정의 : 접촉면 사이에 롤러 · 볼을 넣고 회전접촉을 통해 마찰을 줄이고 구름 운동을 할 수 있도록
  하는 베어링
- 구조 : 내륜, 외륜, 볼 또는 롤러(전동체), 리테이너
- 장 · 단점

장점	단점
• 교환 · 선택이 용이(규격화되어 있음) • 윤활이 용이 • 기계의 소형화가 가능	• 충격에 약하고, 설치 · 조립이 까다로움 • 윤활유가 비산하고, 고속회전에 불리함 • 소음이 심하고 가격이 비쌈

- 호칭 번호

첫 번째 자리	형식 기호
두 번째 자리	치수 기호
세 번째와 네 번째 자리	안지름 기호(00 : 10mm, 01 : 12mm, 02 : 15mm, 03 : 17mm, 04 : 20mm, 04부터는 5를 곱하여 계산)

▨ 미끄럼 베어링과 구름 베어링의 비교

기준	미끄럼 베어링	구름 베어링
가격	싸다	비싸다
마찰저항	크다	작다
충격 흡수력	유막에 의한 감쇠력이 커 더 우수함	유막에 의한 감쇠력이 작아 덜 우수함
동력 손실	크다	적다
기동토크	유막형성이 늦은 경우 크다	작다
진동과 소음	작다	크다
회전속도	고속	저속
강성	상대적으로 작다	상대적으로 크다
윤활성	좋지 않다	좋은 편이다
규격화	자체 제작하는 경우가 많다	표준화되어 호환성이 우수하다
정밀도	상대적으로 더 커야한다	상대적으로 적다
운전속도	공진속도를 지나 운전할 수 있다	공진속도 이내에서 운전하여야 한다
수리 및 수명	구조가 간단하고 수리가 쉽다	수명이 비교적 짧고 조립이 어렵다
기타	표준화가 부족하여 제작 시 전문지식이 필요	소형화가 가능, 정밀가공이 필요

▓ 기타 베어링의 종류

- 레이디얼 베어링 : 축에 직각방향의 하중을 지지해 주는 베어링
- 원통롤러 베어링 : 중하중이 축에 가해지는 경우에 사용하는 베어링으로 충격에 강함
- 원뿔 롤러베어링 : 회전축에 수직인 하중과 회전축 방향의 하중을 동시에 받을 때 사용하는 베어링으로, 주로 공작기계의 주축에 사용
- 니들 롤러베어링 : 길이에 비해 지름이 매우 작은 롤러를 사용한 것으로, 내륜과 외륜의 두께가 얇아 바깥지름이 작으며, 단위면적에 대한 강성이 커서 좁은 장소에서 비교적 큰 하중을 받는 기계장치에 사용함(니들롤러만으로 전동하므로 단위면적당 부하량이 큼)
- 테이퍼 롤러베어링 : 테이퍼 형상의 롤러가 적용된 베어링으로, 축방향과 축에 직각인 하중을 동시에 지지할 수 있어서 자동차나 공작기계의 베어링에 널리 사용됨
- 오일리스 베어링 : 금속 분말을 가압·소결하여 성형한 뒤 윤활유를 입자 사이의 공간에 스며들게 한 베어링으로, 급유가 곤란한 곳에서 사용됨
- 앵귤러 볼베어링 : 수직하중과 한 방향의 축하중을 지지할 수 있는 베어링
- 스러스트 볼베어링 : 하중을 축 방향으로 받도록 설계한 베어링

▓ 윤활

- 필요성 : 축과 베어링은 마찰이 생기고 열이 발생되어 동력손실을 가져오며, 소손으로 기계손상을 초래하므로 마찰을 감소하고 열을 제거하기 위해서 윤활이 필요
- 베어링 윤활유의 유출 방지 : 베어링용 밀봉장치는 내부 윤활유로 사용되는 그리스나 오일의 유출을 방지하고 유해물질의 침입을 방지하는 역할을 함

4 동력 전달용 기계요소

▓ 마찰차

- 두 축 사이에 바퀴를 접촉시킨 후 접촉면 사이에 작용하는 마찰력을 이용해 두 축 사이의 동력을 전달하는 장치(직접 전동장치의 일종)
- 주철로 만드나 마찰계수를 크게 하기 위해 원동차에 고무, 가죽, 섬유질 등을 붙여서 사용

▓ 마찰차의 특징

- 운전은 정숙하나 효율성은 떨어짐
- 전동의 단속이 무리 없이 행해짐
- 운전 중 접촉을 분리하지 않고도 속도비를 변화시킬 수 있는 곳에서 사용함
- 상대적 미끄럼이 생기므로 확실한 전동이 요구되거나 큰 동력은 전달시킬 수 없음
- 과부하일 경우 원동축의 손상을 방지할 수 있음
- 원동차 표면에 고무, 가죽, 목재, 섬유질 등을 라이닝해서 사용함

▓ 마찰차를 활용하는 경우

- 일정 속도비를 요하지 않거나 속도비가 중요하지 않은 경우
- 속도비가 너무 커서 보통의 기어를 사용하기 곤란한 경우
- 전달하여야 할 힘이 크지 않은 경우
- 두 축간 빈번하게 단속할 필요가 있는 경우
- 무단변속을 하는 경우

▓ 마찰차의 종류

- **원통마찰차** : 평행한 두 축 사이에서 접촉(외접 · 내접)하여 동력을 전달하는 원통형 바퀴
- **원뿔마찰차(원추마찰차)** : 교차하며 회전하는 두 축 사이에 동력을 전달하는 장치
- **홈마찰차(홈붙이마찰차)** : 원통 표면에 V자 모양의 홈을 파 마찰면적을 늘려 회전전달력을 크게 한 동력전달장치
- **변속마찰차** : 원뿔, 원통, 구면을 이용해 무단변속이 가능한 마찰차

▓ 마찰차의 분류

평행한 두 축의 동력전달	원통마찰차(평마찰차, V홈마찰차)
평행하지 않은 축의 동력전달	원뿔마찰차(원추마찰차), 무단변속마찰차(구면마찰차, 크라운마찰차, 에반스마찰차, 원판마찰차)

▓ 마찰차 간 중심거리 및 마찰차의 각속도비

- 마찰차 간 중심거리 $= \dfrac{\text{원동차의 지름} + \text{종동차의 지름}}{2}$

- 마찰차의 각속도비 $= \dfrac{\text{종동차의 회전수}}{\text{원동차의 회전수}} = \dfrac{\text{원동차의 지름}}{\text{종동차의 지름}}$

▓ 기어

두 개 이상의 축 간 회전이나 동력전달을 목적으로 원판에 이를 만들어 맞물려 돌아가게 하는 기계
요소

▓ 기어의 특징

- 구조가 간단하고, 사용 범위가 넓음
- 동력 손실이 없고 전달이 확실하며, 내구성이 높음
- 두 축이 평행하거나 교차하지 않은 축 모두 확실한 회전을 전달할 수 있음
- 전동효율이 좋고 감속비가 큼
- 맞물려 돌아가려면 기어의 크기를 나타내는 척도인 모듈이 같아야 함
- 충격에 약하고 소음과 진동이 발생함
- 정밀하게 작업하지 않으면 언더컷이 발생함

▓ 기어의 명칭

- **기어와 피니언** : 기어는 맞물려 있는 기어 중 큰 기어를, 피니언은 작은 기어를 지칭
- **피치원** : 기본이 되는 가상의 원으로, 두 개의 기어가 맞물려 돌아갈 때 만나는 접점들이 모여서
  만들어진 원(축에 수직한 평면과 피치면이 교차하여 이루는 원)
- **원주피치** : 이의 크기를 정의하는 가장 확실한 방법으로, 피치원 둘레를 잇수로 나눈 값(하나의 이
  와 그 다음 이 사이의 원호 거리)
- **이끝원** : 이의 끝을 연결하는 원
- **이뿌리원** : 이의 뿌리 부분을 연결하는 원
- **이끝높이** : 피치원에서 이끝원까지의 거리
- **이뿌리높이** : 피치원에서 이뿌리원까지의 거리
- **이높이** : 이끝높이와 이뿌리높이를 합한 이 전체의 거리
- **이두께** : 피치원에서 측정한 이의 두께
  ※ 이의 크기 : 원주피치, 모듈(원주피치를 π로 나눈 값), 지름피치(피치원 지름 1인치당 잇수)

▓ 두 축이 평행할 때 사용하는 기어

- **스퍼 기어(평 기어)** : 이가 축과 평행한 원통형 기어로, 두 축 사이의 동력전달에 가장 널리 쓰이는
  일반적인 기어(예 변속기 부품)
- **헬리컬 기어** : 이가 비틀어진 헬리컬 곡선으로 된 원통형 기어로, 평 기어보다 이의 물림은 원활하

나 축 방향으로 스러스트가 발생하며, 소음 · 진동 저감에 효과적인 고속회전용 기어(예 변속기 부품, 자동차)

- 인터널 기어 : 원통의 안쪽에 이가 있는 형태로서 평 기어와 한 쌍으로 사용되는 기어(예 유성감속기, 기어 커플링)

■ 두 축이 교차할 때 사용하는 기어

- 베벨 기어 : 원뿔면에 이를 낸 것으로서, 평행하지 않고 교차(직교)하는 두 축에서 동력을 전달하기 위해 사용하는 원뿔형(원추형) 기어(예 공작 기계, 인쇄기)
- 헬리컬 베벨 기어 : 헬리컬 곡선으로 된 베벨 기어로서, 원활한 이물림을 위해 이가 원뿔면의 모선과 경사진 기어
- 크라운 기어 : 원뿔각(90°)을 가지며, 평 기어와 수직으로 맞물려 회전방향을 바꿔주는 기어
- 마이티 기어 : 잇수가 같은 한 쌍의 원추형 기어로서, 직각인 두 축 간에 동력을 전달하는 베벨 기어

■ 두 축이 평행하지도 교차하지도 않을 때 사용하는 기어

- 웜 기어 : 웜과 웜 기어(웜휠 기어)로 이루어진 한 쌍의 기어로서, 두 축이 직각을 이루지만 동일한 평면상에 위치하지 않을 때 사용하는 기어
- 하이포이드 기어 : 서로 교차하지도, 평행하지도 않는 두 축 간에 동력전달 시 사용하며, 헬리컬 베벨 기어와 비슷하나 두 축이 엇갈리는 기어(각도가 직각), 매끄러운 회전을 통해 큰 속도비를 얻을 수 있음
- 나사 기어(스크루 기어) : 서로 교차하지도, 평행하지도 않는 두 축 간에 동력전달 시 사용하는 기어(예 자동차용 구동장치)

■ 치형곡선

- 인벌류트 치형 : 원에 감은 실을 팽팽하게 유지하며 풀 때 실이 그리는 궤적곡선(인벌류트 곡선)을 이용해 치형을 설계한 기어
- 사이클로이드 치형 : 한 원의 안쪽 · 바깥쪽을 다른 원이 굴러갈 때 원 위의 한 점이 그리는 곡선(사이클로이드)을 치형곡선으로 제작한 기어

■ 이의 간섭

- 정의 : 한쪽 기어의 이끝이 상대쪽 기어의 이뿌리와 부딪쳐서 회전할 수 없게 되는 현상
- 원인 : 압력각이 작을 때, 피니언 잇수가 극히 적을 때, 기어와 피니언의 잇수비가 매우 클 때, 유

효한 이높이가 높을 때

- **방지대책** : 이 높이를 작게 하고 압력각을 크게 함, 피니언의 잇수를 최소 잇수 이상으로 함, 기어의 잇수를 한계잇수 이하로 함, 치형을 수정함(치형의 이끝면을 깎아냄)

■ 언더컷

- **정의** : 기어의 잇수가 매우 적거나 잇수비가 클 때 이의 간섭이 발생하며, 회전을 저지하게 되어 이뿌리가 가늘게 되고 물림 길이가 짧아지는 현상
- **방지대책** : 압력각을 크게 함, 전위기어로 제작함, 이의 높이를 감소시킴, 피니언기어의 잇수를 최소 잇수 이상으로 함

■ 백래시(Backlash)

서로 맞물린 기어에서 잇면 사이의 가로방향의 간격으로, 백래시가 크면 정밀도가 저하됨

■ 벨트전동장치

두 축에 장착된 벨트풀리에 벨트를 감아서 이 벨트 사이의 마찰력을 이용하여 동력을 전달하는 장치로, 벨트 모양에 따라 평벨트와 V벨트로 구분

■ 벨트에 장력을 가하는 방법

탄성변형에 의한 방법, 벨트 자중에 의한 방법, 텐셔너를 사용하는 방법, 스냅풀리를 사용하는 방법

■ 평벨트

두 축 간의 거리가 멀 때 사용하는 가장 간단하면서 보편적인 벨트로, 바로걸기(두 개의 벨트풀리의 회전방향이 서로 같음)와 엇걸기(회전방향이 서로 다름)가 모두 가능

■ 평벨트의 특징

- 장치가 간단하고 전동효율이 높음
- 자유로운 변속이 가능하며, 고속 및 고출력용
- 정확한 속도비가 필요하지 않을 때 사용
- 소음이 거의 없고 수명이 길며, 유지보수가 편리
- 두께가 얇아 작은 풀리에도 사용 가능
- 높은 인장력으로 인해 베어링 하중이 상대적으로 높음

- 과부하 시 미끄러져 다른 부품의 손상을 방지

▓ 평벨트의 종류

- **가죽벨트** : 소가죽을 약품 처리하여 만든 벨트로, 탄성이 풍부하고 내구성이 우수
- **직물벨트** : 직물(섬유)을 이음매 없이 만든 벨트로, 가죽벨트에 비해 가격이 저렴하고 인장강도가 큼
- **고무벨트** : 직물벨트에 고무를 입혀서 만든 벨트로, 유연성이 좋고 밀착이 잘되어 미끄럼이 적지만, 열이나 기름에 약함

▓ V벨트

단면에 V형 홈이 있는 벨트로, 벨트풀리에 걸어서(바로걸기만 가능) 두 축 사이에 동력을 전달하며, 평벨트보다 마찰력이 더 크고 전달효율이 더 좋음

▓ V벨트의 특징

- 평벨트보다 마찰력이 커서 잘 미끄러짐이 없고 속도비가 큼
- 벨트가 벨트풀리에서 벗겨짐이 없어 고속운전이 가능
- 장력이 작아 베어링에 걸리는 하중 부담이 적음
- 축간거리가 짧아도 되기 때문에 설치면적이 작음
- 큰 회전력 및 전동을 얻을 수 있음
- 이음매가 없어 균일한 강도를 가지며, 진동·소음이 적고 운전이 정숙
  - ※ **V벨트의 홈각도** : 풀리 홈의 각도는 벨트의 각도인 $40°$ 보다 약간 적음
  - ※ **크라운풀리** : 벨트와 풀리의 접촉면인 림의 중앙을 곡면으로 하여 벨트의 벗겨짐을 방지하는 안전장치 역할

▓ 타이밍벨트

미끄럼을 방지하기 위해 벨트에 이를 붙여 서로 맞물려 전동하는 벨트로, 정확한 속도비가 필요한 경우에 사용함

▓ 벨트전동장치의 이상 현상

- **플래핑(Flapping)** : 벨트풀리의 중심 축간 거리가 길고 벨트가 고속으로 회전할 때, 벨트에서 파닥이는 소리와 함께 파도치는 것처럼 보이는 이상 현상
- **크리핑(Creeping)** : 벨트가 벨트풀리 사이를 회전할 때 이완측에 근접한 부분에서 인장력이 감소

하면 변형량도 줄게 되면서 벨트가 천천히 움직이는 이상 현상

- **벨트 미끄러짐** : 긴장측과 이완측 간 장력비가 약 20배 이상으로 매우 크거나 초기 장력이 너무 작은 경우, 벨트가 벨트풀리 위를 미끄러지면서 열이 발생되는 이상 현상
- **벨트 이탈** : 벨트가 너무 헐거워져서 장력을 잃고 벨트풀리 밖으로 이탈하는 이상 현상

▓ 체인

체인을 원동축과 종동축의 스프로킷에 걸어 동력을 전달하는 장치

▓ 체인전동장치의 특징

- 미끄럼 없이 일정 속도비를 얻을 수 있음
- 큰 동력전달이 가능하며, 마모 · 마멸이 적어 전동효율이 큼(90% 이상)
- 진동 · 소음이 발생해 고속회전에 적합하지 않고, 저속회전으로 큰 힘을 전달하는데 적합
- 초기 장력이 필요 없고 정지 시 장력이 작용하지 않음(베어링에 하중이 걸리지 않음)
- 내열 · 내유 · 내습성이 크고, 윤활이 필요함
- 체인의 길이를 조절하기 용이하고 여러 축을 동시에 작동시킬 수 있음
- 체인의 탄성으로 어느 정도의 충격을 흡수함
- 유지 및 보수가 용이함
- 접촉각은 90° 이상이 좋음

▓ 체인의 종류

- **롤러 체인** : 롤러를 끼워 부싱으로 고정된 롤러 링크와 핀 링크를 연결하여 고리 모양으로 만들어 사용
- **사일런트 체인** : 체인의 마멸 · 물림 상태가 불량해 소음이 발생하는 결점을 보완한 것으로, 원활하고 조용한 운전을 해야 할 때 사용

▓ 로프전동장치

로프를 홈이 있는 로프 풀리에 감아서 원동축의 회전력을 종동축으로 전달하는 장치로 크레인, 엘리베이터 등의 동력전달장치로 사용

▓ 로프전동의 특징

- 장거리 동력전달이 가능하며, 고속 운전에 적합

- 미끄럼이 발생해 정확한 속도비 전동이 불확실함
- 벨트전동에 비해 미끄럼이 적어 큰 동력전달이 가능함
- 전동경로가 직선이 아닌 경우에도 사용이 가능함
- 벨트와 달리 감아 걸고 벗겨낼 수 없으며, 고장 날 경우 조정과 수리가 어려움

▦ 로프의 재질

강선, 면, 마

▦ 캠

- 동력을 전달하기 위해 특수한 모양을 가진 구동절에 회전운동을 주어서 다른 형태의 운동으로 변환하게 하는 장치
- 복잡한 운동을 쉽게 실현할 수 있어, 밸브 개폐기구나 공작기계, 인쇄기계 등에 사용

▦ 캠의 종류

평면 캠(판캠, 정면 캠, 반대 캠, 요크 캠), 입체 캠

5 완충용·제동용 기계요소

▦ 스프링

재료의 탄성을 통해 에너지를 축적 · 흡수시킴으로써 물체에 가해지는 충격과 진동을 완화하는 기계요소

▦ 스프링의 역할

충격 완화, 진동 흡수, 힘의 축적, 운동과 압력의 억제, 에너지를 저장하여 동력원으로 사용

▦ 스프링의 용도(사용 목적)

- 스프링의 복원력을 이용한 것 : 스프링 와셔, 안전밸브 스프링 등
- 에너지를 축적하고 동력으로 전달하는 것 : 시계의 태엽, 계기용 스프링 등
- 진동 · 충격을 흡수해 방진 · 완충작용을 위한 것 : 자동차 현가스프링, 기계의 방진스프링 등

- 힘의 측정에 사용하기 위한 것 : 스프링 저울, 압력 게이지 측정 기구 등

▥ 스프링의 재료

- 탄성한도와 피로한도가 높으며 충격에 잘 견디는 스프링강과 피아노선을 주로 사용함
- 부식의 우려가 있는 곳에는 스테인리스강과 구리 합금을 사용함
- 고온의 열이 가해지는 곳에는 고속도강, 합금 공구강, 스테인리스강을 사용함
- 기타 고무, 합성수지, 유체 등을 사용함

▥ 스프링의 분류

- 하중에 의한 분류 : 인장 스프링, 압축 스프링, 토션 바 스프링
- 형상에 의한 분류 : 코일 스프링, 판스프링, 벨류트 스프링, 스파이럴 스프링

▥ 스프링의 종류

코일 스프링	• 단면이 둥글거나 각진 봉재를 코일형으로 감은 것을 말함 • 스프링의 강도는 단위길이를 늘이거나 압축시키는 데 필요한 힘으로 표시한 스프링상수로, 스프링상수가 클수록 스프링의 강도가 강함 • 압축코일스프링(축방향의 하중을 받으면 스프링이 압축되면서 전단응력과 비틀림응력이 동시에 발생)과 인장코일스프링(중심선 방향으로 인장하중을 받는 스프링)이 있음
판스프링	• 길고 얇은 판으로 하중을 지지하도록 한 것으로, 판을 여러 장 겹친 것을 겹판스프링이라 함 • 에너지 흡수율이 좋고 스프링 작용 외에 구조용 부재로서의 기능을 겸하여, 자동차 현가용으로 주로 사용됨
토션 바	비틀림 모멘트를 가하면 비틀림 변형이 생기는 원리를 적용한 막대 모양의 구조가 간단한 스프링으로, 단위중량당 에너지 흡수율이 크고 가벼우면서 큰 비틀림 에너지를 축적할 수 있어 자동차 등에 주로 사용됨
공기 스프링	• 공기의 탄성을 이용한 것으로, 스프링상수를 작게 설계할 수 있고 공기압으로 스프링의 길이를 조정할 수 있음 • 내구성이 좋고, 공기가 출입할 때의 저항에 의해 충격을 흡수하는 능력이 우수하여 차량용으로 많이 쓰이며, 프레스 작업에서 소재를 누르는 데 사용

※ 스프링상수(k) : $k = \dfrac{하중(W)}{변위량(\delta)}$

▥ 스프링 완충장치

- 링 스프링 완충장치 : 스프링을 포개어 압축한 형태로, 스프링이 접촉하여 생기는 마찰로 큰 에너지를 흡수하도록 한 것

- 고무 완충기 : 고무가 압축되어 변형될 때 에너지를 흡수 · 완화하도록 한 것
- 유압 댐퍼(쇼크 업소버) : 축 방향에 하중이 작용하면 피스톤이 이동하여 작은 구멍인 오리피스로 기름이 유출되면서 진동을 감소시키는 것으로, 자동차 차체에 전달되는 진동을 감소시켜 승차감을 좋게 해줌

▓ 브레이크

증기력, 압축공기, 유압, 전자력 등을 이용하여 기계의 운동속도를 감속시키거나 운동을 정지시키는 기계요소로, 마찰력을 이용해 운동에너지를 열에너지로 변환시킴

▓ 브레이크 구비조건

- 제동효과가 우수해야 함
- 마찰계수가 커야 함
- 내열성 · 내마멸성이 우수해야 함

▓ 재료별 마찰계수(μ)

- 섬유 : 0.05 ~ 0.1
- 주철 : 0.1 ~ 0.2
- 청동, 황동 : 0.1 ~ 0.2
- 강철밴드 : 0.15 ~ 0.2
- 목재 : 0.15 ~ 0.25
- 가죽 : 0.23 ~ 0.3
- 석면직물 : 0.35 ~ 0.6

▓ 브레이크의 분류

- 축압식 브레이크 : 디스크 브레이크(원판 브레이크), 원추 브레이크, 공기 브레이크
- 전자 브레이크
- 원주브레이크 : 블록 브레이크, 밴드 브레이크
- 자동하중 브레이크 : 웜 브레이크, 캠 브레이크, 나사 브레이크, 코일 브레이크, 체인 브레이크, 원심 브레이크

브레이크의 종류

- **블록 브레이크** : 마찰 브레이크의 일종으로, 회전하는 브레이크 드럼을 브레이크 블록으로 눌러 마찰력으로 제동하는 것(차량용 브레이크에 사용됨)
- **밴드 브레이크** : 브레이크 드럼 바깥에 강철밴드를 감고 장력을 주어 밴드와 드럼의 마찰력으로 제동하는 것으로, 주로 트럭에 사용됨
- **드럼 브레이크(내부 확장식 브레이크)** : 바퀴와 함께 회전하는 브레이크 드럼의 안쪽에 마찰재인 브레이크 패드(슈)를 이용하여 드럼에 밀착시켜 제동하는 것으로, 자동차의 뒷바퀴 제동에 사용됨
- **원판 브레이크(디스크 브레이크)** : 회전하는 원판(디스크)을 양쪽에서 제동 패드로 압착하여 제동시키는 브레이크로 원판의 수에 따라 단판 브레이크와 다판 브레이크가 있으며 항공기, 고속열차 등 고속차량뿐만 아니라 승용차나 오토바이 등에도 널리 사용됨

6 관·밸브 기계요소

관(pipe)

- 기체, 액체 등 유체를 수송하는데 쓰이는 기계요소
- 관을 연결하거나 방향을 바꾸려면 관 이음쇠가 필요하며, 유체의 흐름을 조절하기 위해서는 밸브나 콕이 필요함
- 일반적으로 관(파이프)의 크기는 안지름으로 나타냄

관의 기능

- 유체 및 고체를 수송
- 열을 교환(예 냉동기)
- 진공을 유지(예 진공펌프의 접속관)
- 압력을 전달(예 압력계의 접속관)
- 물체를 보호(예 배전선을 보호하는 전선관)
- 보강재로 사용(예 자전거 프레임, 탑의 기둥 등)

재질에 따른 관의 종류

- **강관** : 주로 탄소강을 사용하며, 이음매가 없는 것은 압축공기와 증기의 압력 배관용으로, 이음매가 있는 것은 주로 구조용 강관으로 사용함

- 주철관 : 강관에 비해 내식성·내구성·내압성이 우수하고, 경제성(가격 저렴)이 있어 수도관·가스압송관·배수관·광산용양수관 등에 사용함
- 비철금속관 : 주로 구리관과 황동관을 사용함
- 비금속관 : 고무관, 플라스틱관, 콘크리트관 등이 있음

▩ 특성에 따른 관의 종류

- 주관로 : 흡입관로, 압력관로, 배기관로를 포함하는 주가 되는 관로
- 파일럿관로 : 파일럿 방식에서 작동시키기 위한 작동유를 유도하는 관로
- 플렉시블관로 : 고무호스와 같이 유연성이 있는 관로
- 바이패스관로 : 필요에 따라 작동유체의 전량 또는 일부를 갈라져 나가게 하는 관로

▩ 나사식 관 이음

- 각종 배관에 이용되는 이음쇠로, 관에 관용나사나 가는 나사를 절사하고 적당한 이음쇠를 사용하여 결합하며, 누설을 방지하기 위하여 콤파운드나 테이플론 테이프를 감음
- 재료로는 가단주철, 주강, 스테인리스강, 구리 합금 및 PVC 등이 사용됨
- 이음쇠의 종류로는 소켓, 니플, 유니언, 엘보, T(티), 크로스(+자) 등이 있음

▩ 플랜지 이음

- 플랜지를 만들어 관을 결합하는 것으로, 관의 지름이 크거나 유체의 압력이 큰 경우에 사용되며, 분해 및 조립이 용이함
- 플랜지 이음의 종류로는 나사 플랜지, 용접 플랜지, 유압 플랜지, 일체 플랜지 등이 있음

▩ 신축형 관 이음

- 온도차에 의한 열팽창과 진동 등을 견디기 위해 사용되는 것으로, 관의 중간에 신축형 관 이음을 함
- 진동원과 배관과의 완충이 필요할 때나 온도의 변화가 심한 고온인 곳에 사용됨
- 종류로는 45°밴드, 90°밴드, 주름 밴드, 리턴 밴드, 양쪽 편중 U밴드, 원 밴드, 파형 신축 밴드, 미끄럼 신축 이음 등이 있음

▩ 이음매가 없는 관의 제조법

- 만네스만 압연 천공법 : 저탄소강의 원형단면 빌렛을 가열 천공함

- 에르하르트 천공법 : 열을 가한 사각 강판을 둥근 형에 넣고 회전축으로 압축함
- 압출법 : 소재를 압출 컨테이너에 넣고 램을 강력한 힘으로 이동시켜 소재를 빼내는 가공 방식

▨ 밸브

유체의 유량과 압력, 방향 전환, 속도, 흐름의 단속 등을 조절하는 기계요소

▨ 밸브의 재료

- 소형으로 온도와 압력이 그다지 높지 않을 경우 청동을 사용함
- 고온 · 고압일 경우 강을 사용함
- 대형일 경우 온도와 압력에 따라 청동 · 주철 · 합금강을 사용함

▨ 정지밸브(스톱밸브)

- 앵글밸브, 니들밸브, 글로브밸브, 슬루스밸브, 게이트밸브 등
- 나사를 상하로 움직여 유체의 흐름을 개폐하거나 유량 · 압력을 제어하는 밸브이며, 밸브 디스크가 밸브대에 의하여 밸브시트에 직각방향으로 작동
- 밸브판과 밸브시트의 가공 · 교환 · 수리 등이 용이하고 값이 싸나, 유체흐름에 대한 저항손실이 크고 흐름이 미치지 못하는 곳에 찌꺼기가 모이는 문제가 있음

▨ 정지밸브의 종류

- 앵글밸브 : 유체의 입구와 출구가 직각이므로 유체의 흐름을 90° 전환할 수 있는 밸브
- 니들밸브 : 유량을 조절하며, 작은 힘으로도 유체의 흐름을 정확하게 차단하는 밸브
- 글로브밸브 : 공 모양의 밸브몸통을 가지며, 입구와 출구의 중심선이 일직선상에 있고 유체의 흐름이 S자 모양으로 되는 밸브로, 유체의 흐름을 180° 전환할 수 있음
- 슬루스밸브 : 밸브가 파이프 축에 직각으로 개폐되며 고압 · 고속으로 유량이 많이 흐를 때 사용되는 밸브로서, 주로 발전소 도입관, 상수도 주관 등 지름이 크고 밸브를 자주 개폐할 필요가 없는 경우에 사용
- 게이트밸브 : 배관 도중에 설치하여 유로의 차단에 사용되며 변체가 흐르는 방향에 대하여 직각으로 이동하여 유로를 개폐함, 부분적으로 개폐될 때 유체의 흐름에 와류가 생겨 내부에 먼지가 쌓이기 쉬움

▨ 압력 및 유량제어밸브

- 유압 회로 내에서 단면적의 변화를 통해 유체가 흐르는 양을 제어하는 밸브
- 릴리프밸브, 감압밸브, 시퀀스밸브, 카운터밸런스밸브, 무부하밸브, 전자밸브, 교축밸브(스로틀밸브) 등

▨ 압력 및 유량제어밸브의 종류

- **릴리프밸브** : 유체압력이 설정 값을 초과할 경우 유체를 배출시켜 회로 내의 유체압력을 설정값 이하로 일정하게 유지시키는 밸브
- **감압밸브** : 압축 유체를 감압시켜 사용 조건이 변동되어도 공급압력을 일정하게 유지시키는 밸브
- **시퀀스밸브** : 순차적으로 작동할 때 회로의 압력에 의해 작동순서를 제어하는 밸브
- **카운터밸런스밸브** : 자중이나 관성력 때문에 제어를 못하게 되거나 자유낙하를 방지하기 위해 사용하는 밸브로, 유압을 가하여 하강시키면 열리고 유압을 제거하면 닫힘
- **무부하밸브** : 규정압력 이상으로 작동할 때 무부하운전으로 배출하여 규정압력 이하가 되면 밸브를 닫고 다시 작동하게 되는 밸브로, 열화 방지 및 동력절감 효과를 가짐
- **전자밸브(솔레노이드 밸브)** : 전자 코일의 전자력을 사용해 자동적으로 밸브를 개폐시키는 것으로서, 밸브의 동작에 따라 자동식과 파일럿식이 있음
- **교축(스로틀) 밸브** : 통로의 단면적을 바꿔 교축작용으로 감압과 유량 조절을 하는 밸브
  ※ **유량제어밸브에 적용되는 회로의 종류** : 미터인 회로, 미터아웃 회로, 블리드오프 회로

▨ 그 밖의 밸브

- **버터플라이밸브(나비형 밸브)** : 밸브의 몸통 안에서 밸브대를 축으로 하여 원판모양의 밸브 디스크가 회전하면서 관을 개폐하여 관로의 열림각도가 변화하여 유량이 조절되는 밸브
- **체크밸브** : 유체를 한쪽 방향으로 흐르게 하기 위한 역류방지용 밸브로 리프트 체크밸브, 스윙 체크밸브 등이 있음
- **이스케이프밸브** : 관내의 유압이 규정 압력 이상이 되면 자동적으로 작동하여 유체를 밖으로 흘리기도 되돌리기도 하는 밸브
- **셔틀밸브** : 2개 이상의 입구와 1개의 공통 출구를 가지며 출구는 입구 압력의 작용에 의하여 한쪽 방향에 자동적으로 접속되는 밸브
- **감속밸브** : 캠조작을 통해 유압모터나 실린더의 속도를 감속시킬 때 사용하는 밸브
- **플러그밸브(콕)** : 원통 또는 원뿔 플러그를 90° 회전시켜서 유체의 흐름을 조절하는 밸브로, 개폐조작이 간단하나 기밀성이 떨어져 저압·소유량용으로 적합함

기계기능이해력

PART **2**

적중문제

정답 및 해설
241p

MECHANICAL FUNCTION UNDERSTANDING

001 다음 중 기계 설계 시 유의사항으로 옳지 않은 것은?

① 사용 목적에 적합하고, 동작이 명확해야 한다.
② 작용력을 견딜 수 있는 강도 높은 재료를 선택한다.
③ 제작 · 운반 및 유지보수가 쉬운 구조로 설계되어야 한다.
④ 제품 · 부품이 개별화되어야 하고, 기계 효율이 좋아야 한다.

002 다음 중 기계재료 및 기계요소에 관한 설명으로 옳지 않은 것은?

① 기계재료에는 철강재료와 비철금속재료가 있다.
② 비철금속재료에는 유기재료와 무기재료가 있다
③ 기계요소란 기계를 구성하고 있는 여러 개의 단위 부품을 말한다.
④ 볼트, 너트, 코터, 리벳 등은 체결용 기계요소(결합 요소)에 해당한다.

003 다음 중 국제단위계(SI)의 종류에 해당되지 않는 것은?

① 길이 – [m]
② 질량 – [kg]
③ 온도 – [℃]
④ 물질량 – [mol]

004 다음 중 하중에 대한 설명으로 틀린 것은?

① 하중은 물체나 각 기계요소에 작용하는 여러 종류의 힘이다.
② 압축 하중은 단면에 수직으로 누르는 하중이다.
③ 전단 하중은 재료를 원주 방향으로 비트는 형태로 작용하는 힘이다.
④ 시간에 따라 재료에 작용하는 크기가 변하지 않는 하중을 정하중이라 한다.

005 다음 중 못을 빼낼 때 작용하는 하중에 해당하는 것은?

① 인장 하중
② 압축 하중
③ 전단 하중
④ 충격 하중

006 다음 중 응력에 대한 설명으로 틀린 것은?

① 단위면적당 작용하는 힘(하중)이다.

② 수직 응력은 접선 응력이라고도 한다.

③ 전단 응력은 하중 방향이 단면적과 평형을 이룰 때 발생하는 응력이다.

④ 굽힘 응력은 인장 응력과 압축 응력이 동시에 발생할 때 생기는 응력이다.

007 다음 중 응력 집중을 완화하는 대책으로 적절하지 않은 것은?

① 재료에 여러 개의 단면변화형상을 설치한다.

② 테이퍼를 생성하여 단면변화를 완화시킨다.

③ 단면변화 부분에 보강재를 결합한다.

④ 필렛 반지름을 작게 한다.

008 재료의 단면적 방향으로 발생하는 변형량과 변형 전 지름에 대한 비율을 무엇이라 하는가?

① 세로(종) 변형률

② 가로(횡) 변형률

③ 인장 변형률

④ 전단 변형률

009 지름이 30mm이고 길이가 800mm인 강재에, 인장 하중이 작용하여 길이가 806mm로 바뀌었다. 변형률을 구하면?

① 0.2% ② 0.5%

③ 0.75% ④ 1%

010 다음 중 응력-변형력 곡선에서 후크의 법칙이 적용되는 구간은 무엇인가?

① 비례한도(Proportional Limit)

② 탄성한도(Elastic Limit)

③ 항복점(Yield Point)

④ 극한강도(Ultimate Strength)

011 나사에 관한 설명으로 옳지 않은 것은?

① 나선은 원통의 표면에 직각 삼각형을 감았을 때 빗변이 원통에 그리는 곡선이다.

② 피치는 나사를 1회전 시켰을 때 축 방향으로 움직인 거리이다.

③ 골지름은 수나사에서 최소지름이고 암나사에서 최대지름이다.

④ 왼나사는 반시계방향으로 돌리면 조여지는 나사이다.

012 피치가 3mm인 2줄 나사를 4회전했을 때 나간 거리는?

① 6mm ② 12mm

③ 18mm ④ 24mm

013 다음 중 체결용 나사로 적절하지 않은 것은?

① 미터나사
② 사다리꼴 나사
③ 유니파이 나사
④ 관용나사

014 마멸이 적고 마찰계수가 극히 적기에 공작기계의 이송이나 자동차의 조향장치로 사용되는 나사는?

① 유니파이 나사
② 사각나사
③ 볼나사
④ 너클나사

015 다음 중 볼트(Bolt)에 대한 설명으로 틀린 것은?

① 탭볼트는 너트로 죄기 힘든 부분에 암나사를 낸 후 볼트로 죄어 체결한다.
② 기초볼트는 콘크리트 바닥 위에 기계구조물을 고정시킬 때 사용한다.
③ 더블너트볼트는 양쪽에 너트를 죌 수 있는 수나사가 만들어진 볼트이다.
④ 스테이볼트 양쪽 끝이 모두 수나사로 되어 있는 볼트이다.

016 다음 중 볼트의 용도에 대한 설명으로 옳지 않은 것은?

① 관통볼트는 연결할 한 개의 부품에 구멍을 뚫고 너트로 죈다.
② 탭볼트는 한 쪽 부분에 탭핑작업을 하고 다른 한 쪽에 구멍을 뚫어 나사를 고정한다.
③ 아이 볼트는 물체를 끌어 올리는데 사용되는 것으로, 머리 부분에 체인이나 훅을 걸 수 있다.
④ T볼트는 머리가 T자형으로 된 볼트를 말하며, 바이스 등을 고정시킬 때 사용한다.

017 다음 중 볼트나 너트의 힘을 분산시키는 와셔의 역할과 거리가 먼 것은?

① 볼트의 구멍이 클 때
② 너트가 닿는 면이 마찰이 약하고 미끄러울 때
③ 너트 풀림을 방지하거나 가스켓을 조일 때
④ 압축이 약한 목재, 플라스틱, 고무 등에 사용할 때

018 다음 중 키(Key)에 대한 설명으로 옳지 않은 것은?

① 통상 키의 윗면에는 1/100의 기울기를 사용한다.
② 기어, 밸트풀리 등을 회전축에 고정하여 토크를 전달한다.
③ 가장 널리 쓰이는 키는 묻힘키이다.
④ 키는 전단력을 받으므로 축보다 약한 재질을 사용한다.

019 키의 전달강도가 큰 순서대로 나열한 것은?

① 접선키 > 묻힘키 > 경사키 > 반달키 > 평키 > 안장키
② 묻힘키 > 경사키 > 반달키 > 접선키 > 평키 > 안장키
③ 묻힘키 > 접선키 > 경사키 > 반달키 > 안장키 > 평키
④ 접선키 > 경사키 > 묻힘키 > 반달키 > 안장키 > 평키

020 다음 중 축을 키의 폭만큼 평평하게 가공한 키로, 작은 동력의 전달에 사용하는 키는?

① 안장키(새들키)
② 평키(납작키)
③ 묻힘키(성크키)
④ 미끄럼키(페더키)

021 다음 중 묻힘키(Sunk Key)에 대한 설명으로 틀린 것은?

① 가장 널리 쓰이는 키이다.
② 축과 보스 양쪽에 모두 홈을 파서 동력을 전달한다.
③ 평행키와 경사키로 구분된다.
④ 윗면에 1/50 정도의 기울기를 가지는 경우가 많다.

022 다음 중 키(Key)에 대한 설명으로 틀린 것은?

① 안장키(새들키) – 보스에만 홈을 파서 끼운 뒤 회전력을 전달하는 키로, 주로 작은 동력을 전달하는 데 사용된다.
② 접선키 – 전달토크가 큰 축에 주로 사용되며, 중심각을 90°로 배치한 것은 케네디키라 불린다.
③ 세레이션 – 축의 둘레에 원주방향을 여러 개의 키 홈을 깎아 만든 키로, 큰 동력을 전달할 수 있다.
④ 미끄럼키(페더키) – 회전력을 전달하면서 보스를 축 방향으로 이동시킬 수 있다.

023 다음 중 핀의 종류에 대한 설명으로 틀린 것은?

① 평행핀 – 캠축에 캠축 스프로킷을 고정할 때 안내 위치를 결정하는 핀이다.
② 테이퍼핀 – 보스를 축에 고정하는 핀으로, 정밀한 위치결정에 사용한다.
③ 분할핀 – 부품의 풀림 방지나 바퀴가 축에 빠지는 것을 방지하는데 사용한다.
④ 스프링핀 – 한쪽 끝이 2가닥으로 갈라진 핀으로, 해머로 충격을 가해 물체를 고정하는데 사용한다.

024 다음 중 테이퍼핀의 테이퍼 값과 호칭지름을 나타내는 부분은?

① 1/50, 작은 부분의 지름
② 1/50, 큰 부분의 지름
③ 1/100, 작은 부분의 지름
④ 1/100, 큰 부분의 지름

025 다음 중 인장력 또는 압축력이 작용하는 두 축을 연결할 때 사용하는 기계요소는?

① 볼트
② 코터
③ 리벳
④ 용접

026 다음 중 코터에 대한 설명으로 틀린 것은?

① 코터는 단면이 평판모양의 쐐기이다.
② 코터의 3요소에는 로드, 코터, 소켓이 있다.
③ 코터의 자립조건은 양쪽 기울기의 경우 'α ≤ 2ρ(α는 경사각, ρ는 마찰각)'이다.
④ 코터의 기울기는 일반적으로 1/20을 사용하고, 반영구적인 것은 1/100, 분해하기 쉬운 것은 1/5~1/10이 사용된다.

027 다음 중 리벳에 관한 설명으로 틀린 것은?

① 판재나 형강을 영구적으로 이음할 때 사용하는 결합용 기계요소이다.
② 구조가 간단하고 잔류변형이 없어서 기밀을 요하는 곳에 주로 사용한다.
③ 구조물 등에 사용할 때 현장조립의 경우 용접작업보다 용이하다.
④ 냉간 리벳은 호칭지름이 1~13mm인 비교적 작은 지름의 리벳이다.

028 다음 중 힘의 전달과 강도를 필요로 하는 교량이나 선박에 사용하는 리벳은?

① 저압용 리벳
② 구조용 리벳
③ 관용 리벳
④ 복줄 리벳

029 다음에서 리벳이음의 작업순서를 바르게 나열한 것은?

A. 뚫린 구멍을 리머로 다듬은 후 리베팅한다.
B. 강판 또는 형판을 펀치나 드릴을 이용하여 구멍을 뚫는다.
C. 기밀을 요하는 경우는 코킹을 만든다.

① A - B - C
② B - A - C
③ C - B - A
④ B - C - A

030 다음 중 리벳 작업에서 코킹과 풀러링을 하는 목적으로 가장 적절한 것은?

① 기밀 또는 수밀을 유지하기 위해
② 전단력에 의한 파손 방지를 위해
③ 강판에 리벳을 고정시킬 구멍을 뚫기 위해
④ 인장력에 의한 파손 방지를 위해

031 다음 중 리벳이음에서 강판의 효율을 구하고자 할 때 사용하는 식은?

① $\dfrac{\text{구멍이 있을 때의 인장력}}{\text{구멍이 없을 때의 인장력}}$

② $\dfrac{\text{구멍이 없을 때의 인장력}}{\text{구멍이 있을 때의 인장력}}$

③ $\dfrac{\text{구멍이 있을 때의 압축력}}{\text{구멍이 없을 때의 전단력}}$

④ $\dfrac{\text{구멍이 없을 때의 인장력}}{\text{구멍이 있을 때의 전단력}}$

032 다음 중 용접의 장점에 해당하지 않는 것은?

① 제작비가 적게 든다
② 이음 형태가 자유롭고 구조가 간단하다.
③ 열 변형이 발생하지 않는다.
④ 틈새가 없어 기밀성과 수밀성이 우수하다.

033 다음 중 용접의 장·단점에 대한 설명으로 옳지 않은 것은?

① 이음효율이 우수하고 유지보수가 용이하다.
② 재료의 두께 제한이 없고 이종재료도 접합이 가능하다.
③ 용융 금속 재질의 특성이 변하고 저온에서 쉽게 약해질 수 있다.
④ 용접기술자의 기량이나 모재의 재질에 영향을 받지 않는다.

034 용접부의 모양에 따라 용접을 분류할 때, 직교하는 두 면을 접합하는 용접 방법은?

① 홈 용접
② 필릿 용접
③ 플러그 용접
④ 비드 용접

035 용접법 중 압접식에 해당하는 것은?

① 아크용접
② 산소-아세틸렌용접
③ 냉간용접
④ 테르밋용접

036 다음 중 축에 대한 설명으로 틀린 것은?

① 축의 단면은 일반적으로 원형이다.
② 재료로는 탄소강이 가장 널리 쓰인다.
③ 원형 축에는 속이 찬 중공축과 속이 빈 중실축이 있다.
④ 강성(stiffness)이란 처짐이나 비틀림에 대한 저항력을 말한다.

037 고속회전이나 고하중의 기계용에 사용되는 축의 재료로 가장 알맞은 것은?

① 탄소강
② 연강이나 경강
③ Cr-Mo강
④ 표면경화강

038 다음 중 축의 재료로 합금되는 원소로 가장 적합하지 않은 것은?

① Be(베릴륨)　② Ni(니켈)
③ Cr(크롬)　④ Mo(몰리브덴)

039 축 및 축의 설계 시 고려할 사항으로 적절하지 않은 것은?

① 축은 베어링에 의해 지지되며 축에 장착된 기어 벨트플리를 통해 회전력을 전달한다.
② 전동축에는 굽힘응력과 전단응력이 동시에 발생한다.
③ 축의 설계 시 축이 베어링에 고정 되었다면 축변형의 경사각을 고려한다.
④ 재료가 동일할 때 중실축의 토크가 동일 단면적의 중공축보다 더 크다.

040 축의 설계에 관한 용어 설명 중 틀린 것은?

① 진동(vibration) - 축의 고유진동과 공진할 때의 위험속도를 고려해 다양한 진동에 충분히 견딜 수 있도록 설계한다.
② 강성(stiffness) - 반복하중, 충격하중 등 다양한 하중을 충분히 견딜 수 있는 강도를 유지하도록 설계한다.
③ 열응력 - 고온 상태에서 사용할 때 축은 열응력 및 열팽창을 고려하여 파괴를 방지할 수 있도록 설계한다.
④ 부식 - 축은 전기적·화학적 부식을 방지할 수 있는 방식처리를 할 수 있도록 설계한다.

041 다음 중 축의 위험속도에 대한 설명으로 옳지 않은 것은?

① 축의 위험속도는 축의 회전속도 및 고유진동수와 관련이 깊다.
② 진폭이 점차 커져서 위험상태에 놓이게 되고, 결국 파괴에 이르게 되는 축의 회전속도이다.
③ 축의 일상적인 사용회전속도(상용회전수)는 위험속도까지 사용하도록 설계 시 고려해야 한다.
④ 고유진동수와 축의 회전속도 같아 졌을 때 축의 원심력이 저항력을 넘어서면 축이 파괴에 이르게 된다.

042 다음 중 내연기관 등에서 피스톤의 왕복운동을 회전운동으로 바꾸어주는 축(shaft)은?

① 차축
② 크랭크축
③ 스핀들
④ 플렉시블축

043 다음 중 차축이 받는 하중은 무엇인가?

① 휨 하중
② 비틀림 하중
③ 압축 하중
④ 휨 하중과 비틀림 하중

044 다음 중 축의 종류에 대한 설명으로 가장 적절한 것은?

① 차축은 축과 바퀴가 모두 고정된 채로 회전하며, 축의 회전에 의하여 동력을 전달한다.

② 전동축은 축이 고정된 채 바퀴만 회전하며, 회전축과 회전하지 않는 정지축이 있다.

③ 스핀들은 비틀림 하중을 받고, 공작기계의 회전축에 사용된다.

④ 플렉시블축(유연성축)은 피스톤 왕복운동을 회전운동으로 바꾸어 주는데 사용된다

045 대표적인 고정 커플링의 일종으로 두 축 간의 축 경사나 편심을 흡수할 수 없는 축 이음요소는?

① 원통형 커플링
② 유체 커플링
③ 플랜지 커플링
④ 유니버셜 커플링

046 다음 설명에 해당하는 커플링은?

> 두 축이 평행하거나 약간 떨어져 있는 경우에 사용되고, 양 축 끝에 끼어 있는 플랜지 사이에 90°의 키 모양의 돌출부를 양면에 가진 중간원판이 있고, 돌출부가 플랜지 홈에 끼워 맞추어 작용하도록 3개가 하나로 구성되어 있다.

① 고정 커플링
② 유니버셜 커플링
③ 플렉시블 커플링
④ 올덤 커플링

047 다음 설명에 해당하는 커플링은?

> 훅 조인트(Hook's Joint)라고도 하며, 두 축이 같은 평면 내에 있으면서 그 중심선이 서로 30° 이내의 각도를 이루고 교차하는 경우에 사용된다. 공작기계, 자동차의 동력전달기구, 압연롤러의 전동축 등에 널리 쓰인다.

① 플랜지 커플링
② 올덤 커플링
③ 유니버셜 커플링
④ 슬리브 커플링

048 두 축이 같은 평면 내에 있으면서 어떤 각을 이루거나 회전 중에 각이 변화할 때 사용되는 것으로, 공작 기계나 자동차의 동력 전달기구에 널리 사용되는 축이음방식은?

① 고정 커플링
② 자재이음
③ 클램프 커플링
④ 플렉시블 커플링

049 다음 중 클러치에 대한 설명으로 옳지 않은 것은?

① 마찰 클러치 – 두 개의 마찰면을 강하게 접촉시켜 마찰력으로 동력을 전달하는 클러치

② 유체 클러치 – 클러치 중 가장 간단한 구조의 클러치

③ 맞물림 클러치 – 맞물려 돌아가는 한쪽을 원동축, 다른 쪽을 종동축으로 하는 클러치

④ 전자 클러치 – 전자력에 의해 작동하는 클러치

050 구동축이 회전하는 중에도 충격 없이 피동축을 결합시킬 수 있는 클러치는?

① 마찰 클러치
② 유체 클러치
③ 맞물림 클러치
④ 전자 클러치

051 다음 중 클러치의 역할이나 기능으로 볼 수 없는 것은?

① 차량의 부드럽고 원활한 시작
② 기어 이동의 편리
③ 변속기 시스템의 과부하
④ 비틀림 진동·충격 감소

052 다음 중 힘의 방향에 따른 베어링의 분류에서, 하중을 축 방향으로 받도록 설계한 베어링은?

① 레이디얼 베어링
② 스러스트 베어링
③ 미끄럼 베어링
④ 구름 베어링

053 다음 중 베어링(Bearing)에 대한 설명으로 옳지 않은 것은?

① 볼(Ball) 베어링의 수명은 베어링에 걸리는 실제하중의 3승에 반비례한다.

② 롤러(Roller)베어링은 볼베어링에 비해 접촉 면적이 더 크므로 내충격성도 더 크다.

③ 미끄럼 베어링의 재료는 피로강도와 마찰계수가 커야한다.

④ 구름 베어링에서 축에 직각방향의 하중을 받는 베어링을 레이디얼 베어링이라 한다.

054 다음 중 미끄럼 베어링에 대한 설명으로 옳지 않은 것은?

① 충격을 잘 견디고 하중이 클 때 사용한다.
② 고속회전능력에 유리하다.
③ 마찰저항이 작다.
④ 진동·소음이 적다.

055 다음 중 구름 베어링의 특성으로 옳지 않은 것은?

① 감쇠력이 작아 충격 흡수력이 작다.
② 축심의 변동이 작다.
③ 표준형 양산품으로 호환성이 높다.
④ 일반적으로 소음이 작다.

056 구름 베어링의 구성요소 중 볼 또는 롤러의 위치를 일정하게 고정시키는 역할을 하는 것은?

① 내륜
② 외륜
③ 베어링하우징
④ 리테이너

057 구름 베어링의 호칭번호가 '6204'일 때 안지름은?

① 10mm
② 15mm
③ 20mm
④ 30mm

058 미끄럼 베어링과 비교한 구름 베어링의 특성으로 틀린 것은?

① 미끄럼 베어링에 비해 구름 베어링의 수명이 더 짧다.
② 미끄럼 베어링의 정밀도가 구름 베어링보다 더 커야 한다.

③ 미끄럼 베어링에 비해 구름 베어링의 윤활성이 더 좋다.
④ 미끄럼 베어링에 비해 구름 베어링의 소음이 더 크다.

059 미끄럼 베어링과 구름 베어링을 비교한 것으로 옳지 않은 것은?

① 미끄럼 베어링은 유막형성이 늦는 경우 구름 베어링에 비해 기동토크가 크다.
② 미끄럼 베어링은 구름 베어링에 비해 강성이 작으나, 유막에 의한 감쇠능력이 우수하다.
③ 미끄럼 베어링은 표준화가 부족하여 제작 시 전문지식이 필요하다.
④ 미끄럼 베어링은 공진속도 이내에서 운진하여야 하며, 저속운전에 적당하다.

060 길이에 비하여 지름이 매우 작은 롤러를 사용한 것으로, 내·외륜의 두께가 얇아 바깥지름이 작고 단위면적당 부하량이 큰 베어링은?

① 니들 롤러베어링
② 원통 롤러베어링
③ 테이퍼 롤러베어링
④ 스러스트 볼베어링

part
02

기계기능이해력

061 축방향과 축에 직각인 하중을 동시에 지지하는 베어링은?

① 레이디얼베어링
② 테이퍼 롤러베어링
③ 오일리스 베어링
④ 스러스트 볼베어링

062 다음 중 오일리스 베어링의 특징으로 적절한 것은?

① 주로 주조법에 의해 제조된다.
② 고속회전에 적합하다.
③ 다공질의 재료이다.
④ 기름의 보급이 용이한 곳에 사용한다.

063 다음 중 윤활에 대한 설명으로 틀린 것은?

① 마찰을 감소하고 열을 제거하기 위해서 윤활이 필요하다.
② 윤활유 유출을 방지하기 위한 접촉형 밀봉장치는 펠트 실, 라비린스 실 등이 있다.
③ 베어링용 밀봉장치는 그리스나 오일의 유출을 방지하고 유해물질의 침입을 방지한다.
④ 윤활유가 작동 부품으로 잘 흐르게 하기 위해서는 적당한 점도를 가져야 한다.

064 다음 중 마찰차의 특징으로 알맞지 않은 것은?

① 마찰계수를 크게 하기 위해서 원동차보다 종동차에 연질의 재료를 사용한다.
② 마찰차는 원통, 홈, 원추, 무단변속마찰차로 분류할 수 있다.
③ 원동차의 표면에 목재나 고무, 가죽, 특수 섬유질 등을 라이닝하여 사용한다.
④ 마찰차는 전달하는 힘이 그다지 크지 않으면서 속도비가 중요하지 않는 경우에 사용한다.

065 다음 중 마찰차의 특징으로 옳지 않은 것은?

① 운전이 정숙하다.
② 효율성이 높다.
③ 전동의 단속이 무리 없이 행해진다.
④ 상대적 미끄럼이 생긴다.

066 다음 중 마찰차에 대한 설명으로 옳지 않은 것은?

① 과부하로 인한 원동축의 손상을 막을 수 있다.
② 회전운동의 확실한 전동이 요구되는 곳에 적당하다.
③ 두 마찰차의 상대적 미끄러짐을 완전히 제거할 수는 없다.
④ 운전 중 접촉을 분리하지 않고도 속도비를 변화시키는 곳에 주로 사용된다.

067 다음 중 마찰차를 활용하는 경우로 적절하지 않는 것은?

① 전달하여야 할 힘이 작은 경우
② 양 축간 단속할 필요가 있는 경우
③ 무단 변속을 하는 경우
④ 일정 속도비를 요하는 경우

068 다음 중 마찰차의 종류에 관한 설명으로 옳은 것은?

① 원통마찰차 – 교차하며 회전하는 두 축 간의 동력전달장치
② 원뿔마찰차 – 원뿔과 원통을 이용해 무단변속이 가능한 마찰차
③ 홈마찰차 – V자 홈을 파 회전전달력을 크게 한 동력전달장치
④ 변속마찰차 – 평행한 두 축 사이에서 접촉하여 동력을 전달하는 장치

069 마찰차에서 원동차의 지름이 500mm, 종동차의 지름이 200mm일 때, 두 축간 중심거리와 원동차에 대한 종동차의 각속도비를 알맞게 구한 것은?

① 중심거리 : 300mm, 각속도비 : 1.5
② 중심거리 : 300mm, 각속도비 : 2.5
③ 중심거리 : 350mm, 각속도비 : 1.5
④ 중심거리 : 350mm, 각속도비 : 2.5

070 다음 중 기어의 특징으로 옳지 않은 것은?

① 구조가 간단하고 사용 범위가 넓다.
② 충격에 약하고 소음이 발생한다.
③ 동력 손실이 없고 전달이 확실하다.
④ 전동효율이 좋고 감속비가 작다.

071 다음 기어의 명칭에 대한 설명 중 옳지 않은 것은?

① 피니언 : 작은 기어
② 원주피치 : 피치원에서 측정한 이의 두께
③ 이끝높이 : 피치원에서 이끝원까지의 거리
④ 지름피치 : 피치원 지름 1인치당 잇수

072 다음 중 두 개의 기어가 맞물려 돌아갈 때 만나는 접점들이 모여서 만들어진 원을 무엇이라 하는가?

① 이뿌리원
② 피니언
③ 피치원
④ 원주피치

073 다음 중 두 축이 평행할 때 사용하는 기어는?

① 평 기어(스퍼 기어)
② 베벨 기어
③ 크라운 기어
④ 하이포이드 기어

074 다음 중 두 축이 나란하지도 교차하지도 않을 때 사용하는 기어에 해당하지 않는 것은?

① 나사 기어
② 웜 기어
③ 마이터 기어
④ 하이포이드 기어

075 다음 중 평 기어에 비해 이의 물림은 원활하나 축 방향으로 스러스트가 발생하는 기어는?

① 인터널 기어
② 헬리컬 기어
③ 베벨 기어
④ 스크루 기어

076 다음 중 헬리컬 기어에 대한 설명으로 옳지 않은 것은?

① 치직각 모듈은 축직각 모듈보다 작다.
② 좌비틀림 헬리컬 기어는 반드시 좌비틀림 헬리컬 기어와 맞물려야 한다.
③ 치직각 단면에서 피치원은 타원이 되며, 타원의 곡률 반지름 중 가장 큰 반지름을 상당 스퍼기어 반지름이라고 한다.
④ 헬리컬 기어로 동력을 전달할 때는 일반적으로 축방향 하중이 발생된다.

077 다음 중 웜과 웜휠 기어의 특징에 대한 설명으로 옳지 않은 것은?

① 부하용량이 크다.
② 진입각이 작으면 효율이 떨어진다.
③ 운전 중 진동과 소음이 크다
④ 역회전을 방지할 수 있다.

078 자동차가 요철부분을 지나갈 때 서로 달라지는 좌우 바퀴의 회전수를 적절히 분배하여 구동시키는 장치인 차동기어장치를 구성하고 있는 기어는?

① 나사 기어
② 스퍼 기어
③ 헬리컬 기어
④ 베벨 기어

079 다음 중 한 원을 다른 원이 굴러갈 때 원위의 한 점이 그리는 곡선을 치형곡선으로 제작한 기어는?

① 인벌류트 곡선
② 사이클로이드 곡선
③ 쌍곡선
④ 언더컷

080 다음 중 이의 간섭 현상이 발생하는 원인으로 옳은 것은?

① 기어와 피니언의 잇수비가 매우 클 때
② 피니언 잇수가 많을 때
③ 압력각이 매우 클 때
④ 축간 거리가 맞지 않을 때

081 다음 중 이의 간섭 현상이 발생하였을 때 그 방지대책으로 알맞은 것은?

① 압력각을 작게 한다.
② 한계잇수 이하로 한다.
③ 기어의 이 높이를 크게 한다.
④ 피니언의 잇수를 최소잇수 이하로 한다.

082 다음 중 기어의 언더컷이 발생하는 원인은 무엇인가?

① 잇수비가 매우 클 때
② 기어의 잇수가 많을 때
③ 이 끝 높이가 낮을 때
④ 이 끝이 둥글 때

083 다음 중 서로 맞물린 기어에서 잇면 사이에 생기는 가로방향의 간격을 무엇이라 하는가?

① 이뿌리높이
② 모듈
③ 언더컷
④ 백래시

084 다음 중 벨트에 대한 설명으로 틀린 것은?

① 벨트 모양에 따라 평벨트, V벨트로 구분된다.
② 평벨트는 바로걸기만 가능하다.
③ V벨트는 평벨트보다 마찰력이 더 크고 전달효율이 좋다.
④ 크라운풀리는 벨트와 풀리의 접촉면을 곡면으로 하여 벨트의 벗겨짐을 방지한다.

085 다음 중 벨트전동에서 벨트에 장력을 가하는 방법으로 알맞지 않은 것은?

① 탄성변형에 의한 방법
② 텐셔너를 사용하는 방법
③ 걸기방식을 변경하는 방법
④ 스냅풀리를 사용하는 방법

086 다음 중 벨트전동장치의 특징으로 옳지 않은 것은?

① V벨트는 바로걸기만 기능하다
② 평벨트에 비해 V벨트의 마찰력이 더 크다.
③ 평벨트는 바로걸기와 엇걸기가 모두 가능하다.
④ 바로걸기 방식은 원동 풀리와 종동 풀리의 회전방향이 반대이다.

part 02

기계기능이해력

087 다음 중 벨트 재료의 구비조건으로 가장 적절한 것은?

① 인장 강도가 작아야 한다.
② 탄성이 약해야 한다.
③ 열과 기름에 강해야 한다.
④ 마찰계수가 작아야 한다.

088 다음 중 평벨트의 특징으로 적절하지 않은 것은?

① 장치가 간단하고 전동효율이 높다.
② 정확한 속도비가 필요하지 않을 때 사용한다.
③ 두께가 얇아 작은 풀리에도 사용이 가능하다.
④ 과부하 시 미끄러져 부품의 손상을 초래한다.

089 다음 중 V벨트 전동장치의 특징으로 적절하지 않은 것은?

① 벨트가 풀리에서 벗겨짐이 없어 고속운전이 가능하다.
② 장력이 커서 베어링에 걸리는 하중 부담이 크다.
③ 진동이 적고 운전이 정숙하다.
④ 적은 장력으로 큰 회전력을 얻을 수 있다.

090 미끄럼을 방지하기 위해 안쪽에 이를 붙여 만든 벨트로, 정확한 속도비가 필요한 경우에 사용하는 벨트는?

① 평벨트
② V벨트
③ 타이밍벨트
④ 링크벨트

091 다음 중 축간 거리가 아주 긴 벨트 전동 장치가 고속 회전할 때, 벨트가 파닥 소리를 내며 전동되는 현상은?

① 플래핑(Flapping) 현상
② 크리핑(Creeping) 현상
③ 벨트 미끄러짐
④ 벨트 이탈 현상

092 다음 중 체인전동장치의 특징으로 옳지 않은 것은?

① 축간거리가 긴 경우 고속전동에 알맞다.
② 초기 장력이 필요 없어서 베어링 마멸이 작다.
③ 접촉각은 $90°$ 이상이 좋다.
④ 내열 · 내유 · 내습성이 크다.

093 다음의 동력전달장치 중 일정 속도비를 얻기에 가장 좋은 것은?

① 마찰차   ② 가죽벨트
③ 체인   ④ 로프

094 다음 중 마멸·물림 상태의 불량으로 소음
이 발생하는 결점을 보완한 체인은?

① 사일런트 체인
② 롤러 체인
③ 코일 체인
④ 스프로킷

095 다음 중 로프전동에 대한 설명으로 옳지
않은 것은?

① 로프를 풀리에 감아서 원동축의 회전력을
종동축으로 전달하는 장치이다.
② 크레인, 엘리베이터, 윈치 등의 동력전달
장치로 사용된다.
③ 벨트와 달리 감아 걸고 벗겨낼 수 있다.
④ 로프의 재질로는 강선, 면, 마 등이 있다.

096 다음 중 로프전동의 특징으로 옳지 않은
것은?

① 장거리의 동력전달이 가능하다
② 정확한 속도비의 전동이 가능하다
③ 벨트전동에 비해 미끄럼이 적어 큰 동력
의 전달이 가능하다.
④ 전동경로가 직선이 아닌 경우에도 사용이
가능하다.

097 다음 중 스프링의 역할에 해당되지 않는
것은?

① 충격 완화
② 진동 발산
③ 힘의 축적
④ 에너지 저장

098 다음 중 스프링의 용도 및 사용 목적에 대
한 설명으로 틀린 것은?

① 복원력을 이용한 것으로 스프링 와셔가
있다.
② 에너지를 축적하고 이것을 동력으로 전달
한다.
③ 마찰력의 증가에 이용한다.
④ 하중·힘의 측정에 사용한다.

099 다음 중 스프링 재료로 적합하지 않은 것
은?

① 고무와 합성수지
② 주철과 목재
③ 스프링강과 피아노선
④ 구리 합금과 합금 공구강

100 다음 중 스프링의 형상에 의한 분류에 해
당되지 않는 것은?

① 인장 스프링
② 코일 스프링
③ 판스프링
④ 벨류트 스프링

101 압축코일스프링이 축방향 하중을 받을 때 소선에 가장 큰 영향을 주는 응력은?

① 압축응력

② 전단응력

③ 인장응력

④ 굽힘응력

102 다음 중 자동차 현가장치에 주로 사용하는 스프링은?

① 스파이럴 스프링

② 코일스프링

③ 판스프링

④ 공기스프링

103 다음 중에서 단위중량당 에너지 흡수율이 크고, 경량이며, 구조가 간단한 기계요소는?

① 토션 바(Torsion Bar)

② 판스프링(Leaf Spring)

③ 공기스프링(Air Spring)

④ 고무스프링(Rubber Spring)

104 다음 중 스프링의 종류에 대한 설명으로 옳지 않은 것은?

① 스프링지수는 소선의 지름에 대한 코일유효지름의 비이다.

② 압축코일스프링의 주된 응력은 전단응력이다.

③ 인장코일스프링은 중심선방향으로 인장하중을 받는 스프링이다.

④ 선형스프링은 하중을 받는 판을 여러 장 겹친 스프링이다.

105 스프링상수가 300(N/cm)인 압축코일스프링에 1,500(N)의 압축력(하중)이 가해질 때 변위량(δ)은?

① 3cm

② 4cm

③ 5cm

④ 6cm

106 차체에 전달되는 진동을 감소시켜 승차감을 좋게 해주는 것으로, 작은 구멍인 오리피스로 기름이 유출되면서 진동을 감소시키는 완충장치는?

① 공기 스프링

② 링 스프링 완충장치

③ 고무 완충기

④ 유압 댐퍼

107 다음 중 브레이크에 대한 설명으로 틀린 것은?

① 기계의 운동속도를 감속시키거나 운동을 정지시키는 기계요소이다.
② 마찰력을 이용해 운동에너지를 열에너지로 변환시킨다.
③ 제동효과가 우수하고 마찰계수가 작아야 한다.
④ 내열과 내마멸성이 우수해야 한다.

108 브레이크는 재질에 따라 그 마찰계수(μ)가 달라지는데, 다음 중 마찰계수가 가장 큰 재료는?

① 섬유
② 청동, 황동
③ 강철밴드
④ 가죽

109 다음 중 브레이크를 분류할 때, 마찰면을 축 방향으로 눌러 제동하는 축압식 브레이크에 해당하는 것은?

① 원추 브레이크
② 밴드 브레이크
③ 나사 브레이크
④ 원심 브레이크

110 다음 중 브레이크의 종류별 특징으로 옳지 않은 것은?

① 블록 브레이크 – 마찰 브레이크의 일종으로 브레이크 드럼에 브레이크 블록을 밀어 넣어 제동시킨다.
② 밴드 브레이크 – 브레이크 드럼의 바깥 둘레에 강철밴드를 감고 밴드의 끝이 연결된 레버를 잡아당겨 밴드와 브레이크 드럼 사이에 마찰력을 발생시켜서 제동시킨다.
③ 드럼 브레이크 – 바퀴와 함께 회전하는 브레이크 드럼의 바깥쪽에 마찰재로 패드(슈)를 밀착시켜 제동시킨다.
④ 원판 브레이크 – 압축식 브레이크의 일종으로, 바퀴와 함께 회전하는 디스크를 양쪽에서 압착시켜 제동력을 얻어 제동시킨다.

111 회전운동을 하는 브레이크 드럼의 안쪽 면에 설치되어 있는 두 개의 브레이크 슈가 바깥쪽으로 확장하면서 드럼에 접촉되어 제동하는 브레이크는?

① 블록 브레이크(Block Brake)
② 내확 브레이크(Expansion Brake)
③ 밴드 브레이크(Band Brake)
④ 원판 브레이크(Disk Brake)

112 다음 중 자동차 앞바퀴의 브레이크로 사용되는 브레이크로 가장 적절한 것은?

① 웜 브레이크　　② 밴드 브레이크
③ 드럼 브레이크　　④ 원판 브레이크

113 다음 중 관(Pipe)의 기능 또는 사용 용도로 옳지 않은 것은?

① 유체 또는 고체의 수송
② 진공의 유지
③ 열의 단열·방열
④ 물체를 보호

114 다음 중 재질에 따른 관의 종류에 해당하지 않는 것은?

① 목재관
② 고무관
③ 플라스틱관
④ 구리관

115 다음 중 내식성과 내압성, 경제성이 우수하여 가스압송관과 광산용 양수관 등에 주로 사용되는 관은?

① 강관
② 주철관
③ 비철금속관
④ 비금속관

116 다음은 특성에 따라 관(Pipe)로를 분류한 것이다. 설명이 틀린 것은?

① 주관로 – 흡입관로, 압력관로, 배기관로를 포함하는 주가 되는 관로
② 파일럿관로 – 파일럿 방식에서 작동시키기 위한 작동유를 유도하는 관로
③ 플렉시블관로 – 고무호스와 같이 유연성이 있는 관로
④ 바이패스관로 – 작동유체의 전부가 합쳐지는 관로

117 관의 지름이 크거나 유체의 압력이 큰 경우에 사용되며, 분해·조립이 용이한 관 이음은?

① 소켓 이음
② 나사식 관 이음
③ 플랜지 이음
④ 신축형 관 이음

118 다음 관(Pipe)에 관한 설명 중 틀린 것은?

① 나사식 관 이음은 각종 배관에 이용되는 이음쇠로, 관에 관용나사나 가는 나사를 절사하고 적당한 이음쇠를 사용하여 결합한 것이다.
② 플랜지 이음의 종류로는 나사 플랜지, 용접 플랜지, 유압 플랜지, 일체 플랜지 등이 있다.
③ 신축형 관 이음은 온도차에 의한 열팽창과 진동 등을 견디기 위해 사용되는 것으로, 관의 중간에 신축형 관 이음을 한다.
④ 이음매가 없는 관의 제조법 중 만네스만 압연 천공법은 가열한 사각 강판을 둥근형에 넣고 회전축으로 압축하는 방식이다.

119 다음 중 밸브에 사용되는 재료에 해당되지 않는 것은?

① 주철
② 고무
③ 청동
④ 합금강

120 다음 중 정지밸브에 대한 설명으로 틀린 것은?

① 나사를 상하로 움직여 유체의 흐름 또는 유량·압력을 제어하는 밸브이다.
② 밸브 디스크가 밸브대에 의하여 시트에 직각방향으로 작동한다.
③ 밸브판과 밸브시트의 가공이나 교환·수리가 용이하다.
④ 유체의 흐름에 대한 저항손실이 작다.

121 유체를 한 방향으로만 흘러가게 함으로써 역류 방지를 목적으로 사용하는 밸브는?

① 스톱밸브
② 게이트밸브
③ 체크밸브
④ 버터플라이밸브

122 다음 중 압력 및 유량제어밸브에 대한 설명으로 틀린 것은?

① 시퀸스밸브는 관성력 때문에 제어를 못하게 되거나 자유낙하를 방지하기 위해 사용하는 밸브이다.
② 무부하밸브는 규정압력 이상으로 작동 시 무부하운전으로 배출하여 규정압력 이하가 되면 밸브를 닫고 다시 작동하게 되는 밸브이다.
③ 솔레노이드 밸브는 전자 코일의 전자력을 사용해 자동적으로 밸브를 개폐시키는 밸브이다.
④ 교축(스로틀) 밸브는 통로의 단면적을 바꿔 교축작용으로 감압과 유량 조절을 하는 밸브이다.

123 유체의 흐름을 조절하는 밸브와 콕에 대한 설명으로 옳지 않은 것은?

① 원판형 밸브판을 회전시켜 관로의 개폐를 가감하는 밸브는 나비형 밸브이다.
② 유체압력이 설정 값을 초과할 경우 회로 내의 유체압력을 설정값 이하로 일정하게 유지시키는 밸브는 릴리프밸브이다.
③ 밸브 시트가 유체 흐름에 직각으로 미끄러져 유로를 개폐하며, 고압·고속으로 유량이 많고 자주 개폐하지 않는 곳에 사용하는 밸브는 슬루스밸브이다.
④ 원통 또는 원뿔형 플러그를 90° 회전시켜 유체의 흐름을 조절하는 밸브는 니들밸브이다.

124 유량제어밸브에 적용되는 회로에 속하지 않는 것은?

① 카운터밸런스 회로

② 미터인 회로

③ 미터아웃 회로

④ 블리드오프 회로

125 다음 중 콕의 특징에 대한 설명으로 옳은 것은?

① 고압의 유체에 적합하다.

② 개폐조작이 용이하다.

③ 대유량용으로 적합하다.

④ 기밀성이 우수하다.

PART **3**

회사
및
일반상식

Company and General Common Sense

PART **3**

핵심요약

COMPANY AND GENERAL COMMON SENSE

① 현대자동차

■ 5대 핵심가치

- **고객 최우선(CUSTOMER)**: 최고의 품질과 최상의 서비스를 제공함으로써 모든 가치의 중심에 고객을 최우선으로 두는 고객 감동의 기업 문화를 조성한다.
- **도전적 실행(CHALLENGE)**: 현실에 안주하지 않고 새로운 가능성에 도전하며 '할 수 있다'는 열정과 창의적 사고로 반드시 목표를 달성한다.
- **소통과 협력(COLLABORATION)**: 타 부문 및 협력사에 대한 상호 소통과 협력을 통해 '우리'라는 공동체 의식을 나눔으로써 시너지효과를 창출한다.
- **인재 존중(PEOPLE)**: 우리 조직의 미래가 각 구성원들의 마음가짐과 역량에 달려 있음을 믿고 자기계발에 힘쓰며, 인재 존중의 기업문화를 만들어 간다.
- **글로벌 지향(GLOBALITY)**: 문화와 관행의 다양성을 존중하며, 모든 분야에서 글로벌 최고를 지향하고 글로벌 기업시민으로서 존경 받는 개인과 조직이 된다.

■ ESG 경영

환경(Environmental)	사회(Social)	지배구조(Governance)
• 기후변화 • 사업장 환경 • 제품 환경 • 저탄소 제품	• 인권/인재개발/인사관리 • 공급망 ESG • 품질관리/고객 • 정보보호/이노베이션 • 사회공헌 • 안전보건	• 이사회 운영 • 윤리경영

▥ CSV(공유가치창출)

비전	Progress for Humanity		
미션	공유가치창출(CSV)을 통한 사회 임팩트 확산과 지속가능한 기업 생태계 구축		
중점 영역	continue earth	continue mobility	continue hope
	지구와 사람의 공존을 위한 노력	자유로운 이동과 연결을 위한 노력	미래세대의 희망을 위한 노력
추진 방향	생태계 복원, 자원순환, 기후 변화 대응, 생물다양성 보전 활동	이동약자 및 소외지역 이동 지원, 교통안전기술 지원, 미래 모빌리티 연계 활동	미래세대 교육, 성장 지원, 인재 육성 활동

▥ 자율주행

자율주행은 운전자가 직접 조작하지 않아도 차량의 외부 환경 및 운전자 상태를 인지하고, 인지한 정보를 바탕으로 판단한 후 차량을 제어해 스스로 목적지까지 주행할 수 있게 도와주는 기술이다. 자율주행 기술은 전통적인 자동차 제조사뿐만 아니라 세계 유수의 IT 기업까지 적극적으로 개발에 참여할 만큼 미래 모빌리티 기술의 핵심으로 여겨지고 있다. 미국자동차공학회(SAE; Society of Automotive Engineers)는 자율주행 기술을 자동화 수준에 따라 6단계(레벨0 ~ 레벨5)로 분류하고 있다. 현대차그룹은 각 분야에 강점을 지닌 IT 기업들과 자율주행 기술 개발과 관련한 협업을 진행 중이며, '보편적 안전'과 '선택적 편의'라는 철학을 바탕으로 여러 관련 기술을 개발하고 있다. 현재는 미래 모빌리티의 선도적 제공을 목표로, 레벨0 ~ 3에 해당하는 자율주행 기술들을 개발하여 양산 차량에 적용 중에 있다. 향후에는 레벨 4, 5에 해당하는 자율주행 기술을 제공할 예정이며, 이를 위해 글로벌 기업들과의 협력을 통해 기술을 개발하고 있다.

▥ UAM

수직이착륙이 가능해 도심에서의 이동 효율성을 극대화한 도심형 항공 모빌리티(Urban Air Mobility)를 뜻한다. 메가시티로 대변되는 미래 대도시의 극심한 교통 체증을 해결하기 위한 솔루션으로 떠오른 미래 모빌리티다. UAM은 여러 개의 로터를 독립적으로 구동하는 '분산 전기 추진 기술(DEP; Distributed Electric Propulsion)'의 탑재를 전제로 한다. 이 기술의 탑재로 UAM은 기존 헬리콥터보다 소음이 적고, 로터의 이상 작동으로 인한 안전사고를 예방할 수 있다. 현대차그룹은 UAM의 비전을 담은 콘셉트 모델 S-A1을 공개한 바 있다. S-A1은 DEP를 탑재한 8개의 로터를 장착해 활주로 없이 수직 이착륙이 가능하다. 총 5명이 탑승할 수 있고 최고 시속은 290km에 달한다.

▓ PBV

PBV(Purpose Built Vehicle)는 고객의 비즈니스 목적과 요구에 맞춰 낮은 비용으로 제공 가능한 친환경 다목적 모빌리티 차량이다. 고객이 원하는 시점에 다양한 요구사항을 반영해 설계할 수 있는 단순한 구조의 모듈화된 디바이스다. 또한 고객의 사업 가치를 증대하고 비용과 같은 사업 운영의 효율성을 극대화하는 솔루션도 제공할 수 있다. PBV 디바이스는 확장 가능한 아키텍처(스케이트보드 플랫폼)를 기반으로 3m에서 최대 6m까지 제원 확장이 가능하며 모빌리티, 로지스틱스, 리빙스페이스 등 다양한 비즈니스 및 고객 UX에 신속하게 대응할 수 있다. 아울러 향후 자율주행 기술과 결합하면 로보택시, 무인 화물 운송 등으로도 활용이 가능하다. 기아는 현재 플랜S를 바탕으로 다양한 모빌리티 서비스에 대한 PBV 사업을 본격화하고 있다. 예컨대 라스트마일 배송에 적합한 구성의 레이 1인승 밴과 택시 사업자 및 라이드 헤일링을 위한 니로 플러스 등을 시장에 내놓으며 고객 맞춤형 솔루션을 제공하고 있다.

▓ 인포테인먼트

인포테인먼트(infotainment)는 정보를 의미하는 인포메이션(information)과 다양한 오락거리를 일컫는 엔터테인먼트(entertainment)의 개념을 결합한 통합 멀티미디어 시스템이다. 내비게이션이나 오디오와 같은 전통적인 기능은 물론, 자동차가 제공하는 각종 정보를 확인하고 기능을 조작하기 위한 장치다. 또한 서버 기반의 음성인식 기능과 내비게이션 정보나 소프트웨어를 무선으로 업데이트하는 OTA(Over-The-Air) 기술 등을 적용해 편의성을 높였다.

▓ 커넥티드 카

차량 시스템과 무선 네트워크의 연결을 통해 다양한 서비스를 제공하는 차량을 의미한다. 초기에는 차량용 통신 단말기로 고객센터에 연락하는 수준이었지만, 이제는 실시간 경로 탐색, 원격 시동 및 공조 제어, 차량 진단 및 소프트웨어 업데이트, 카투홈, 긴급출동 서비스, 인공지능 음성인식 등 여러 스마트 서비스를 제공하게 되었다. 차량 안에서의 활동이 더욱 다양해질 자율주행 시대를 맞아 그 확장성에 대한 기대가 점점 더 커지고 있다.

▓ 오픈 데이터 플랫폼

정부, 비정부 단체, 민간기업 등에서 취득하거나 수집한 텍스트, 이미지, 오디오, 동영상 등을 외부에서 활용할 수 있게 정제하고 가공한 데이터를 개발자들이 공공의 이익이나 신규 사업 개발 등을 위해 활용할 수 있게 지원하는 시스템을 말한다. 현대자동차그룹 역시 개방형 혁신의 일환으로 국내외 스타트업, 중소기업, 대기업 등이 오픈 데이터를 활용해 새로운 서비스를 개발할 수 있게 생태계를 구축했다. 현대 디벨로퍼스와 기아 디벨로퍼스, 그리고 제네시스 디벨로퍼스가 바로 현대차그룹의 오픈 데이터 플랫폼이다.

▓ 인공지능

AI(Artificial Intelligence)는 인간과 같이 생각하고 상황에 대응하는 프로그램을 뜻한다. 최근에는 딥러닝(Deep Learning)이나 자연언어처리(Natural Language Processing)와 같은 새로운 기술과 융합하며 발전을 거듭하고 있다. 현대자동차그룹 역시 새로운 이동 경험 등 고객에게 한층 스마트한 모빌리티 서비스를 제공하고, 자동차 제조 생산 효율성을 개선하기 위해 AI 관련 기술 확보에 힘쓰고 있다. 운전자를 서포트하는 인공지능 비서부터 완전 자율주행 기술, 그리고 생산 효율성을 극대화할 스마트 팩토리까지 그 분야도 다양하다.

▓ 전기차

전기에너지를 활용하여 달리는 모든 친환경차를 뜻한다. 하이브리드, 플러그인 하이브리드, 수소 연료전지차 등이 모두 포함되나, 국내에서는 주로 배터리에 충전된 전기를 이용하여 달리는 배터리 전기차(BEV)를 일컫는다. 배터리 전기차는 화석 연료를 전혀 사용하지 않는 대표적인 친환경차로, 최근 기후 문제가 심각해지면서 세계적으로 높은 관심을 받고 있다. 현대자동차그룹은 2021년을 전동화 도약을 위한 원년으로 선포하고, 2025년까지 23개 차종의 친환경차 출시 및 판매량 100만 대(시장 점유율 10%) 달성을 목표로 설정했다.

▓ 하이브리드 자동차

혼종, 혼합물이라는 뜻을 지닌 'hybrid'에서 유래한 단어로, 서로 다른 구동계가 결합한 자동차를 이른다. 일반적으로 하이브리드 자동차는 내연기관과 전기 모터 구동계를 함께 탑재한 'Hybrid Electric Vehicle(HEV)'을 일컫는다. 제조사의 하이브리드 시스템에 따라 특성의 차이는 있지만, 보통 도로 환경에 따라 내연기관 엔진과 전기 모터의 구동력을 적절히 배분하는 것이 특징이다. 덕분에 하이브리드 자동차는 일반 내연기관 자동차 대비 이산화탄소 배출량이 적고, 연비도 높은 편이다.

▓ 플러그인 하이브리드 자동차

내연기관과 전기 모터 구동계를 결합한 하이브리드 시스템에서 전기 모터의 출력과 배터리 용량을 늘리고, 외부로부터 전력을 충전할 수 있는 장치를 더한 자동차를 의미한다. HEV보다 용량이 큰 배터리를 장착해 전기 모터만으로 주행할 수 있는 거리가 비교적 긴 편이다. 배터리가 일정량 이하로 줄면 일반 HEV와 동일하게 주행할 수 있어 범용성이 넓다. BEV와 HEV의 장점을 결합한 구동 시스템으로, 내연기관의 사용을 최소화하는 측면에서 의의가 있는 기술이다. 플러그인 하이브리드 전기 자동차(PHEV; Plug-in Hybrid Electric Vehicle)라는 정식 명칭에서 알 수 있듯, 북미나 유럽 등의 지역에서는 전기차의 한 종류로 구분하기도 한다.

■ 수소연료전지차

수소연료전지차(FCEV; Fuel Cell Electric Vehicle)는 수소에서 얻은 전기에너지를 동력원으로 삼는 자동차로, 흔히 수소전기차라고 부른다. BEV와 마찬가지로 전기 모터로 구동하며, 배기가스 대신 순수한 물만 배출한다. FCEV를 구성하는 핵심은 연료전지시스템이다. 연료전지는 산소와 수소 간의 전기화학 반응을 이용해 화학에너지를 전기에너지로 변환시키는 역할을 한다. FCEV는 수소 연료를 충전하는 시간이 일반 내연기관 자동차의 주유 시간과 거의 차이가 나지 않아 편의성이 높으며 궁극의 친환경차로 여겨지고 있다.

■ 수소에너지

수소와 산소의 화학반응으로 얻는 전기를 기반으로 한 친환경 에너지원이다. 기존의 화석 에너지와 달리, 전기와 열로 전환될 때 물만 생성할 뿐 온실가스는 전혀 배출하지 않는다. 즉, 미세먼지와 이산화탄소 등 환경 문제에서 자유롭다는 것이 수소 에너지의 가장 큰 특징이다. 또한 수소는 태양광이나 풍력 발전 등으로 생산한 전기 에너지를 저장하는 역할도 한다. 전기로 물을 분해(수전해)하면 수소를 얻을 수 있기 때문이다. 전기를 배터리에 저장하는 것보다 수소로 변환하여 전용 탱크에 보관하는 것이 더 효율적이다. 참고로 수소에너지를 이용하는 연료전지의 효율은 보통 50~60%이며, 폐열까지 재활용할 때에는 80~90%에 육박한다.

■ 로보틱스

로보틱스(Robotics)란 로봇(robot)과 테크닉스(technics)의 합성어로, 실생활에 로봇 공학을 도입해 편리한 생활을 도모하기 위한 기술을 의미한다. 현재 신체의 한계를 보완하기 위한 웨어러블 로봇(Wearable Robot)과 AI 기술을 도입해 영업장 등의 특화 업무를 수행하기 위한 서비스 로봇 등이 활용되고 있으며, 앞으로 산업 안전, 재난 환경, 실내외 배달 서비스 및 헬스케어 등 다양한 분야로 확장되며 관련 시장이 빠르게 성장할 것으로 예상된다. 최근 모빌리티 전문 업체들은 제조 분야와 더불어 인공지능 분야와의 기술 연계를 위해 투자를 늘려가고 있는 추세다. 예컨대 현대차그룹은 '휴머니티를 향한 진보(Progress for Humanity)'라는 목표 아래 로보틱스 분야를 4차 산업혁명을 향한 미래 성장동력으로 삼고 적극적인 개발을 이어가고 있다. 2021년에는 미국 로봇 전문 업체인 보스턴 다이내믹스(Boston Dynamics, Inc.)를 인수하고 인공지능 기반 소프트웨어를 탑재한 '공장 안전 서비스 로봇(Factory Safety Service Robot)'을 개발했다.

■ 스마트 팩토리

'미래형 공장' 또는 '지능형 공장'이라 불리는 스마트 팩토리는 디지털 데이터와 ICT 기술을 결합하여 자동화를 구현한 새로운 플랫폼으로, 제조업의 한계라고 할 수 있는 인력 의존도를 낮출 대안으로 꼽히고 있다. 현대·기아차는 이를 '기술로 구현하는 고객 중심의 제조 플랫폼'으로 인식하고, 스마트 팩토리 브랜드인 'E-FOREST(이포레스트)'를 공개했다. E-FOREST는 유연하고 고도화된 조립·물류·검사 자동화를 뜻하는 'Auto-FLEX', AI 기반의 자율적인 제어 시스템 구축을 뜻하는 'Intelligent', 유해 작업 환경의 자동화 및 코봇 활용과 친환경 공장을 지향하는 'Humanity' 등 3가지 가치를 지향하며, 이를 통해 사람·자연·기술 모두를 유기적으로 연결하여 미래 모빌리티의 무한한 가능성을 열어갈 예정이다.

■ 모빌리티 서비스

이름 그대로 이동(mobility)을 지원하는 모든 서비스를 뜻한다. 택시, 버스, 지하철 등 전통적인 대중교통은 물론 공유 전동 킥보드, 카 셰어링, 카 헤일링, 라이드 헤일링 등 최근 등장한 새로운 이동 수단 및 이동 형태를 포함한다. 현대자동차그룹은 개별의 모빌리티 서비스를 발굴하는 것을 넘어 이를 연결해 새로운 '이동의 여정'을 선사할 예정이다. 가령 중장거리 이동에는 카 헤일링 서비스나 수요응답형 모빌리티를 제공하고, 남은 짧은 거리는 전동 스쿠터나 전기 자전거 등의 라스트 마일 모빌리티를 연계하여 해소하는 방식이다. 이처럼 현대차그룹은 스마트 모빌리티 서비스를 통해 모든 이동 수단이 하나로 촘촘히 연결되는 시대, 진정한 이동의 자유를 통해 보다 편리하고 윤택한 삶을 누릴 수 있는 시대를 구현하기 위해 노력하고 있다.

■ E-GMP

E-GMP(Electric Global Modular Platform)는 현대차그룹의 첫 전기차 전용 플랫폼이다. 모듈화 및 표준화된 통합 플랫폼 설계로 다양한 유형의 차량을 자유롭게 구성할 수 있으며, 배터리를 차체 중앙 하부에 낮게 설치한 저중심 설계로 차종에 관계없이 안정적인 주행성능을 제공한다. 전용 전기차 플랫폼의 구조적 장점을 활용하여 경쟁 차종 대비 넓은 휠베이스를 확보하여 실내 공간 극대화가 가능하다. 뿐만 아니라 1회 충전으로 최대 500km 달하는 대용량 배터리를 탑재할 수 있으며, 800V 고전압 시스템을 통해 초급속 충전 설비 이용 시 5분 충전만으로 100km 주행이 가능한 편의성을 제공한다. 뿐만 아니라, 400V 기반의 급속 충전기로도 충전이 가능하여 사용자의 편의성을 극대화 하였다. 배터리 전력을 다른 전기차나 외부 기기에 공급하는 V2L(Vehicle to Load) 기술도 E-GMP의 특징이다.

▦ AAM

AAM(Advanced Air Mobility)은 미래 항공 모빌리티를 뜻한다. 미국 항공우주국(NASA; National Aeronautics & Space Administration)은 AAM을 항공 서비스가 부족하거나 항공 서비스를 받지 못하는 장소 사이에 사람과 화물을 이동하는 항공 운송 시스템이라고 정의한다. 이는 도심 내 이동 효율성을 극대화해 메가시티의 교통 체증을 해결하기 위한 '도심형 항공 모빌리티(UAM; Urban Air Mobility)'와 지역 거점 사이의 항공 이동을 위한 '지역 간 항공 모빌리티(RAM; Regional Air Mobility)' 개념을 포괄한다. 현대차그룹은 현재 AAM을 가장 적극적으로 개발 중인 모빌리티 기업 중 하나로 AAM 사업 독립 법인인 '슈퍼널(Supernal)'을 설립했다. 또한 AAM 콘셉트의 완벽한 실현을 위해 비행제어 알고리즘을 기반으로 한 자율비행 기술과 더불어 운항 거리 및 효율성을 향상시킨 항공용 연료전지 시스템을 개발 중이며, 이를 기반으로 수소연료전지와 배터리를 함께 탑재한 멀티콥터 드론인 '프로젝트 N'을 공개한 바 있다.

▦ 핵심 선행 기술

- **미래에너지**: 미래에너지 연구는 친환경차의 핵심이 될 배터리 기술과 고효율 태양전지에 집중되어 있습니다. 이를 바탕으로 차세대 에너지 저장 및 변환의 기반 기술을 확보할 예정입니다.
- **촉매 & 전산과학**: 촉매 연구는 전기화학촉매, 배기촉매, CO_2 저감 등 친환경 및 에너지 촉매 개발을 뜻합니다. 실험과 분석기법을 고도화해 차세대 촉매 및 소재를 연구합니다.
- **친환경 기술**: 환경 기술 연구는 CO_2 저감, 그린 연료 및 바이오 기반의 탄소섬유 원천 기술 등 친환경 기술을 개발합니다.
- **융복합 소재와 공정**: 융복합 소재 연구는 미래 모빌리티 대응을 위한 첨단 소재와 혁신 공정 기술을 개발합니다.
- **전자 소자**: 전자 소자 연구는 차세대 고성능 · 고효율 반도체 및 센서 기술을 개발합니다.

2 │ 정치·법률

▦ 정당명부 비례대표제

2001년 7월 19일 헌법재판소가 현행 선거법 중 '1인 1표에 의한 전국구 의석배분'에 대해 위헌결정을 내림에 따라 도입된 것으로, 사표의 발생을 줄이고 득표율과 의석수 비율을 가능한 비례로 일치시키기 위해 탄생한 선거제도이다. 유권자 1인이 2표를 행사하는데 한 표는 지역구 후보자에게, 다른 한 표는 지지하는 정당에 투표하는 제도로 정당 득표율에 비례하여 각 정당에 의석을 배분하는 제도이다.

▓ 섀도 캐비닛(Shadow Cabinet)

야당에서 정권을 잡을 경우를 예상하여 각료 후보로 조직한 내각으로 '예비내각'이라고 한다. 섀도 캐비닛을 실시하는 목적은 지도자 한 사람만을 보고 표를 선택하는 것이 아니라 지도자가 어떤 팀과 일을 할 것인지를 총체적으로 보고 지도자를 선택하기 위한 것이라고 할 수 있다. 하지만 섀도 캐비닛이 정착되지 못한 나라에서 시행될 경우 국민들이 자칫 '권력 나눠먹기'라고 생각할 우려가 있으며, 섀도 캐비닛을 짜는 과정에서 주요 장관직을 놓고 당내 갈등을 야기할 수도 있다.

▓ 징고이즘(Jingoism)

편협하고 광신적인 애국주의를 말한다. 1877년에서 1878년, 러시아와 터키 간의 전쟁에서 영국이 유럽세계의 국제적 우위를 선점하기 위해 터키를 원조해야 한다면서 전쟁을 주장한 자들을 '징고이스트(Jingoist)'라 부른 것에서 유래하였다. 이후 영미권 문화의 우월성과 이익을 반영하는 맹목적 확신에 의한 행동을 표현하는 용어로 통하게 되었고 자신의 집단인 국가와 민족을 다른 집단보다 우월하다고 여기며, 특히 자신의 집단적 이해를 위해 다른 집단들에 실제적 위협을 가하거나 위협적 행위를 서슴지 않고 행동한다.

▓ 란츠게마인데(Ladsgemeinde)

세계에서 국민투표제가 가장 발달된 스위스의 비교적 작은 몇몇 주에서는 1년에 한 번씩 참정권을 가진 주민이 광장에 모여 주의 중요한 일들을 직접 결정하는데, 이모임을 이르는 말이다.

▓ 게리맨더링(Gerrymandering)

1812년 미국 매사추세츠 주지사였던 게리(Gerry)가 자신이 소속된 정당의 의원에게 유리하도록 선거구를 정하자, 한 신문기자가 그 선거구가 그리스의 신화에 나오는 불도마뱀(Salamander)처럼 기묘하다고 한 데서 유래했다. 즉, 게리맨더링은 선거구 당략적 획정이라고도 하는데, 자당의 승리가 확실하도록 가능한 많은 선거구로 분포시켜 유리하게 선거구를 편성하는 것을 말한다.

▓ 필리버스터(Filibuster)

의회에서 소수당이 사용하는 의사진행 방해행위를 일컫는 말이다. 주요 목적은 소수파가 다수파의 독주를 막거나 기타 필요에 따라 의사진행을 견제하는 것으로 장시간 동안의 연설, 여러 개의 수정안 제출, 불신임안 제출 등 합법적인 수단을 동원해 의사진행을 방해한다.

▓ 스핀닥터(Spindoctor)

정부 수반이나 각료들의 측근에서 일반 국민을 대상으로 정부의 입장, 정부 정책 따위를 설명하거나 설득하는 일을 전문으로 하는 사람을 의미한다. 이들은 변화구(스핀)처럼 국면을 반전시키는 선거홍보 전문가로서의 역할을 수행한다.

▓ 엽관제(獵官制, Spoils System)

선거에 의해 정권을 잡은 사람이나 정당이 관직을 지배하는 정치적 관행을 말한다. 이것은 민의(民意)에 충실하다는 것뿐만 아니라, 자기의 지지자들에게 공약을 실현한다는 민주적 성격이 있는 반면, 정실(情實)에 따라 관직이 좌우되어 공정하고 안정된 행정이 능률적으로 이루어지기 어렵다는 비판도 있다.

▓ 옴부즈맨 제도

1809년 스웨덴에서 처음 도입된 것으로, 행정이 합법적이고도 합목적적으로 수행되고 있는가를 직권 또는 신청에 따라 조사하여 감찰하는 행정감찰제도이다. 이러한 직책을 맡은 사람을 옴부즈맨(Ombudsman)이라고 한다. 이들은 호민관 또는 행정감찰관으로서 공무원의 위법·부당한 행위로 말미암아 권리를 침해 받는 시민이 제기하는 민원·불평을 조사하여 관계기관에 시정을 권고함으로써 국민의 권리를 구제한다.

▓ 스케이프 고트(Scape Goat)

원래 속죄양 또는 희생양이라는 뜻으로, 욕구불만으로 발생하는 파괴적인 충동의 발산이 원인으로 향하지 않고, 아무런 까닭 없이 복수와 반격의 가능성이 적은 약자를 비난과 공격의 제물로 삼는 것을 말한다. 예를 들어 국민의 지지를 받지 못하는 정부가 가상의 적을 만들고 국민의 모든 불만을 집중시켜 정치에 동원하는 경우가 이에 해당된다. 정권이 바뀌거나 정치적 변혁이 생기는 경우에 자주 등장하는 말이다.

▓ 폴리터(Politer)

정치인(Poilitician)과 트위터(Twitter)의 합성어로 트위터를 통해 정치활동을 하는 정치인을 말한다. 파급효과가 큰 트위터를 자신의 정치행보를 적극적으로 알리는 도구로 삼는다.

▓ 당3역(黨三役)

한 정당의 중추적인 실력자인 사무총장, 원내대표, 정책위의장이 당3역에 해당한다. 원내대표는 교섭단체 대표로서 국회운영에 관한 책임과 최고 권한을 가지며, 사무총장은 사무처의 업무집행을 통할하고 당무집행 전반에 관하여 당직자의 복무상황을 관리한다. 정책위의장은 정책심의회를 대표하며, 회무를 총괄한다.

▦ 쇼비니즘(Chauvinism)

자기 나라의 이익을 위해서는 수단과 방법을 가리지 않으며, 국제 정의조차도 부정하는 배타적 애국주의를 말한다. 광신적 국수주의의 입장으로, 프랑스의 나폴레옹 1세를 숭배했던 쇼뱅(N. Chaunvin)이라는 병사의 이름에서 유래되었다.

▦ 피의사실 공표죄

검찰, 경찰, 기타 범죄수사에 관한 직무를 행하는 자 또는 이를 감독하거나 보조하는 자가 수사과정에서 알게 된 피의 사실을 기소 전에 공표할 경우 성립하는 죄로 3년 이하의 징역 또는 5년 이하 자격정지 등의 처벌을 받을 수 있다. 이는 헌법상 '무죄추정의 원칙'을 실현하기 위한 규정으로, 아직 입증되지 않은 피의사실 공표로 부당한 인권 피해를 입는 것을 방지하기 위한 것이다.

▦ 대통령 탄핵소추

일반적인 경우는 국회재적의원 3분의 1 이상의 발의와 국회재적의원 과반수의 찬성으로 결정되나, 대통령 탄핵소추는 국회재적의원 과반수의 발의와 국회재적의원 3분의 2 이상의 찬성으로 결정한다. 탄핵소추의 의결을 받은 자는 탄핵 심판이 있을 때까지 그 권한이 제한된다.

▦ 고위공직자 범죄수사처

고위공직자 및 그 가족의 비리를 중점적으로 수사·기소하는 독립기관으로, '공수처'라고도 불리며 검찰의 정치 권력화를 막고 독립성을 제고하고자 하는 취지로 도입되었다.

▦ 교섭단체

국회는 의장 1명, 부의장 2명, 상임위원회, 특별위원회, 교섭단체로 구성된다. 특히 교섭단체는 국회의원들의 의사를 사전에 통합하고 조정하여 원활한 국회 운영을 도모하는 데 그 목적이 있다. 국회에 20인 이상의 소속의원을 가진 정당은 하나의 교섭단체가 되고 다른 교섭단체에 속하지 않는 20인 이상의 의원으로 따로 교섭단체를 구성할 수 있다.

▓ 헌법소원

정식으로는 헌법소원심판청구라고 하며, 헌법정신에 위배된 법률에 의하여 기본권의 침해를 받은 사람이 직접 헌법재판소에 구제를 청구하는 일을 말한다. 다만, 다른 법률에 구제절차가 있을 경우 그 절차를 모두 거친 것이 아니면 청구할 수 없다. 헌법소원의 청구기간은 그 사건이 발생한 날로부터 1년 이내, 그리고 기본권 침해 사유를 안 날로부터 90일 이내이다.

▓ 피성년후견인

질병, 장애, 노령, 그 밖의 정신적 제약으로 사무를 처리할 능력이 지속적으로 결여되어 성년후견 개시 심판을 받은 사람을 말한다. 원칙적으로 후견인의 대리에 의한 법률 행위를 하며 일상생활에 필요하고 그 대가가 과도하지 않은 행위나 법원이 단독으로 하도록 정한 행위는 단독으로 할 수 있다 (종전의 금치산자).

▓ 선고유예

범정(犯情)이 경미한 범인에 대하여 개전의 정이 현저한 때에 형의 선고를 하지 않고 이를 석방하여 무사히 일정기간을 경과하면 그 죄를 불문에 붙이는 제도이다. 형의 선고유예 요건은 첫째, 1년 이하의 징역이나 금고, 자격정지 또는 벌금의 형을 선고할 경우임을 요한다. 둘째, 형법의 양형 조건을 참작하여 개전의 정이 현저한 때임을 요한다. 셋째, 자격정지 이상의 형을 받은 전과가 없어야 한다. 형의 선고유예를 받은 날로부터 2년을 경과한 때에는 면소(免訴)된 것으로 보지만, 선고유예를 받은 자가 유예기간 중 자격정지 이상의 형에 처한 판결이 확정되거나 자격정지 이상의 형에 처한 전과가 발견된 때에는 유예한 형을 선고한다.

---

3 국제·외교

▓ 아그레망(Agrement)

외교사절을 파견하는 데는 상대국의 사전 동의가 필요한데, 이 상대국의 동의를 아그레망이라고 한다. 사절의 임명은 파견국의 권한에 속하나, 외교사절을 받아들이는 접수국은 개인적 이유를 내세워 기피할 수 있다.

▧ 이머징 마켓(Emerging Market)

금융시장, 그 가운데서도 특히 자본시장 부문에서 급성장하고 있는 국가들의 신흥시장을 가리킨다. 보통 개발도상국 가운데 상대적으로 경제성장률이 높고, 산업화가 빠른 속도로 진행되고 있는 국가의 시장을 말한다.

▧ RCEP

역내 포괄적 경제동반자협정(Regional Comprehensive Economic Partnership). 아세안 10개국과 한중일, 호주, 뉴질랜드, 인도 등 16개국의 역내 무역자유화를 위한 다자간 자유무역협정(FTA)으로 '아르셉'이라고도 한다. 역내 국가들의 제반 경제 상황을 고려해 점진적이고 단계적인 개방을 기본 개념으로 설정하고 있으며 2019년 11월 4일 인도를 제외한 15개국 정상이 최종타결을 선언했다.

▧ 발롱데세

의식적으로 조작한 정보나 의견으로, 기상상태를 관측하기 위하여 띄우는 시험기구(Trial balloon)인 관측기구에서 유래된 말이다. 직접 상대방을 겨냥하지 않으면서도 상대방의 의견을 살펴보기 위한 것으로 '떠보기 위해 흘러 보내는 정보'라는 의미가 있다.

▧ 스파게티볼 효과

Spaghetti Bowl Effect. 여러 나라와 동시 다발적으로 자유무역협정(FTA)을 체결했지만 나라마다 원산지 규정, 통관절차, 표준 등이 복잡하여 FTA 활용률이 저하되는 현상을 말한다. 이런 상황을 스파게티 접시 속에 담긴 스파게티 가락들이 서로 복잡하게 엉켜 있는 모습과 비슷하다 하여 이름이 유래하였다.

▧ 페르소나 논 그라타

Persona Non Grata. 외교사절로 받아들이기 힘든 인물을 말한다. 외교 관계를 맺고 있는 나라가 수교국에서 파견된 특정 외교관의 전력 또는 정상적인 외교활동을 벗어난 행위를 문제 삼아 '비우호적 인물' 또는 '기피 인물'로 선언하는 것이다.

▧ 백색국가

'화이트리스트', '화이트 국가'라고도 하는 각국 정부가 안보상 문제가 없다고 판단한 '안보 우방 국가'로, 자국 제품 수출 시 허가 절차 등에서 우대를 해주는 국가를 말하며 특히 무기 개발 등 안전보장에 위협이 될 수 있는 전략물자 수출과 관련해 허가신청이 면제되는 국가를 가리킨다.

■ 프레데터(Predator, 지상목표물 무인정찰기)

미국 공군의 최첨단 무인정찰기 겸 공격기로, 티어(tier) 계획에 따라 미국 국방선진개발연구소의 주도 아래 개발되었다. 프레데터는 중고도 무인정찰기로 행동반경이 약 900km이며 204kg의 화물을 싣고 29시간 정도 비행할 수 있다. 악천후에도 정확한 위치정보를 얻을 수 있는 기상 레이더와 4km 밖에서 교통신호를 식별할 수 있는 2대의 고해상도 컬러 비디오카메라, 적외선 탐지장치 및 위성제어장치 등 최첨단 장비를 갖추고 있다.

■ 린치핀(Linchpin)

린치핀은 마차나 수레바퀴를 고정하기 위해 축에 꽂는 핀으로 안보, 외교적으로 구심적 역할을 하는 핵심 국가를 일컫는다. 미국은 이 용어를 미일 관계에 주로 쓰다가 2010년 오바마 대통령이 처음으로 한미동맹에서 표현했으며 한미동맹이 미일동맹보다 격상되었다는 평가를 받았다.

■ 전시접수국지원협정

한국이 한반도 유사시 미군 전투부대의 군수지원을 일정기간 담당함으로써 미군이 신속하게 전투력을 발휘하게 함과 동시에 기존의 다양한 전시미군지원사항을 체계화·조직화하기 위한 이 협정은 전문 9개 조항 2개 부록으로 되어 있다. 그러나 '유사시 미 증원군의 규모와 시기가 명확치 않은 점, 협정이 예측하지 못한 상황의 지원까지 포함한 점, 비용분담에 관한 합리성 부족에서 오는 문제, 협정 관리를 위한 한·미연합운영위원회의 운영문제' 등이 주요 문제점으로 지적되고 있다.

■ 핵우산(nuclear umbrella)

핵무기 보유국의 핵전력에 의하여 국가의 안전보장을 도모하는 것으로, 핵무기가 없는 나라가 국가의 안전보장을 위하여 핵무기 보유국의 해전력에 의존하는 것을 우산에 비유해 이르는 말이다.

■ OECD

경제협력 개발기구(Organization for Economic Cooperation and Development)로 경제발전과 세계무역 촉진을 위하여 발족된 국제기구이다. 본부는 프랑스 파리에 있으며 회원국 수는 37개국이다. 우리나라는 1996년 12월에 29번째 회원국으로 가입했다

■ 외교행낭

'파우치(Pouch)'라고도 하며, 한 나라의 본국정부와 재외공관 사이에 문서나 물품을 넣어 운반하는 주머니를 말한다. 이 외교행낭은 통관절차에서 완벽한 특혜를 받아, 가장 신속·정확하게 자국의 해

외공관에 전달된다. 즉, 국가의 비밀을 요하는 외교문서의 발송을 원칙으로 하고 있기 때문에, 어떠한 경우에도 상대국이 자의적으로 개봉하거나 유치할 수 없다.

국제사면위원회(Amnesty International)

고문과 사형제도 및 재판 없는 정치범 억류 등에 반대하는 투쟁을 벌이고 있는 국제단체이다. 1961년 5월 28일 런던에서 피터 베네슨 변호사의 노력으로 설립되었는데, 그는 헝가리, 남아프리카 공화국, 스페인 등지에서 정치범들의 변호를 맡았고 인권신장을 위한 국제기관 창설에 힘써 왔다. 런던에 본부가 있으며, 1977년에 양심수 석방운동의 공적으로 노벨평화상이, 1978년에는 유엔인권상이 수여되었다.

NGO(Non-Governmental Organization, 비정부기구)

정부기관이나 관련 단체가 아닌 순수한 민간 조직을 모두 지칭한다. UN에 의해 공식적으로 사용되었던 NGO의 개념은 UN에서 국가기구와 관계를 맺고 협의하는 조직, 곧 정부 이외의 기구로서 국가주권의 범위를 벗어나 사회적 연대와 공공목적을 실현하기 위한 자발적인 공식 조직을 의미한다. NGO는 환경, 인권, 문맹퇴치, 부패방지, 빈민운동 등에서 두드러진 활동을 하고 있으며, 본부는 미국 뉴욕에 있다.

먼로주의(Monroe Doctrine)

미국 대통령 먼로가 주창한 외교상의 중립 정책으로 일종의 고립주의이다. 1823년 의회에 보낸 교서에서 유럽 각국이 미 대륙의 문제에 간섭하는 것을 반대하며, 미국은 유럽 문제에 개입하지 않을 것을 선언하였다. 이후 먼로주의는 오랫동안 미국 외교정책의 기조가 되었으나, 제2차 세계대전 후에는 거의 폐기 상태가 되었다.

한반도 비핵화 공동선언

1991년 12월 31일 남북한이 함께 한반도의 비핵화를 약속한 공동선언으로 1992년 2월 제6차 남북고위급회담에서 발표되었다. 주요 내용은 다음과 같다.
- 핵무기의 시험 · 제조 · 생산 · 접수 · 보유 · 저장 · 배비 · 사용의 금지
- 핵 에너지의 평화적 이용
- 핵 재처리시설 및 우라늄 농축시설 보유 금지
- 비핵화를 검증하기 위해 상대 측이 선정하고 쌍방이 합의하는 대상에 대한 상호 사찰
- 공동선언 발효 후 1개월 이내에 남북핵통제공동위의 구성

▨ ASEM(Asia−Europe Meeting, 아시아 · 유럽정상회의)

세계 경제의 3대 축인 아시아, 북미, 유럽연합(EU) 간의 균형적 관계발전을 모색하기 위해 창설된 지역 간 회의체이다. ASEM은 1994년 10월 싱가포르 고촉통 총리가 제안해 EU, 아세안(ASEAN), 한국, 중국, 일본 등의 지지를 바탕으로 1996년 3월 방콕에서 1차 회의를 열면서 정식 출범했다. ASEM은 2년마다 개최되며, 2000년 서울에서 3차 회의가 개최되었다.

▨ 페이비어니즘(Fabianism)

1884년 영국의 페이비언협회가 주장한 점진적 사회주의 사상으로, 영국 노동당의 지도이념이다. 이는 사회 개량의 수단으로서 혁명을 사용하지 않고 의회주의를 통하여 점진적으로 모든 정책을 실현하고 자본주의의 결함을 극복하자는 것이다.

▨ 국경없는 의사회

1968년 나이지리아 비아프라 내전에 파견된 프랑스 적십자사의 대외 구호 활동에 참가한 청년 의사와 언론인들이 1971년 파리에서 결성한 긴급 의료단체이다. 전쟁, 기아, 질병, 자연재해 등으로 인해 의사의 구조를 필요로 하는 상황이 발생하면 세계 어느 지역이든 주민들의 구호에 임한다. 1995년 10월부터 2개월간 비정부단체로는 유일하게 북한 수해현장에 직접 투입돼 예방활동을 벌이고 의약품과 의료장비를 지원하였으며, 1997년 서울특별시가 제정한 '서울평화상'을 수상하였다.

4 경제·경영

▨ 패리티 가격(Parity Price)

일정한 때의 물가에 맞추어 정부가 결정한 농산물 가격을 말한다. 패리티 가격은 패리티 지수를 기준연도의 농산물 가격에 곱하여 구하며 농민, 즉 생산자를 보호하는 데 목적이 있다.

▨ 베블렌 효과(Veblen effect)

미국의 경제학자 베블렌(T. Veblen)이 『유한 계급론』에서 고소득 유한계급의 과시하고자 하는 소비 행태를 논한 데서 비롯된 것으로, 허영심에 의해 수요가 발생하는 효과를 말한다. 예컨대 다이아몬드는 비싸면 비쌀수록 인간의 허영심을 사로잡게 되는데, 이때 다이아몬드의 가격이 상승하면 수요가 오히려 증가한다. 따라서 보통 수요곡선은 우하향을 나타내는 데 반해 베블렌 효과의 경우 우상향의 형태를 나타낸다.

▦ 디커플링(Decoupling)

한 나라 경제가 세계 경기와 같은 흐름을 보이지 않는 독특한 현상을 말한다. 예를 들어 세계 경제의 중심인 미국의 증시가 하락할 경우 대부분의 국가들은 이에 동조되어 동반 하락하는데, 디커플링이 일어난 경우에는 세계 경기가 하락하더라도 어떤 다른 요인에 의해 동반하락하지 않고 경기가 상승되는 현상이 나타난다.

▦ GPI(Genuine Progress Indicator)

기존의 국민총생산(GNP)이나 국내총생산(GDP) 개념에 시장가치로 나타낼 수 없는 경제활동을 덧붙여 만든 경제지표이다. 가사노동, 육아 등의 시장가치로 나타낼 수 없는 경제활동의 긍정적 가치와 범죄, 환경오염, 자원고갈의 부정적 비용 등 총 26가지 요소의 비용과 편익을 포괄하는 개념이다.

▦ 엔젤계수(Angel Coefficient)

가계 총지출에서 자녀를 위한 교육비가 차지하는 비율을 엥겔계수에 빗대어 표현한 것으로 수업료, 과외교습비, 장난감 구입비, 용돈 등을 포함한다. 취학 전 유아를 주 고객으로 하는 각종 서비스 산업을 엔젤비즈니스, 유아부터 초등학교 어린이를 대상으로 하는 산업을 엔젤산업이라 한다.

▦ 트리클 다운(Trickle Down)

정부가 투자증대 등으로 대기업의 성장을 촉진하면 중소기업과 소비자에게도 그 혜택이 돌아가 경기 전체가 부양된다는 것을 뜻한다.

▦ 경기 동향

- 스태그플레이션(Stagflation): 스태그네이션(Stagnation)과 인플레이션(Inflation)의 합성어로, 경제활동이 침체되고 있음에도 물가상승이 계속되는 '저성장 고물가' 상태를 말한다.
- 디스인플레이션(Disinflation): 인플레이션을 극복하기 위해 통화증발을 억제하고 재정·금융긴축을 주축으로 하는 경제 조정 정책을 말한다.
- 디플레이션(Deflation): 상품 거래량에 비해 통화량이 지나치게 적어져 물가는 떨어지고 화폐 가치가 올라 경제활동이 침체되는 현상이다.
- 리플레이션(Reflation): 통화 재팽창을 말하는 것으로, 디플레이션에서 벗어나 심한 인플레이션까지는 이르지 않은 상태를 가리킨다.

■ 다보스포럼(Davos Forum)

공식적인 명칭은 세계경제포럼(WEF: World Economic Forum)으로 매년 1월 스위스 휴양지인 다보스(Davos)에 모여 전 세계의 경제와 정치, 환경, IT 등의 현안에 대해 논의하는 포럼이다. 매년 세계 각국의 정상과 장관, 국제기구 수장, 재계 및 금융계 최고 경영자들이 모여 지구촌에 현안과 이슈에 대해 토론하며 지구촌의 싱크 탱크 역할을 수행한다.

■ 피구 효과(Pigou Effect)

물가 하락에 따른 자산의 실질가치 상승이 경제주체들의 소비를 증가시키게 되는 효과를 의미하며 1943년 영국의 경제학자인 아서 피구가 주장했다. 그는 총수요 위축에 따른 경기불황이 동반하는 물가 하락으로 인해 자동적으로 자산의 실질가치가 높아지게 되고, 그에 따른 민간소비 증대가 총수요를 회복시키기 때문에 시장경제가 정부의 적극적 개입 없이도 경기불황을 해소할 수 있는 내재적 장치를 갖고 있다고 주장했다.

■ 그레셤의 법칙(Greshem's law)

16세기 영국의 금융가 그레셤이 제창한 화폐유통에 관한 법칙으로, 흔히 '악화(惡貨)가 양화(良貨)를 구축한다(Bad money drives out good money).'라는 말로 표현된다. 예를 들어 금화와 은화가 동일한 화폐 가치로 유통되면 가치가 작은 은화가 가치가 큰 금화를 유통으로부터 배제시킨다는 뜻이다.

■ 핫머니(hot money)

국제금융시장을 돌아다니는 유동성 단기자금을 말한다. 핫머니에는 각국의 단기금리 및 환율 차이로 단기 차익을 올리기 위한 투기를 목적으로 하는 것과 국내 정세의 불안이나 통화 불안을 피하기 위한 자본도피 목적으로 이루어지는 것이 있다. 핫머니는 자금 이동이 일시에 대량으로 이루어지며, 유동적인 형태를 취하는 특징 때문에 외환의 수급관계를 크게 동요시켜 국제금융시장의 안정을 저해한다.

■ MIS(경영정보시스템)

MIS(Management Information System)는 기업의 경영관리에 필요한 정보를 기업의 각 내부에서 신속·정확하게 수집하여 종합적·조직적으로 가공, 저축, 제공하는 전체 시스템과 그 네트워크를 이르는 말이다.

▓ 카르텔(Cartel)

시장통제를 목적으로 동일 산업 부문의 독립 기업들이 협정에 의해 결합하는 것을 말하며, 기업연합
이라고도 한다. 참가 기업이 서로 독립성을 유지한다는 점에서 트러스트와 구별된다. 즉, 같은 종류
의 상품을 생산하는 기업이 서로 가격이나 생산량, 출하량 등을 협정해서 경쟁을 피하고 이윤을 확
보하려는 행위로, 대표적인 국제규모의 카르텔로는 석유수출국기구(OPEC)가 있다. 우리나라에서
는 독점규제 및 공정거래에 관한 법률에 의해 원칙적으로 금지되어 있다.

part
03
회사 및 일반상식

▓ 홀로닉 매니지먼트(Holonic Management)

홀로닉(holonic)이란 생태학에서 나온 말로 '개체와 전체의 유기적 조화'를 뜻한다. 홀로닉 매니지먼
트는 조직과 개인을 일체화한 생물학적 경영원리로, 기업의 구성원 각자가 자율적으로 문제 해결이
나 사업 구조의 개혁에 참가하고 그것이 개인과 조직 전체의 발전을 위해 서로 조화와 균형을 이루
는 경영을 말한다.

▓ 슘페터의 발전론

자본주의 경제발전의 원동력을 혁신으로 보고, 혁신을 수행하는 기업가의 역할을 강조한 슘페터의
이론이다. 즉 기업가는 이윤 획득을 위하여 혁신을 도입하고, 경영자들이 그 혁신을 모방함으로써
경제는 발전하게 된다는 이론이다. 혁신이란 새로운 상품의 제조, 새로운 생산 방법의 채용, 신시장
의 개척, 신자원의 획득, 새로운 경영 조직의 형성 등으로 나타난다.

▓ 팩터링(Factoring) 금융

금융기관들이 기업으로부터 상업어음, 외상매출증서 등 매출채권을 매입한 뒤 이를 바탕으로 자금
을 빌려주는 제도를 말한다. 기업들이 상거래 대가로 현금 대신 받은 매출채권을 신속히 현금화하여
기업활동을 돕자는 취지로 1920년대 미국에 처음 도입되었고, 우리나라에서는 1980년부터 도입되
었다. 취급 금융기관은 산업은행, 수출입은행, 장기신용은행을 제외한 모든 금융기관이지만 주로 단
자사들이 활발하게 취급하고 있다.

▓ 펠리컨 경제(Pelican Economy)

먹이를 부리에 저장했다가 새끼에게 먹이는 펠리컨처럼 국내 대기업과 중소기업이 긴밀한 협력을
통해 한국의 소재·부품·장비 산업의 발전과 자립도를 높이고 부가가치를 창출해 파급효과를 만들
어낸다는 의미이며 성윤모 산업통상자원부 장관은 2019년 8월 5일 소재·부품·장비 경쟁력 강화
대책을 발표하면서 국내 소재·부품·장비 산업을 가마우지에서 펠리컨으로 바꿔나가겠다고 밝힌

바 있다.

▥ 세계 3대 신용평가기관

- **무디스(MOODY'S)** : 1900년 미국의 존 무디(John Moody)에 의하여 설립된 투자자문회사로 투자가들에게 투자에 대한 정보나 조언을 제공하는 국제적인 신용평가기관이다. 정식 명칭은 무디스 인베스터스 서비스(Moody's investors service)이다.
- **스탠더드앤푸어스(S&P)** : 미국에 있는 가장 유력한 신용평가기관으로 신용 및 금융상태만 전문적으로 파악하는 기관이다. 다국적기업뿐 아니라 일반국가들의 신용등급도 처리한다.
- **피치(Fitch)** : 1997년 영국의 IBCA그룹과 피치 인베스터의 합병으로 피치 IBCA가 되었으나, 2000년 신용평가회사 DCR을 흡수합병하면서 회사명을 피치(Fitch)로 바꾸었다. 금융기관, 기업, 국가에 대한 신용등급을 평가하며 본사는 뉴욕과 런던에 있다.

▥ 옐로칩(Yellow Chip)

중저가 실적우량주를 말한다. 블루칩보다는 시가총액이 적지만 재무구조가 안정적이고 업종을 대표하는 우량종목들로 구성된다. 블루칩보다 주가가 낮기 때문에 가격부담이 적고, 유동물량이 많아 블루칩에 이은 실적 장세주도주로 평가받고 있다.

▥ 녹다운방식(KD ; Knock Down System)

완성품이 아닌 부품이나 반제품 형태로 수출한 것을 현지에서 조립하여 판매하는 방식으로 흔히 자동차 산업에서 볼 수 있다. 완성품을 이용하는 것보다 운임이나 관세가 싸고 현지의 값싼 노동력을 이용할 수 있다는 장점이 있다.

5 사회·노동

▥ 아노미(Anomie)

프랑스의 사회학자 에밀 뒤르켐의 자살 연구에서 유래한 것으로, 사회구성원의 행동을 규제하는 공동의 가치관이나 도덕기준이 상실된 혼돈상태, 그리고 그로 인해 목적의식이나 이상이 상실된 사회와 개인에게 나타나는 불안정 상태를 말한다.

▨ 가스라이팅(Gas-Lighting)

타인의 심리나 상황을 교묘하게 조작해 그 사람이 현실감과 판단력을 잃게 만들고, 이로써 타인에 대한 통제능력을 행사하는 것을 말한다. 가스라이팅은 〈가스등(Gas Light)〉이라는 연극에서 비롯된 정신적 학대를 일컫는 심리학 용어로, 이 연극에서 남편은 집안의 가스등을 일부러 어둡게 만들고는 부인이 집안이 어두워졌다고 말하면 그렇지 않다는 식으로 아내를 탓한다. 이에 아내는 점차 자신의 현실인지능력을 의심하면서 판단력이 흐려지고, 남편에게 의존하게 된다.

▨ 지역 이기주의

- 님비현상(NIMBY ; Not In My Back Yard) : 쓰레기 소각장, 장애인 시설, 노숙자 시설, 공항, 화장 터, 교도소와 같이 주민들이 혐오하는 특정한 시설이나 땅값이 떨어질 우려가 있는 시설이 자신의 거주지역에 들어서는 것을 반대하는 사회적인 현상
- 핌피현상(PIMFY ; Please In My Front Yard) : 금전적 이익이 기대되는 지역개발이나 수익성 있는 사업을 서로 자기 지역에 유치하려는 현상
- 바나나현상(BANANA ; Build Absolutely Nothing Anywhere Near Anybody) : '어디에든 아무것도 짓지 말라'는 의미로 유해시설 설치 자체를 반대하는 이기주의 현상

▨ 애드호크라시(Adhocracy)

앨빈 토플러의 저서 『미래의 충격』에 나온 말로, 종래의 관료조직을 대체할 미래조직을 뜻한다. 이는 삶의 안식처를 정하지 않은 채 편익에 따라 모여졌다 흩어지는 우연적 인간관계를 말하는 것이다.

▨ 퍼빙(Phubbing)

전화기(Phone)와 냉대, 무시라는 뜻의 스너빙(Snubbing)의 합성어로 상대방을 앞에 두고도 스마트 폰에만 집중하는 무례한 행위를 말한다. 예컨대 스마트폰을 계속 보면서 대화를 이어가거나 메시지 가 올 때마다 회신을 하는 등의 행위가 퍼빙에 속한다.

▨ 애빌린의 역설(Abilene Paradox)

한 집단 내 구성원들 모두가 자신이 원하지 않는 방향으로 결정이 나는데 동의하는 역설적인 상황을 말한다. 구성원들은 집단의 의견에 반대하는 것이 잘못이라고 생각하기 때문에 자신의 의사와 다른 결정에도 마지못해 동의하게 되는데, 알고 보면 모두가 같은 생각으로 원하지 않는 결정을 내린 것 이다.

■ 토크니즘(Tokenism)

실제로는 사회적 차별을 개선하고자 하는 의지가 없으면서 사회적 소수 집단의 일부만을 대표로 뽑아 구색을 갖추는 정책적 조치 또는 관행을 뜻하는 말로, 주로 조직의 포용성과 공평성을 외부에 보여주기 위해 명목상 시행된다. 성적, 인종적, 종교적, 민족적으로 소수를 차지하는 집단의 일원을 적은 수만 조직에 편입시킴으로써 겉으로는 사회적 차별을 개선하기 위해 노력하는 조직으로 보이게끔 하는 것이다.

■ J턴 현상

지방 출신으로 대도시에 일자리를 잡은 근로자가 도시를 떠나 고향으로 되돌아가는 U턴 현상과 다르게 대도시에 취직한 지방 출신의 근로자가 도시생활에 지쳐 대도시를 떠날 때 고향까지 돌아가지 않고 대도시와 가까운 지방의 중소도시 등 대도시와 출신지 사이의 지역에 일자리를 얻어 정착하는 현상을 말한다.

■ 베르테르 효과

유명인 또는 평소 존경하거나 선망하던 인물이 자살할 경우, 그 인물과 자신을 동일시해서 자살을 시도하는 현상을 말한다. '모방 자살' 또는 '자살 전염'이라고도 하며 괴테의 소설 『젊은 베르테르의 슬픔』에서 유래되었다. 반대말은 파파게노 효과로, 자살과 관련한 언론보도를 자제하고 신중한 보도를 함으로써 자살을 예방할 수 있는 효과를 말한다.

■ 캔슬 컬처(Cancel Culture)

자신의 생각과 다른 사람들에 대한 팔로우를 취소(Cancel)한다는 뜻으로, 특히 유명인이나 공적 지위에 있는 인사기 논쟁이 될 만한 행동이나 발언을 했을 때 사회관계망서비스(SNS) 등에서 해당 인물에 대한 팔로우를 취소하고 보이콧하는 온라인 문화 현상을 가리킨다.

■ 살찐 고양이법

자치단체 산하 공공기관의 임원들이 지나친 연봉을 받는 것을 제한하기 위한 법령 또는 조례를 일컫는다. '살찐 고양이'는 배부른 자본가를 지칭하는 말로, 1928년 저널리스트 프랭크 켄트가 발간한 도서 『정치적 행태(Political Behavior)』에서 처음 등장한 용어다. 이는 2008년 글로벌 금융위기 당시 월가의 탐욕스런 은행가와 기업인을 비난하는 말로 널리 사용되었다.

■ 싱커즈족(Thinkers)

맞벌이를 하면서 아이를 낳지 않고 일찍 정년퇴직해서 여유로운 노후생활을 즐기는 사람들 또는 그러한 계층을 일컫는다. 고등교육을 받고 도시 근교에 살면서 전문직에 종사하는 젊은 고소득층인 여피족(Yuppie), 정상적인 부부 생활을 하면서도 의도적으로 자녀를 두지 않는 딩크족(DINKs)에 이어 등장한 새로운 계층 개념이다.

■ 파이어족(Fire)

30대 말이나 늦어도 40대 초반까지는 조기 은퇴하겠다는 목표로, 회사 생활을 하는 20대부터 소비를 극단적으로 줄이며 은퇴 자금을 마련하는 이들을 가리킨다. 이는 2008년 금융위기 이후 미국의 젊은 고학력·고소득 계층을 중심으로 확산됐는데, 이들은 '조기 퇴사'를 목표로 수입의 70~80%를 넘는 액수를 저축하는 등 극단적 절약을 실천한다.

■ 탄력근로제

유연근무제의 일종으로 업무가 많을 때는 특정 근로일의 근무시간을 연장시키는 대신 업무가 적을 때는 다른 근로일의 근무시간을 단축시켜 일정기간의 주당 평균 근로시간을 52시간(법정 근로시간 40시간+연장근로 12시간)으로 맞추는 제도이다.

■ 노동쟁의

- 스트라이크(Strike, 동맹파업) : 노동자들이 자기들의 요구를 관철시키기 위하여 작업을 전면 포기하는 것을 말한다. 사용자에게 손해를 입혀 사용자로 하여금 노동자의 요구를 받아들이도록 하는 방법으로 쟁의 중 가장 철저한 수단이다.
- 보이콧(Boycott, 불매운동) : 쟁의 중 그 기업의 제품을 조직적이고 집단적으로 구매하지 않도록 배척하는 것을 말한다. 노동조합에 의한 쟁의의 한 방법이다.
- 사보타주(Sabotage, 태업) : 직장을 이탈하지 않는 대신 불완전 노동으로 사용자를 괴롭히는 노동쟁의 방식을 말한다. 즉, 불완전 제품을 만든다든지, 원료와 재료를 필요 이상으로 소비한다든지, 노동시간을 충분히 사용하지 않고 헛되이 보낸다든지 하여 사용자에게 손해를 주어 자기들의 요구를 관철시키려는 쟁의수단이다.
- 피케팅(Picketing) : 동맹파업의 보조수단으로 배반자나 파업을 파괴하는 자를 막기 위해 직장 입구 등에 파수꾼을 두고서 작업을 저지, 공중에게 호소하는 방법이다.

▓ 프리젠티즘

질병을 앓고 있거나 심한 업무 스트레스와 피로로 정신적·신체적 컨디션이 좋지 않은데도 회사에 출근하는 행위를 뜻한다. 이는 노동자 개인뿐만 아니라 조직이나 사회 차원에서도 생산성을 저하하는 악영향을 끼칠 수 있다.

▓ 롱 하울러(long-hauler)

코로나19에 감염된 후 완치가 됐음에도 그 증상과 후유증이 장기적으로 지속되는 사람을 일컫는 말이다. 여기에서 '하울러(Hauler)'는 '끌어당기는 사람'이라는 뜻이 있는데, 이는 오랫동안 후유증을 끌고 간다고 해서 붙여진 것이다.

▓ 더블워크

아르바이트나 부업을 통해 수입을 보충하는 것을 말한다. 능력별 급여체계가 정착돼 임금 격차가 큰 서구에서는 야간 아르바이트(Moon-lighting)나 주말부업(Weekend Job)을 하는 것이 보편화돼 있다. 최근 우리나라에서도 샐러리맨 사이에서 더블워크가 성행하고 있다.

▓ 스테이 스트롱 캠페인

코로나19 극복과 조기 종식을 응원하는 릴레이 공익 캠페인으로, 코로나19 극복 연대 메시지를 전 세계로 확산시키고자 2020년 3월 외교부가 시작했다.

▓ 퇴직연금

- **확정급여형 퇴직연금** : 근로자가 지급받을 급여의 수준이 사전에 결정되어 있는 퇴직연금
- **확정기여형 퇴직연금** : 급여의 지급을 위하여 사용자가 부담하여야 할 부담금의 수준이 사전에 결정되어 있는 퇴직연금
- **개인퇴직계좌(IRA)** : 퇴직급여계좌의 일시금을 수령한 자 등이 그 수령액을 적립·운영하기 위하여 퇴직연금사업자에게 설정한 저축계정
- **개인퇴직연금(IRP)** : 전 근로자를 대상으로 하며 퇴직 시 의무로 가입해야 하는 퇴직연금

6 과학·기술

▨ 바이오트론(biotron)

인공환경 속에서 동식물을 기르는 시설로, 1947년 미국 캘리포니아주의 에어어하드 연구소에서 최초로 설치했다. 온도와 습도가 자동조절되고 채광과 통풍을 마음대로 조절할 수 있는 것이 특징이다.

▨ 인터페론(interferon)

생체세포에 바이러스가 침투했을 때 세포 스스로 만들어내는 당(糖)단백질의 일종으로, 바이러스의 증식을 억제하는 힘이 있다. 간염이나 인플루엔자에 효과가 있을 뿐만 아니라 암을 억제하는 제암효과도 있는 것으로 알려짐에 따라 새로운 치료약으로 주목되고 있다.

▨ 나비효과(Butterfly Effect)

나비의 날갯짓처럼 작은 변화가 폭풍우처럼 큰 변화를 유발시키는 현상을 말한다. 나비효과는 1963년 미국의 기상학자인 에드워드 로렌츠가 컴퓨터로 기상을 모의 실험하던 중 초기 조건의 값의 미세한 차이가 엄청나게 증폭되어 판이한 결과가 나타난 것을 발견하면서 알려졌다. 이 원리는 카오스 이론으로 발전하여 여러 학문 연구에 쓰이고 있다.

▨ 도플러 효과(Doppler Effect)

음파·광파와 같은 파동의 겉보기 진동수 변화인데, 이것은 파원(派源)과 관측자가 서로 상대적인 운동을 할 때 발생하며 파원과 관측자가 서로 접근하면 진동수가 증가하고, 서로 멀어지면 감소한다. 허블은 이것을 바탕으로 성운의 거리와 후퇴 속도에 대한 관계를 발견하여 팽창 우주를 관측적으로 나타내었다.

▨ 스마트 그리드(Smart Grid)

기존의 전력망에 정보기술(IT)을 접목하고 전력 공급자와 소비자가 양방향으로 실시간 정보를 교환함으로써 에너지 효율을 최적화하는 차세대 지능형 전력망 기술을 의미한다. 스마트 그리드는 태양광이나 풍력과 같은 전력 생산이 불규칙한 신재생에너지 보급의 확대를 위한 기반조성과 CO_2의 감축을 위해 국가정책 사업으로 지정되었다.

■ 그리드 패리티(Grid Parity)

태양열 에너지로 전기를 생산하는 가격과 화석연료를 사용하는 기존 화력발전 가격이 동일해지는 균형점을 의미한다. 현재는 태양열이나 풍력, 지열 에너지를 이용하는 신재생에너지의 발전단가가 화석연료보다 비싸지만, 화석연료의 고갈과 지구 온난화를 극복하려는 세계적인 노력으로 신재생에너지 육성과 기술 발전에 의해 신재생에너지의 비용이 낮아지게 되면 언젠가는 등가(parity)를 이루게 될 것이기 때문에 각 국가에서는 그리드 패리티에 도달하기 위해 각축을 벌이고 있다.

■ 스푸트니크 1호

구소련이 쏘아 올린 세계 최초의 인공위성으로 '동반자'라는 뜻이다. 1957년 10월 4일 발사되어 이듬해 1월 4일 소멸된 스푸트니크 1호는 가까운 지점은 228km, 먼 지점은 947km의 궤도를 주기 96.2분 주기로 돌았고, 무게는 83.6kg이었다. 금속구에 4개의 안테나가 달린 모양이었으며, 내부에는 측정기와 2대의 송신기 등을 갖추고 있었다.

■ 플라스마(plasma)

고온에서 음전하를 가진 전자와 양전하를 띤 이온으로 분리된 기체 상태로서 전하분리도가 상당히 높으면서도 전체적으로는 음과 양의 전하수가 같아서 중성을 띠는 기체를 말한다.

■ 엔트로피(Entropy)

1850년에 독일의 물리학자 루돌프 클라우지우스에 의해서 처음 제안되었으며 열역학 제2법칙의 형태로 표현된다. 물질이 열역학적 변화를 일으킬 때 변화된 온도로 열량을 나눈 값이며, 쓸 수 없는 에너지를 말한다. 일은 질서로부터 얻어지기 때문에 엔트로피의 양은 그 계의 무질서나 무작위의 정도를 나타내는 것이기도 하다.

■ 폰티악열병

더러워진 에어컨 필터에 기생하는 레지오넬라균이 냉방 시스템을 통해서 건물 전체에 퍼져 나가 발생하는 급성 호흡기 감염 질환이다. 이 병에 걸리게 되면, 정상인의 경우 2~5일 정도 열이 나고 머리가 아프며, 근육통과 피로감 등 감기 증세를 느끼다가 다시 정상으로 돌아오게 된다.

■ 펌웨어(firmware)

시스템의 효율을 올리기 위해 롬에 저장되어 있는 기본적인 프로그램이다. 마이크로 프로그램의 집단으로 소프트웨어의 특성을 지니나 ROM에 고정되어 있기 때문에 하드웨어의 특성도 지니고 있다.

펌웨어는 소프트웨어를 하드웨어화시킨 것으로서 소프트웨어와 하드웨어의 중간에 속한다.

■ 쿠키(cookie)

웹사이트가 사용자의 하드디스크에 집어넣는 특별한 텍스트 파일로, 후에 그 사용자에 관하여 무엇인가를 기억할 수 있도록 하기 위한 것이다. 인터넷 사용자가 웹사이트에 접속한 후 이 사이트 내에서 어떤 정보를 읽어들이고 어떤 정보를 남겼는지 기록하는 것이 핵심 기능이며 대개 자신이 사용하는 브라우저 디렉토리의 하부에 저장된다. 일반적으로 배너광고를 회전시키기 위해 사용되기도 하지만, 사용자가 쓰고 있는 브라우저의 형식 또는 그 웹사이트에 이미 제공했던 다른 정보에 기초를 두어 서버에서 보낼 웹 페이지들을 사용자에게 맞추는 데에도 사용된다.

■ 디지털 루덴스

디지털 루덴스란 '디지털(Digital)'과 인간 유희를 뜻하는 '호모 루덴스(Homo Ludens)'의 합성어로, 디지털 자료들을 적극적으로 활용해 예술이나 기타 창조활동을 하는 사람을 지칭한다. 이들은 인터넷을 놀이 공간 삼아 새로운 글이나 영상을 만들기도 하고, 때론 퍼온 자료를 재가공해 색다른 정보를 제공하기도 한다. 디지털 루덴스는 정보의 일방적인 수용자에서 벗어나 사회문제를 적극적으로 제시하는 등 다양한 역할을 수행하고 있다.

■ 스푸핑(Spoofing)

외부 침입자가 특정 인터넷 주소로 사용자의 방문을 유도한 뒤 사전에 지정한 코드가 작동되도록 만들어 사용자 권한을 획득하거나 개인 정보를 빼내는 수법을 말한다. 바이러스 메일을 유포한 뒤 사용자가 메일을 열면 바이러스가 자동 실행되어 사용자 비밀번호 등 개인정보가 유출된다.

■ 스미싱(SMiShing)

SMS와 Phishing을 합성한 용어로, 휴대 전화에 문자 메시지를 발송해 악성코드가 존재하는 사이트에 접속하도록 유도하여 악성코드를 휴대 전화에 설치한 뒤 정보를 유출하는 사기 수법이다.

■ 게더링 사이트

자주 이용하는 서비스를 한 데 모은 포털사이트와 여러 인터넷 기업이 하나의 회원제를 사용하는 허브사이트의 단점을 보완하여 제작한 사이트이다. 동호회나 작은 모임 등을 활성화하여 원천적으로 네티즌의 참여를 높이고, 일단 사이트에 들어온 네티즌의 활동내용을 분석하여 좀더 철저한 고객관리를 하려는 것이 목적이다.

▦ 와이어 프레임

컴퓨터 그래픽에서 3차원 물체의 형상을 나타내기 위해 물체의 형상을 수많은 선의 모임으로 표시하여 입체감을 나타내는 것을 말한다. 이것은 마치 철사를 이어서 만든 뼈대처럼 보이므로 와이어 프레임이라 한다. 이것은 구조가 간단하여 물체를 표시하는 데 시간이 적게 걸리는 장점이 있으나 와이어 프레임만으로는 물체의 실감은 느낄 수 없으므로 선들이 만나서 생기는 각 면에 적절한 색깔을 입히는 렌더링(rendering) 작업과 가려서 보이지 않는 선을 제거하는 은선 제거(hidden-line elimination) 작업이 뒤따라야 실체감 있는 화상을 만들 수 있다.

▦ 크롤링(Crawling)

웹사이트, 하이퍼링크, 데이터, 정보 자원을 자동화된 방법으로 수집 · 분류 · 저장하는 것을 말한다. 크롤러(크롤링을 위해 개발된 소프트웨어)는 주어진 인터넷 주소에 접근하여 관련된 URL을 찾아내고, 찾아진 URL들 속에서 또 다른 하이퍼링크들을 찾아 분류하고 저장하는 작업을 반복함으로써 여러 웹페이지를 돌아다니며 어떤 데이터가 어디에 있는지 색인을 만들어 데이터베이스에 저장하는 역할을 한다.

▦ OTT(Over The Top)

인터넷을 통해 영화, 드라마, TV방송 등 각종 영상을 제공하는 서비스를 말한다. 본래 TV에 연결하는 셋톱박스(top)로 영상 콘텐츠를 제공하는 서비스를 일컬었으나, 현재는 플랫폼에 상관없이 인터넷으로 영상을 제공하는 모든 서비스를 지칭한다. 대표적인 OTT 업체는 미국의 넷플릭스, 유튜브, 구글TV를 비롯해 국내의 Wavve, 티빙, 왓챠플레이 등이 있다.

▦ 토렌트(Torrent)

파일을 잘게 분산해 저장 · 공유하여 다운을 받을 수 있도록 한 P2P(Peer To Peer) 방식의 파일 공유를 의미한다. 토렌트 사이트는 영화, 텔레비전 프로그램, 음악, 게임과 같은 저작물 내려받기(Downlaod)를 가능하게 해주는 씨앗파일(Seed File) 공유를 주목적으로 운영되기 때문에 저작권이 문제가 된다.

7 **환경·기후**

▒ 람사르협약

세계적으로 중요한 습지의 파괴를 억제하고 물새가 서식하는 습지대를 국제적으로 보호하기 위해 채택한 협약이다. 1971년 2월 2일 이란의 람사르(Ramsar)에서 채택되었으며, 1975년 12월에 발효되었다. 1997년 101번째로 협약에 가입한 우리나라는 가입 때 1곳 이상의 습지를 람사르 습지 목록에 등재해야 하는 의무규정에 따라 106ha 크기의 강원도 양구군 대암산 용늪과 창녕 우포늪을 람사르 습지로 지정하였으며, 이후 장도습지, 순천만 갯벌, 서천 갯벌, 송도 갯벌 등을 추가로 지정하였다.

▒ 리우회의

1992년 6월 브라질 리우데자네이루에서 175개국의 정상들이 참석한 가운데 개최된 유엔환경개발회의는 27개항의 '리우선언'과 이의 실행을 위한 구체적 지침을 담은 Agenda 21, 기후변화협약, 생물다양성협약, 산림원칙 등 5개 협약에 대해 조인했다.

▒ 바젤협약(Basel Convention)

1976년 이탈리아에서 농약을 생산하는 화학공장이 폭발하여 다이옥신으로 오염된 토양이 국경을 넘어 처분된 '세베소 사건'을 계기로 1989년 3월 22일 스위스의 바젤에서 '유해 폐기물 등의 월경 이동 및 그 처분 관리에 관한 바젤협약'을 116개 참가국 전원 일치로 채택하였다.

▒ 제6의 절멸

최근 우리는 6번째 대절멸의 위기를 맞이하고 있다는 분석이 나오고 있다. 제6절멸은 이전의 대절멸 사건과는 근본적으로 다른 점이 보이는데, 과거에는 절멸의 원인이 환경변화에 의한 자연현상이었지만 현재는 절멸의 99%가 인간활동이 직접 혹은 간접 원인이며 급격한 속도로 절멸이 진행되고 있는 것이다.

▒ 오염측정단위

- ppm(parts per million) : 환경오염에서 대기오염도나 수질오염도 측정 같이 극히 작은 양을 표시할 때 사용된다.
- BOD(Biochemical Oxygen Demand) : 생화학적 산소요구량으로, 물이 어느 정도 오염되어 있는 가를 나타내는 지표로서 수중의 유기물이 미생물에 의해 정화될 때 필요한 산소량을 나타낸 것이

다. 단위는 ppm으로 나타내며 수치가 높을수록 물의 오염이 심하다는 것을 의미한다. 예를 들어 1ℓ의 물에 1mg의 산소가 필요할 때가 1ppm이다.

- COD(Chemical Oxygen Demand) : 화학적 산소요구량으로, BOD와 더불어 주로 유기물질을 간접적으로 나타내는 지표로서 산화제를 이용하여 물속의 피산화물을 산화하는 데 요구되는 산소량을 ppm 단위로 표시한 값을 말한다.
- DO(Dissolved Oxygen) : 용존산소량으로, 물의 오염상태를 나타내는 지표의 하나이다. 물에 녹아 있는 산소량을 의미하며, DO값은 온도가 오르면 감소하고 대기압이 오르면 증가한다. DO의 부족은 어패류의 사멸, 물의 오탁을 가져온다.

■ 수질오염 지표

- **화학적 지표** : pH, BOD, COD, 암모니아성질소, 아질산성질소, 질산성질소, 수은, 카드뮴, 6가크롬, 비소, PCB 등의 존재를 나타낸 것
- **물리적 지표** : 물의 온도, 색, 투명도, 투시도, 탁도, 미립자농도 등을 나타낸 것
- **생물학적 지표** : 일반세균, 대장균, 장내세균, 바이러스 및 여러 가지 수생생물의 현존량·군집구성상태 등을 나타낸 것
- **감각적 지표** : 악취, 맛 등 사람의 감각을 기준으로 한 것

■ 블루벨트(Blue Belt)

청정해역이라고도 하며, 수산자원 보호를 위해 설정해 놓은 수산자원보호지구이다. 각국에서는 에너지자원과 수산자원을 보호하기 위한 기준을 설정하고, 일정 지역을 정하여 보호하고 있다. 육지의 경우에는 그린벨트로, 도시 주변에 녹지대를 설정하여 보호하는데, 이 개념을 바다에 적용한 것이 블루벨트이다. 그린벨트와 달리 블루벨트는 공식적인 명칭은 아니다.

■ 스톡홀름협약에서 정한 규제 대상물질

다이옥신, DDT, 퓨란, 알드린, 클로르덴, 딜드린, 엔드린, 헵타클로르, 마이렉스, 톡사펜, 폴리염화비페닐(PCB), 헥사클로로벤젠 등이 있다.

■ 온실가스

지구 대기를 오염시켜 온실효과를 일으키는 가스들의 총칭을 말한다. 대표적으로 이산화탄소(CO_2), 메탄(CH_4), 아산화질소(NO_2), 염화불화탄소(CFC) 등이 있다.

■ 이타이이타이병

일본 도야마현 신쓰가와 유역에서 발생한 공해병으로, 증세는 뼈가 굽거나 금이 가는 것이며, 때로는 기침만으로도 늑골이 골절되는 경우도 있다. 환자가 '이타이이타이(아프다 아프다)'라고 호소한데서 이러한 병명이 붙었다. 이 병의 원인은 신쓰가와 상류에 있는 미쓰이 금속광업소에서 유출된 카드뮴으로, 이것이 상수와 농지를 오염시켜 만성 카드뮴 중독을 일으킨 것으로 밝혀졌다.

■ 미나마타병

1953년 이래 일본 구마모토현 미나마타시에서 발생한 공해병으로, 구마모토대학 의학부 '미나마타병 연구반'이 '신일본 질소 미나마타 공장의 배수 중에 포함되어 있는 메틸수은이 어패류의 체내에 들어가서, 그것을 많이 먹은 사람에게서 발병된다.'는 유기 수은 중독설을 발표하였다.

■ 블리자드(Blizzard)

남극에서 빙관으로부터 불어오는 맹렬한 강풍이다. 풍속 14m/s 이상, 저온, 시정 500ft 이하인 상태를 가리킨다.

■ 라니냐 현상

적도 무역풍이 평년보다 강해지면서 서태평양의 해수면과 수온이 평년보다 상승하게 되고, 찬 해수의 용승 현상 때문에 적도 동태평양에서 저수온 현상이 강화되어 엘니뇨의 반대현상이 나타난다. 이러한 현상을 스페인어로 '여자아이'를 뜻하는 라니냐(La Nina)라고 한다.

■ 엘니뇨 현상

스페인어로 '남자아이' 또는 '아기예수'를 의미하며, 남아메리카 서해안을 따라 흐르는 페루한류에 난데없는 이상난류가 흘러들어서 일어나는 해류의 이변현상이다. 높아진 수온에 의해 영양염류와 용존 산소의 감소로 어획량이 줄어 어장이 황폐화되고, 상승기류가 일어나 중남미 지역에 폭우나 홍수의 기상이변이 일어난다.

■ 푄 현상

바람이 산을 타고 넘을 때, 기온이 오르고 습도가 낮아지는 현상으로 공기의 성질이 고온건조하게 변하는 것이다. 우리나라에서 발생하는 푄 현상은 높새바람이다.

▒ 블로킹 현상

편서풍이 정상적으로 흐르지 못하고 남북으로 크게 사행하는 구조를 유지한 채 일주일 이상 지속되는 현상이나 편서풍이 파동처럼 흐르는 상태를 말한다.

▒ 바람의 종류

- **샛바람**: 동풍. 이른 아침 동틀 무렵 가볍게 불어오는 바람.
- **하늬바람**: 서풍. 중국 쪽에서 불어오는 바람으로 가을바람(갈바람) 이라고도 함.
- **마파람**: 남풍. 시원하게 불어오는 바람.
- **높바람**: 북풍. 높은 데서 부는 바람.
- **황소바람**: 좁은 곳으로 가늘게 불어오지만 매우 춥게 느껴지는 바람.
- **꽁무니바람**: 뒤에서 부는 바람.

▒ 열대성 저기압

- **태풍(Typhoon)**: 저위도 지방의 따뜻한 공기가 바다로부터 수증기를 공급받으면서 강한 바람과 많은 비를 동반하고 고위도로 이동하는 기상 현상을 태풍이라 한다. 중심 최대풍속이 17m/s 이상이며 폭풍우를 동반하는 열대성 저기압을 가리키는 말이다.
- **허리케인(Hurricane)**: 대서양 서부에서 발생하는 열대성 저기압을 말하며, 우리말로 '싹쓸바람'이라고 한다.
- **사이클론(Cyclone)**: 벵골만과 아라비아해에서 발생하는 열대성 저기압이다. 성질은 태풍과 같으며 때때로 해일을 일으켜 낮은 지대에 큰 재해가 발생한다.

▒ 사바나 기후

열대우림 기후와 열대계절풍 기후 주변에서 나타나며 우기와 건기가 명확하게 구분되는 열대 기후의 하나이다. 기온의 연교차는 8℃ 이하로 적으며, 우기 직전에 최고 기온이 되고, 적도무풍대 및 아열대고기압대의 영향으로 연중 바람이 약하다. 적도를 사이에 둔 남·북회귀선 사이에 분포하며, 건기에는 지면이 딱딱해지고 나무는 낙엽이 지며 풀이 시들지만 우기에는 식물이 다시 활동을 시작한다. 주요 사바나 지역은 브라질 고원(캄푸스가 무성), 오리노코 강 유역(야노스 평원), 중앙아메리카 서안, 오스트레일리아 북부, 인도차이나 반도, 데칸 고원(레구르 토양이 분포), 콩고 분지 등이다.

▒ 우리나라에 영향을 주는 기단

- **양쯔강 기단** : 봄, 가을의 기후에 영향을 주며, 온난건조하다.

- **시베리아 기단** : 북서계절풍으로 한랭건조하고 한파로 인한 혹한을 동반하기도 한다. 이 기단의 공기는 해상을 지날 때 수증기를 얻은 후 산맥을 타고 상승하여 많은 눈을 내리게 할 때도 있다.
- **오호츠크해 기단** : 늦은 봄에서 이른 여름에 발생하며 한랭다습하다. 이 기단이 장기간 머물고 있으면 장마가 늦어진다.
- **북태평양 기단** : 여름에 영향을 주는 고온다습한 기단으로 한여름에 소나기와 번개를 동반한다.
- **적도기단** : 해양성 적도 기단으로 덥고 습하다. 태풍이 발생할 무렵인 7~8월에 태풍과 함께 온다.

8 역사·교육·철학

에게 문명

에게 해 지역을 중심으로 번영한 청동기 문명, 크레타 문명과 미케네 문명을 '에게 문명'이라 부른다. B.C. 2,000년경 크레타인들이 해상무역을 통해 축적한 부와 왕권을 바탕으로 크레타 문명을 만들어냈다. 이 문명은 그리스 본토에서 미케네인들에 의해 붕괴되고, 미케네의 전사적 성격이 합쳐진 미케네 문명을 꽃피우게 된다.

마야 문명

멕시코 남부 및 과테말라와 벨리즈를 중심으로 온두라스, 엘살바도르 일부를 포함한 약 32만 4,000 km^{2}의 지역에서 번영했던 마야족의 문화이다. 마야 문명은 두 시기의 문화로 나누어지는데, 하나는 250년경에 나타났던 '차콜 문화'이고 다른 하나는 600년경에 시작되어 900년경에 사라진 '테페우 문화'이다.

헬레니즘 문화의 특징

- **철학** : '스토아 학파'와 '에피쿠로스 학파'가 두드러진다.
- **자연과학의 발달** : 부력의 원리를 발견한 '아르키메데스', 태양 중심설을 주장한 '아리스타르코스', 지구의 자오선을 측정한 '에라스토테네스'가 유명하다.
- **미술** : 조화와 균형, 절제의 미를 중시하던 그리스인들과는 달리 현실적인 아름다움을 중시했다. 특히 헬레니즘 미술은 인도의 간다라 미술에 영향을 주고 중국을 거쳐 우리나라까지 전파되었다.

사라센 문화

이슬람과 비잔틴 문화를 바탕으로 지중해 연안과 인도 · 중국의 문화를 종합하여 절충한 문화이다.

특히 사라센제국의 아랍인이 이룩한 아라비아 문화로, 수학 · 화학 · 천문학 · 지리학 등이 발달하였으며 『아라비안나이트』는 사라센 문화의 대표적 문학이다. 동서 문화의 중계를 맡아 중국의 제지술 · 나침반 · 화약 · 인쇄술을 유럽에, 사라센 과학의 지도 작성법과 간의를 중국에 전했으며, 고대와 르네상스시대와의 중간기에 큰 역할을 하였다.

■ 로마 제국

BC 7세기경에 이탈리아 반도 테베 강어귀에 라틴 사람들이 세운 도시 국가에서 시작하여 왕정기, 공화정기, 제1 · 2차 삼두정치를 거쳐 BC 27년에 옥타비아누스가 제정시대를 이루었다. 그러나 395년 로마 제국은 동서로 분열되어 서로마 제국은 476년에 멸망하고 비잔틴 제국(동로마 제국)은 1453년까지 존속하였다

■ 십자군 원정

1095년 클레르몽 공의회에서 십자군 전쟁을 결의한 후 약 200년에 걸쳐 유럽인들이 이슬람교도들을 상대로 벌인 7차에 걸친 전쟁이 일어난다(1095~1270년). 유럽의 제후가 참가한 1차 원정은 예루살렘을 탈환하고, 예루살렘 왕국을 세우는 데 성공하나 곧 다시 빼앗기고 만다. 이후 예루살렘 재탈환을 위해 다시 조직된 원정대는 본래의 목적보다 각자의 이익 추구에 몰두하는 추태를 보이면서 전쟁에서 실패한다. 그 결과 교황과 봉건영주의 세력은 약화되고 왕권은 강화되어 중앙집권국가로 발전하게 되었으며, 지중해 중심의 동방무역 발달로 이탈리아의 도시들이 번영하게 되었다.

■ 장미 전쟁(1455~1485년)

랭커스터가와 요크가가 영국의 왕위 계승을 둘러싸고 벌인 전쟁으로 랭커스터가는 붉은 장미, 요크가는 흰 장미를 가문의 문장으로 삼았기 때문에 장미 전쟁이라는 이름이 붙었다. 랭커스터가 출신 헨리 튜터(헨리 7세)가 요크가의 엘리자베스와 결혼하면서 전쟁이 마무리되고 튜터 왕조가 시작되었으며, 전쟁을 하는 동안 귀족들의 세력이 약화되어 영국도 중앙 집권국가로 발전할 수 있었다.

■ 백년 전쟁(1338~1453년)

프랑스 내의 영국령 문제, 플랑드르 지방에 대한 주도권 싸움, 프랑스 왕위 계승 문제로 벌어진 전쟁이다. 영국이 프랑스를 침입하여 초반에는 영국이 우세하였으나 잔 다르크가 전세를 역전시켜 결국 프랑스의 승리로 끝났다.

■ 30년 전쟁(1618~1648년)

독일을 무대로 크리스트교와 가톨릭교 간에 벌어진 최대의 종교 전쟁이다. 신교 제후국 보헤미아의 왕이 죽자 구교국인 오스트리아의 페르디난트가 왕위에 올라 가톨릭 절대 신앙을 강요하려 하자 보헤미아와 오스트리아의 프로테스탄트 귀족들이 반란을 일으켰다. 이에 신교와 구교로 나뉘어 있던 유럽의 국가들이 전쟁에 가담하면서 이 전쟁은 종교 전쟁에서 국제적인 전쟁으로 발전하게 된다. 결국 이 전쟁은 1648년 베스트팔렌조약을 맺으면서 신교의 최종 승리로 끝나게 된다.

■ 아편전쟁(1840~1842년)

편무역으로 인한 중국 차(茶)의 수요가 늘어 영국의 은이 중국으로 다량 유출되자 영국은 삼각무역을 통해 중국에 아편을 수출하였다. 이에 중국이 아편 금지와 영국 상인의 무역을 금지시키는 조치를 내리자 영국은 자유무역 보장을 요구하며 군대를 파견했다. 강행된 전쟁에서 패한 청나라는 서양과 최초의 불평등조약인 난징조약을 체결하였고 이 때 홍콩이 영국에 할양되었다.

■ 원산학사

덕원 부사 정현석이 건의하고 관민이 합심하여 만든 우리나라 최초의 근대학교이다. 문예반과 무예반으로 이루어져 있으며, 전통 유교 교육은 물론이고 일본어 등의 외국어, 법률, 지리 등의 근대적 내용을 광범위하게 가르쳤다.

■ 라이머의 탈학교론

라이머는 『학교는 죽었다』라는 저서에서 학교사망론을 주장했는데 학교가 국가이념을 주입시키고 있으며 기회균등을 실현하는 듯 보이나 사실은 부유한 사람의 교육을 지원하고 있다며 비판하였다. 탈학교론의 핵심은 학교교육이 참된 교육의 기능을 수행하지 못하고 있어서 무의미하므로 유지되어야 할 이유가 없다는 것이다. 즉, 학교는 해체되어야 한다는 주장이다.

■ 블록타임제

기존의 45분 또는 50분으로 이루어지던 단위수업을 2~3시간 연속으로 운영하거나 교과내용, 수업 방법에 따라 70~100분 등 여러 형태로 수업시간을 탄력적으로 운영하는 방식이다. 짧은 시간 탓에 학생 개개인의 특성을 고려하기 어렵고, 수업의 흐름을 끊어 수업 효율이 떨어지는 단점을 가진 전통적인 수업시간에 비해 수업의 흐름을 끊지 않고 연속적으로 진행할 수 있으며 심층적인 수업으로 교육 질을 높일 수 있다.

■ **대안학교**

공교육 제도의 문제점을 극복하고자 만들어진 학교이다. 교사가 일일이 신경을 쓰기 힘들 정도로 많은 학생 수, 주입식 교과 과정, 성적 지상주의 등 학교교육이 맞닥뜨린 현실을 넘어서려는 시도로 등장하였다.

■ **로젠탈 효과(Rosenthal Effect)**

하버드대 심리학과 교수였던 로버트 로젠탈 교수가 발표한 이론으로 칭찬의 긍정적 효과를 설명하는 용어다. 그는 샌프란시스코의 한 초등학교에서 20%의 학생들을 무작위로 뽑아 그 명단을 교사에게 주면서 지능지수가 높은 학생들이라고 말했고 8개월 후 명단에 오른 학생들이 다른 학생들보다 평균 점수가 높았는데 교사의 격려가 큰 힘이 되었기 때문이다. '피그말리온 효과'와 일맥상통하는 용어다

■ **브레인스토밍(brainstorming)**

광고회사의 A. F. 오즈번에 의해 창안된 것으로, 두뇌에 폭풍을 일으키는 것처럼 기발하고 창의적인 아이디어를 얻는 방법을 말한다. 여러 사람이 모여 어느 한 가지 문제에 대한 해결 방안을 생각할 때, 판단이나 비판을 일단 중단하고 자유로운 토론을 통하여 독창적인 아이디어를 이끌어내는 집단 사고개발법이다.

■ **피아제의 인지발달이론**

피아제(Piaget)에 의하면 아동은 능동적 존재로서 주변 환경과의 상호작용을 통해 적응해 가는데, 이 적응의 과정을 동화와 조절의 상호작용으로 보았으며 동화와 조절이 균형을 이룬 상태를 평형이라고 하였다. 또한 인지발달을 촉진시키는 주요 요인을 성숙, 사물과의 물리적 경험, 사회적 상호작용, 평형화의 4가지로 보았다.

■ **손다이크의 3대 학습법칙**

- **연습의 법칙** : 연습을 하면 결합이 강화되고 연습하지 않으면 결합이 약화된다는 법칙이다.
- **효과의 법칙** : 학습의 결과가 만족스런 상태에 도달하면 자극과 반응의 결합이 강화되고, 불만족을 주는 결과가 계속되면 자극과 반응의 결합이 약화된다는 법칙이다.
- **준비성의 법칙** : 학습이 일어나기 위해서는 학습자가 학습할 준비가 되어 있어야 하며, 그렇지 않은 학습자에 대해서는 자극과 반응을 연합시킬 수 없다는 법칙이다.

■ 양명학

명나라의 학자인 양명 왕수인이 주장한 실천유교철학이다. 왕수인은 주자학이 점차 형식화되어 가자 실천을 중요시하는 지행합일설(知行合一說)을 주장하였는데, 이를 왕수인의 호를 따서 '양명학'이라고 한다. 심즉리(心卽理)로부터 출발하여 지행합일설에 도달하고 마지막으로 치양지설에 의하여 완성되는 양명학은 명나라 때 크게 유행하였고, 우리나라에도 전해졌으나 크게 성하지는 못하였다.

■ 프래그머티즘(pragmatism)

미국에서 발달한 실용주의 사상으로, 진리의 상대성·유용성을 강조하며 실질과 실용을 중시하는 현실주의 철학이다. 소피스트, 경험론, 공리주의의 영향을 받았으며, 진리탐구는 과학적 방법에 의거해야 한다고 보면서 진리와 행동을 결부시키고, 세계를 미완성의 소재로 보면서 결정론적 세계관을 배격했다. 대표적인 철학자는 퍼스, 제임스, 듀이 등이다. 프래그머티즘의 집대성자인 듀이(Dewey)는 프래그머티즘을 '도구주의' 또는 '실험주의'로 발전시켰다.

9 문화·예술·스포츠

■ 무형문화재

문화적 소산으로서 역사상 또는 예술상 가치가 높은 것 중 음악·무용·연극·공예기술 및 놀이 등 형태가 없는 것을 말한다. 우리나라 중요무형문화재 제1호는 종묘제례악으로, 종묘에서 제사를 드릴 때 의식을 장엄하게 치르기 위하여 연주하는 기악과 노래 그리고 춤을 말한다.

■ 세계 3대 영화제

- **칸 국제영화제:** 1946년에 시작되었으며, 매년 5월 프랑스 남부의 휴양도시 칸에서 개최되는 국제영화제이다.
- **베니스 국제영화제:** 1932년에 시작된 이 영화제는 이탈리아 베네치아에서 매년 8월 말에서 9월 초에 개최된다. 국제영화제로서는 가장 오랜 전통을 지니고 있다.
- **베를린 국제영화제:** 세 영화제 중 가장 늦은 1951년에 동서 화합이라는 기치를 내걸고, 당시 분단되었던 독일의 통일을 기원하는 영화제로 시작되었다.

▓ 토니상(Tony Awards)

'연극의 아카데미상'이라 불리는 이 상의 정식 명칭은 '앙투와네트 페리 상'으로, 브로드웨이에서 활약한 명 여배우 앙투와네트 페리를 기념하기 위해 만들어졌다. 1947년부터 매년 브로드웨이의 연극, 뮤지컬 작품 및 그 무대 만들기에 참가했던 출연진, 스태프를 대상으로 시상하는 무대 예술계 최고의 권위 있는 상이다.

▓ 베토벤의 주요 작품

- 교향곡 제3번 〈영웅〉
- 교향곡 제5번 〈운명〉
- 교향곡 제6번 〈전원〉
- 교향곡 제9번 〈합창〉
- 피아노 협주곡 제5번 〈황제〉
- 피아노 소나타 제8번 〈비창 소나타〉
- 피아노 소나타 제14번 〈월광 소나타〉
- 피아노 소나타 제17번 〈템페스트〉
- 피아노 소나타 제23번 〈열정 소나타〉

▓ 칸타타(Cantata)

17세기 이탈리아의 작곡가 알렉산드로 그란디가 『독창을 위한 칸타타와 아리아』에서 최초로 이 용어를 사용했는데, 당시에는 기악곡이라는 뜻을 가진 소나타의 반대어를 의미했다. 17세기의 오페라에서 나온 여러 가지 요소인 모노디, 콘체르토 음악 등이 교회음악에 들어오면서 칸타타가 발생하였는데, 칸타타는 기악반주가 있는 여러 곡으로 구성된 성악곡의 형태를 갖는다.

▓ 세레나데(Serenade)

이탈리아어로 '저녁 음악'이라는 뜻으로 음악에 나타난 최초의 예는 모차르트의 『돈 조반니』에 포함된 〈아, 창문 앞으로〉이다. 기악 세레나데는 1770년경에 주로 야외 연주에 적합한 춤곡ㆍ행진곡 등과 같은 밝은 성격의 모음곡으로 성격이 변했다.

▓ 아리아(aria)

오페라, 오라토리오, 칸타타 등 대규모이고 극적인 작품 속의 독창가곡을 말한다. 음악용어로서 나타난 것은 16세기로, 원래는 유절적(有節的)인 형식을 가진 곡을 지칭하는 데 사용되었다. 아리아는 레치타티보와는 반대되는 개념으로, 레치타티보 부분에서 극적인 상황이 급속히 전개되어 일정한 정서를 억제할 수 없을 때 음악적인 배출구를 만들어주었다. 아리아가 흐르는 동안 극적인 활동은 일시적으로 정지되며, 음악적으로는 가장 충실한 가창 기술의 표현부분이다.

▨ 스캣(scat)

뜻이 없는 음절에 붙인 선율을 열정적으로 부르는 재즈의 즉흥 가창법을 말한다. 노래를 하다가 자신의 목소리를 마치 악기처럼 구사해서 소리를 내며, 특별한 가사가 붙는다기보다 다른 악기, 예를 들어 트럼펫이나 색소폰의 솔로 부분처럼 목소리로 '연주'를 하는 것이다. 타악기 리듬에 고정된 음절을 붙여 소리내는 서아프리카의 음악 관습을 그 원조로 삼고 있지만, 이 양식을 보다 널리 보급한 사람은 트럼펫 연주자 겸 가수였던 루이 암스트롱이다.

▨ 아 카펠라(a cappella)

이탈리아어로 '교회 양식으로'라는 뜻의, 악기의 반주가 없는 합창곡으로 팔레스트리나의 음악이 대표적이다. 과거에는 1600년 이전의 음악을 모두 아 카펠라로 생각하였으나 정확하게는 종교곡뿐이며, 특히 1300년~1450년경의 세속곡은 기악 반주를 곁들인 것이 일반적이었다.

▨ 바로크 양식

바로크는 포르투갈어로 '일그러진 진주'라는 뜻이며, 바로크 미술은 17세기의 미술 양식을 일컫는 말이다. 유럽, 특히 프랑스와 이탈리아 등에서 유행한 이 양식은 외면 장식에 분방한 공상적 미를 가미하였으며, 세부에 이르기까지 회화적 기교를 통해 표현 내용의 복잡성을 나타내었지만, 과장된 표현에 치우쳐 허세만 남게 되었다. 화가로는 루벤스, 렘브란트, 그레꼬 등이 있고, 이 양식의 대표적인 건축물에는 베르사유 궁전이 있다.

▨ 로코코 양식

18세기 초 파리에서 시작되어 곧 프랑스 전역과 이후에는 독일까지 퍼진 실내장식, 장식예술, 회화, 건축, 조각 양식을 말한다. 바로크의 연장이나 변형으로 생각할 수도 있지만, 바로크가 지녔던 충만한 생동감이나 장중한 위압감 등이 로코코에서는 세련미나 화려한 유희적 정조로 바뀌었다.

▨ 아르 누보(Art Nouveau)

'새로운 미술'이라는 뜻인 아르 누보는 19세기 말에서 20세기 초에 걸쳐 영국에서 처음 발달하여 서유럽 전역 및 미국에까지 넓게 퍼졌던 장식적 양식을 말하며, 유연한 곡선과 곡면이 특징이다. 아르 누보의 탄생은 유럽의 전통적 예술에 반발하는 당시 미술계의 풍조를 배경으로 하고 있다.

다다이즘(dadaism)

제1차 세계대전 때부터 전후에 걸쳐 주로 취리히와 뉴욕, 베를린, 쾰른, 파리 및 독일의 하노버 등지에서 활발하게 전개되었던 허무주의적 예술운동이다. 반미학적, 반도덕적인 태도를 특색으로 하는데 대표적인 작가로는 마르셀 뒤샹이 있다.

밈(MEME)

유전자(DNA)를 통해서 다음 세대로 전달되는 것이 아니라 모방에 의해 다음 세대로 전달되는 '문화 유전자'를 의미하는 것으로, 영국의 진화생물학자 리처드 도킨스(Richard Dawkins)의 저서 『이기적인 유전자』에서 나온 용어이다. 리처드 도킨스는 유전자가 자가복제를 통해 생물학적 정보를 전달하듯이, 밈(MEME)은 모방을 거쳐 사람의 뇌에서 다른 사람의 뇌로 개인의 생각과 신념을 전달한다고 설명하였다.

셀픽션(Selfiction)

자기계발을 뜻하는 'Self Help'와 소설을 뜻하는 'Fiction'의 합성어로 다소 진부한 내용일 수 있는 자기계발의 이론을 소설 형식을 빌어 독자가 쉽게 이해하도록 구성한 것을 말한다. '우화형 자기계발서'라고도 하며 소설의 재미와 자기계발서의 교훈을 동시에 얻을 수 있다는 장점이 있다.

러브 게임(Love Game)

테니스 경기에서는 스코어를 매길 때 1, 2, 3, 4라고 하지 않고 15, 30, 40, game이라고 하며, 0도 '제로(zero)'가 아니라 '러브(love)'라고 한다. 게임 스코어가 0-40에서 다음 포인트로 경기를 끝냈을 때 이 게임을 러브 게임이라 한다. 즉, 1점도 얻지 못한 게임을 말한다.

세팍타크로(Sepaktakraw)

네트를 사이에 둔 두 팀이 볼을 땅에 떨어뜨리거나 팔·손 등을 이용하지 않고 발로 차 승패를 겨루는 스포츠 경기이다. 세팍타크로 경기는 동남아시아 고대 왕국에서 머리나 발로 누가 공을 많이 튀기느냐를 겨루던 것에서 유래되었다.

펜싱(fencing)

• 플뢰레(fleuret) : 에페와 함께 검 끝으로 찌르는 것만을 유효로 하며, 가드가 달린 유연한 검을 사

용한다. 얼굴과 머리, 사지를 제외한 몸통 부분만이 공격의 유효면이다.

- **에페(epee)** : 플뢰레보다 큰 가드가 달린 단단한 검을 사용하며, 온몸이 모두 유효면인 것이 특징이다.

- **사브르(sabre)** : 베기 또는 찌르기를 유효로 하는 경기이다. 손을 커버하는 가드가 달린 유연한 검을 사용하여 공격을 우선으로 하고, 방어자는 반격의 권리를 얻어 공격하게 된다. 유효면은 허리뼈부터 상반신으로 머리와 두 팔도 포함된다.

▤ 골프의 타수 명칭

- **파(par)** : 한 홀에서의 표준타수를 말한다.
- **보기(bogey)** : 1홀에서 기준 타수보다 1타 많은 타수로 홀인하는 경우를 말한다.
- **버디(buddy)** : 표준타수(파)보다 1개 적은 타수로 홀컵에 넣는 경우를 말한다.
- **이글(eagle)** : 파 4 이상의 홀에서 표준타수보다 두 타를 덜 치고 홀컵에 넣는 경우이다.
- **알바트로스(albatross)** : 파 4홀에서 단 한 번만에 또는 파 5홀에서 두 타만에 홀아웃하는 경우이다.
- **홀인원(hole-in-one)** : 1타로 홀컵에 볼을 넣은 경우를 말한다.

▤ 3점슛

농구 경기에서 쓰리 포인트 라인(바스켓 중심부와 수직을 이루는 지점에서 반원을 엔드 라인까지 연장한 선으로 링에서 6.75m) 바깥쪽에서의 슛을 성공시킨 경우 3점슛이 된다. 신장에서 불리한 아시아 지역 국가들을 위해 1984년 LA 올림픽대회부터 국제적으로 시행되었다.

⑩ 한국사

▤ 진대법

고국천왕이 실시한 것으로, 흉년이나 춘궁기에 국가가 농민에게 양곡을 대여해주고 수확기에 갚게 한 구휼제도이다. 매년 3~7월에 관가의 곡식을 가구 수에 따라 차등을 두어 대여하였다가 10월에 환납하는 방식으로 시행하였다.

▤ 독서삼품과

788년(원성왕 4년)에 설치된 신라시대의 관리등용방법이다. 이 제도는 관리선발뿐 아니라, 국학의 졸업시험과 같은 성격을 가졌으므로 신라 하대에 들어서 유명무실해진 국학의 기능을 강화하고자 하였다. 독서삼품과는 새로운 사회윤리와 정치사상으로서의 유교를 수학한 학문적 능력에 기준을 두어 관리를 선발하는 데 목적을 두었는데, 이는 골품제도가 아닌 학문에 기준을 둔 관리가 일부에서나마 탄생했다는 것을 의미한다. 독서삼품과로 등용된 관리층은 6두품이 중심이 되었으나 당나라에 유학하는 학생 수가 증가함에 따라 쇠퇴해갔다.

▓ 발해

고구려 멸망 후 대조영은 지린성 돈화현 동모산에서 지배층인 고구려인과 피지배층인 말갈인을 규합하여 발해를 건국하였다(698년). 선왕 때는 문화의 극성기를 이루어 '해동성국'이라는 칭호를 들었으나 왕위 계승 싸움으로 쇠약해져 거란에 의해 멸망하였다(926년).

▓ 노비안검법

고려 광종 7년(956) 왕권강화를 위한 제도적 장치로 과거제도, 백관의 공복제정 등과 함께 노비안검법을 실시하였다. 노비안검법은 후삼국 통일 때 포로가 되거나 호족들에 의해 노비가 된 양민들을 본래의 신분으로 회복시키는 정책이다. 이는 겉으로는 단순한 신분복권책에 지나지 않았지만, 실제로는 호족세력을 누르고 왕권을 강화하기 위한 것이 주목적이었다.

▓ 삼별초

원래 개경의 도적을 지키기 위해 야별초를 두었는데(최씨 사병), 후에 좌·우별초로 구분되고 신의군이 생겼다. 최씨 정권의 군사적 배경이기도 하나 항몽전에 앞장서기도 했다.

▓ 고려시대 주요 사서(史書)

- 김부식의 『삼국사기』: 인종 때 유교주의적 입장에서 서술된 기전체로 현존 최고의 역사서이다.
- 일연의 『삼국유사』: 충렬왕 때 지은 사서로 자주성을 고양한 불교적 기사가 많다.
- 이승휴의 『제왕운기』: 충렬왕 때 중국사와 한국사를 비교하여 서술하였다.
- 각훈의 『해동고승전』: 고종 때 유명한 승려를 소개한 불교적 역사서이다.

▓ 계유정난

1453년 10월 10일, 수양대군(세조)이 왕위를 찬탈하기 위하여 일으킨 사건이다. 수양대군은 김종서를 비롯한 정적들의 이름이 작성된 '살생부'에 따라 모두 살해하고 정권을 차지했다. 정난에 성공한 수양대군은 친동생 안평대군을 강화도로 유배 보냈다가, 다시 교동으로 보내 죽였다. 그리고 스스로 여러 중직을 겸하여 병권과 정권을 독차지하고 거사에 직·간접적으로 가담한 정인지, 한명회 등 자신을 포함한 43명을 정난공신에 책봉했다.

▓ 호패법

태종 2년(1402)에 실시한 일종의 신분증 제도로 16세 이상의 남자에게 신분에 구애 없이 누구나 호패를 지참하게 하였다. 민정(民丁)의 수를 파악하고 직업·계급을 명시하여 신분을 증명하기 위한 것으로, 가장 중요한 목적은 군역·요역의 기준을 밝혀 유민을 방지하고 호적편성에 누락되거나 허위로 조작하는 사례를 방지하는 데 있었다. 승려에게만 발급하는 신분증으로는 도첩이 있었다.

▓ 4대 사화

- 무오사화(연산군 4년, 1498년) : 김일손이 김종직의 조의제문을 사초에 실어 훈구파의 반감을 산 것을 발단으로 사림파가 화를 입었다.
- 갑자사화(연산군 10년, 1504년) : 궁중파인 임사홍 등이 연산군의 생모인 윤씨 폐출 사건을 들추어 왕을 충동, 훈구파와 잔여 사림파를 제거하였다.
- 기묘사화(중종 14년, 1519년) : 신진사류인 조광조 일파의 급진적 개혁정치 추진에 대한 반정공신의 반발과 모략이 발단이 되어 신진사류들이 화를 입었다.
- 을사사화(명종 즉위년, 1545년) : 왕실의 외척인 대윤과 소윤이 정권다툼을 벌이다 대윤과 신진사류가 화를 입었다.

▓ 대동법

광해군 즉위년에 이원익, 한백겸의 주장으로 경기도에서 수미법을 시행하고 현물로 바치던 공물을 1결당 16미의 쌀로 받게 한 것을 시작으로, 숙종 때 함경도와 평안도를 제외한 전국에서 대동법이 시행되었다. 이후 대동법은 호를 단위로 하지 않고 토지 결수를 단위로 1결마다 12두씩 쌀로 받아들여 원칙적으로 공납이 전세화되었으며, 선혜청에서 관리하였다. 대동법 실시 이후에도 별공과 진상은 그대로 남아 현물 징수가 완전히 없어지지는 않았다.

▓ 삼정의 문란

조선 후기 국가 재정의 근간이 된 전정, 군정, 환곡을 삼정이라 하는데, 군포에 있어서는 인징, 족징, 백골징포, 황구첨정 등이 성행하고, 환곡에 있어서는 부정행위가 두드러져 문란의 정도가 삼정 중에 가장 심하였다

■ 임오군란(1882년)

구식군대의 차별대우와 반일 감정이 겹쳐 일어난 것으로, 군인들이 포도청과 일본 공사관을 습격했다. 이에 대원군이 일시 재집권하였으나 내정간섭을 노리던 청에게 구실을 주어 우창칭 등이 거느린 군대가 진주하여 대원군을 압송해갔다. 그 결과 민씨 일파가 다시 집권하고 정권유지를 위해 친청정책을 실시하였다. 이때부터 청은 조선의 내정에 적극 간섭하여 묄렌도르프와 마젠창 문관을 추천했고 상민수륙통상장정을 체결하였다.

■ 갑신정변(1884년)

고종 21년에 개화당의 김옥균·박영효 등이 중심이 되어 사대당인 민씨 일파를 몰아내고 개화된 정부를 수립하기 위하여 일본의 힘을 빌려 우정국 낙성식에서 일으킨 정변이다. 신정부는 청나라의 간섭으로 3일 만에 무너지고, 김옥균·박영효 등은 일본으로 망명하였으며, 이 사건을 계기로 한성조약이 체결되었다.

■ 갑오개혁(1894년)

일본은 동학농민운동을 빌미로 조선의 내정개혁을 강요하면서 청국과의 전쟁을 서둘렀다. 3차에 걸친 개혁의 내용은 정부조직이나 관료제도는 물론, 관리선발제도, 중앙과 지방 행정조직의 개혁, 사회신분제도의 철폐, 왕실재정과 정부재정의 분리, 신식화폐 장정, 태양력의 채용, 소학교령, 단발령, 종두법의 채용 등이었다.

■ 동학농민운동(1894년)

동학교도와 농민들이 합세하여 일으킨 대규모 농민운동이다. 외부적으로는 청일·구미 열강 등 외세의 강압이 조선의 주변에 더욱 거세게 밀어닥쳐 왔고, 내부적으로도 각종 민란이 발생하는 상황에서 동학농민운동은 국가의 보위와 농민구제의 성격을 지니면서 폭넓게 전개되었다. 애초에는 동학 교조 최제우의 신원운동을 통해 정치운동화하였다가, 점차 사회적 분위기를 타고 민란과 결합하게 되었다.

■ 아관파천(1896년)

청·일 전쟁에서 승리한 일본이 조선에 군사적 압력과 정치적 간섭을 강화하자, 고종은 친일세력을 물리치고자 1896년 2월 돌연 러시아 공사관으로 이어하는 아관파천을 단행하였다. 그러나 친러정부가 집정하면서 열강에게 많은 이권이 넘어가는 등 국가의 권익과 위신이 추락하고 국권의 침해가 심해지자 독립협회를 비롯한 국민들은 국왕의 환궁과 자주선양을 요구하였다. 이에 고종은 1897년 2

월 환궁하였으며, 10월 대한제국의 수립을 선포하고 황제위에 올라 연호를 광무라 하였다.

▓ 독립협회의 사상

- **자주국권**: 열강의 침략 아래 민족적 위기를 극복할 수 있는 길은 자기 힘으로 자주 국권을 지키는 길이라 주장하였다.
- **자강개혁**: 민권 신장, 국민 참정권, 의회 설치를 주장하였다.
- **자유민권**: 입헌군주제로 개혁하고자 했으며 신교육과 산업개발을 중시하였다.

▓ 헤이그 밀사사건(1907년)

광무 11년 고종 황제가 헤이그에서 열린 만국평화회의에 이상설, 이위종, 이준을 비밀리에 보내어 을사조약의 불법성과 일본의 무력적 침략의 부당성을 주장하려던 사건이다. 이 사건을 빌미로 일본은 고종을 강제 폐위시켰으며, 한 · 일 신협약을 강요하고 구한국 군대를 해산시켰다.

▓ 신간회(1927년)

'민족 유일당 민족협동전선'이라는 표어 아래 민족주의를 표방하고 민족주의 진영과 사회주의 진영이 제휴하여 창립한 민족운동단체이다. 조선민족의 정치적 · 경제적 해방과 조선 독립을 목적으로 활동했으며, 각 지회를 설치하고 근검 절약운동 전개, 청년운동 지원 등을 하였다.

▓ 신민회(1970년)

안창호, 박은식, 신채호 등 수백 명의 민족운동가들이 참여한 비밀결사로, 민족주의교육 실시, 근대 의식 고취, 민족산업 육성, 민족문화 계발 선양을 목표로 민족운동의 기반을 다졌다. 국내에서의 애국활동이 제약을 받자 국외의 독립운동기지 설정에 앞장서 항일 독립운동의 거점을 마련하고자 하였다.

회사 및 일반상식

PART **3**

적중문제

정답 및 해설
254p

COMPANY AND GENERAL COMMON SENSE

001 다음 중 현대자동차의 5대 핵심가치가 아닌 것은?

① 고객 최우선
② 소통과 협력
③ 다양한 기회
④ 글로벌 지향

002 지속가능한 ESG 경영이 의미하는 바를 바르게 짝지은 것은?

① Earth	Shift	Growth
② Energy	Supply	Global
③ Ethical	Service	Generation
④ Environmental	Social	Governance

003 현대자동차의 CSV(공유가치창출)에서 추구하는 중점 영역이 아닌 것은?

① continue earth
② continue hope
③ continue future
④ continue mobility

004 미국자동차공학회는 자율주행 기술을 자동화 수준에 따라 몇 단계로 분류하고 있는가?

① 5단계
② 6단계
③ 7단계
④ 8단계

005 수직이착륙이 가능해 도심에서의 이동 효율성을 극대화한 도심형 항공 모빌리티는?

① UAM
② RAM
③ PBV
④ HEV

006 고객의 비즈니스 목적과 요구에 맞춰 낮은 비용으로 제공 가능한 친환경 다목적 모빌리티 차량은?

① AAM
② HEV
③ PBV
④ FCEV

007 다음에서 설명하는 시스템은?

> 내비게이션이나 오디오와 같은 전통적인 기능은 물론, 자동차가 제공하는 각종 정보를 확인하고 기능을 조작하기 위한 장치다.

① 이어테인먼트
② 내비테인먼트
③ 오토테인먼트
④ 인포테인먼트

008 다음 중 현대차그룹의 오픈 데이터 플랫폼에 속하지 않는 것은?

① 현대 디벨로퍼스
② 기아 디벨로퍼스
③ 아이오닉 디벨로퍼스
④ 제네시스 디벨로퍼스

009 다음 중 가장 포괄적 의미의 전기차는?

① BEV
② HEV
③ PHEV
④ FCEV

010 다음에서 설명하는 자동차의 종류는?

> 내연기관과 전기 모터 구동계를 결합한 하이브리드 시스템에서 전기 모터의 출력과 배터리 용량을 늘리고, 외부로부터 전력을 충전할 수 있는 장치를 더한 자동차를 의미한다.

① 배터리 전기차
② 수소연료전지차
③ 하이브리드 자동차
④ 플러그인 하이브리드 자동차

011 다음 중 수소연료전치라를 의미하는 것은?

① BEV
② HEV
③ PHEV
④ FCEV

012 다음 중 수소에너지에 대한 설명으로 틀린 것은?

① 친환경 에너지원이다.
② 온실가스를 전혀 배출하지 않는다.
③ 수소를 전기 배터리에 저장하는 것이 효율적이다.
④ 수소에너지를 이용하는 연료전지의 효율이 매우 높다.

part
03

현대자동차그룹

013 현대차그룹이 미국의 보스턴 다이내믹스 사를 인수하고 4차 산업혁명을 향한 미래 성장동력으로 삼은 분야는?

① AI
② 로보틱스
③ 빅데이터
④ 스마트 자동차

014 다음 중 현대자동차그룹에서 론칭한 스마트 팩토리 브랜드는?

① GIT
② 슈퍼널
③ E-FOREST
④ 프로젝트 N

015 다음 중 현대차그룹의 첫 전기차 전용 플랫폼으로 옳은 것은?

① H-GMP
② H-GNP
③ E-GMP
④ E-GNP

016 국민의 여론을 공정하게 반영하고, 소수파에 유리하고 사표를 방지할 수 있으나 방법이 복잡한 제도는?

① 직능대표제
② 비례대표제
③ 지역대표제
④ 소수대표제

017 다음 중 섀도 캐비닛(Shadow Cabinet)을 의미하는 것은?

① 예비내각　　② 후보내각
③ 각외대신　　④ 각내대신

018 다음 중 란츠게마인데가 의미하는 것은?

① 프랑스의 하원
② 독일의 연방의회
③ 그리스 도시국가의 민회
④ 스위스 일부 주의 주민자치회

019 선거구 법정주의는 다음 중 무엇을 방지하기 위한 것인가?

① Filibuster
② Casting vote
③ Lame duck
④ Gerrymandering

020 특정 정치인이나 고위 관료의 최측근에서 그들의 대변인 구실을 하는 사람을 뜻하는 말은?

① 발롱데세
② 스핀닥터
③ 올드가드
④ 스케이프 고트

021 엽관주의(Spoils System)와 관계있는 것은?

① 행정의 전문성 강화
② 정당의 이념 구현
③ 예산 절감
④ 공무원의 신분보장

022 합법적이고 합목적인 행정이 수행되고 있는가를 조사하여 감찰하는 제도는?

① 옴부즈맨 제도
② 민원후견제
③ 실적주의제
④ 주민소환제

023 속죄양·희생양이라는 뜻으로, 아무 이유 없이 약자를 비난과 공격의 표적으로 삼는 것은?

① 뉴레프트
② 스핀닥터
③ 미란다
④ 스케이프 고트

024 한 정당의 중추적인 실력자인 '당3역'이란?

① 원내대표, 사무총장, 당대표
② 사무총장, 정책위의장, 대변인
③ 원내대표, 정책위의장, 사무총장
④ 당대표, 대변인, 원내대표

025 다음 중 쇼비니즘(Chauvinism)을 의미하는 것은?

① 자국의 이익만을 주장하는 극단의 국가주의, 국수주의의 입장을 말한다.
② 호전적, 배타적 애국주의 또는 강경외교 정책을 뜻한다.
③ 어느 외국과도 항구적인 동맹을 체결하지 않는다는 뜻이다.
④ 쿠바 수상 카스트로의 이른바 반미 사회주의 노선을 말한다.

026 국회의 대통령에 대한 탄핵소추의 조건은?

① 국회재적의원 과반수의 발의와 재적의원 2/3 이상의 찬성
② 국회재적의원 과반수의 출석과 출석의원 과반수의 찬성
③ 국회재적의원 과반수의 출석과 출석의원 1/4 이상의 찬성
④ 국회재적의원 1/3 이상의 발의와 재적의원 과반수의 찬성

027 국회법상 원내교섭단체를 구성할 수 있는 의원의 수는?

① 10인 이상
② 20인 이상
③ 30인 이상
④ 40인 이상

028 기본권을 침해받았을 때 헌법재판소에 구제를 청구할 수 있는 기간은?

① 사건 발생 1년 이내, 기본침해 사유를 안 날부터 60일 이내
② 사건 발생 1년 이후, 기본침해 사유를 안 날부터 90일 이내
③ 사건 발생 1년 이내, 기본침해 사유를 안 날부터 100일 이내
④ 사건 발생 1년 이내, 기본침해 사유를 안 날부터 90일 이내

029 다음 중 행위능력의 제한 중에서 가장 강하며 단독으로는 물론 후견인의 동의를 얻었다 하더라도 법률행위를 할 수 없으며, 그와 같은 행위를 언제나 취소할 수 있는 자는?

① 미성년자
② 피성년후견인
③ 피한정후견인
④ 피특정후견인

030 가벼운 범죄에 대해 일정기간 선고를 미루는 것은?

① 선고유예
② 집행유예
③ 보호관찰
④ 수강명령

031 국제관례상 외교사절을 파견하기 전에 상대국의 동의를 구하는 것은?

① 비토
② 신임장
③ 엠바고
④ 아그레망

032 금융시장 중에서도 자본시장 부문에서 급성장하고 있는 국가들을 일컫는 표현은?

① 이머징 마켓
② 블루 오션
③ 니치마켓
④ 캐피털 마켓

033 여론의 향방을 탐지하기 위하여 정보를 언론에 흘리는 것을 무엇이라 하는가?

① 미디어 헤게모니
② 발롱데세
③ 온 디맨드
④ 커스컴

034 다음 중 페르소나 논 그라타(Persona NonGrata)가 의미하는 것은?

① 좌파 · 우파가 공존하는 정치 체제

② 남아공화국의 인종 차별 정책

③ 외교사절로 받아들이기 힘든 기피 인물

④ 종합뉴스 사회자

035 다음 중 미국 공군이 개발한 지상목표물 탐색 무인정찰기를 나타내는 것은?

① 와처(Watcher)

② 프레데터(Predator)

③ 패트리어트(Patriot)

④ 옵저버(Observer)

036 유사시 미군이 한국에 증파될 때 이들 병력이 효율적으로 투입 · 배치될 수 있도록 한국이 군수병참 지원을 제공하는 것을 골 자로 한 협정은?

① 한 · 미협정

② 전시접수국지원협정

③ 팀스피리트훈련

④ 한 · 미상호방위조약

037 NATO 가맹국들과 한국 · 일본은 미국 의 핵우산국이 되는데, 핵우산(Nuclear Umbrella)이란 무엇인가?

① 핵전쟁 시 빛과 낙진을 차단한 특수장비

② 비핵보유국에 대한 핵보유국의 영향력

③ 원자력 발전소에서 핵분열의 속도를 조절 하는 장치

④ 핵실험 시 방사선 낙진이 공기 중에 방출 되는 것을 막는 장치

038 다음 중 설명이 잘못된 것은?

① 세계 냉전의 종식을 이끈 선언은 몰타선 언이다.

② 구소련의 해체를 가져오게 된 것은 1991 년 카자흐스탄의 알마아타에서 열린 정상 회담으로 구소련이 해체되고 CIS(독립국 가연합)가 출범했다.

③ OECD는 주요 34개국의 경제개발과 문화 교류의 촉진을 위해 발족한 UN 산하 기 구이다.

④ ASEM은 아시아-북미-유럽연합간의 균 형적 경제발전 모색을 위해 창설된 지역 간 회의체라고 할 수 있다.

039 영국의 변호사 베네슨이 정치적, 종교적 확신으로 투옥된 양심범들을 위해서 만든 단체는?

① Amnesty International

② International Democratic Union

③ International court of Justice

④ International Labour Organization

040 비정부 간 조직(NGO)에 대한 설명으로 잘못된 것은?

① UN헌장에 따라 UN의 사업에 참가하는 민간단체이다.

② 국경을 초월한 시민운동단체로서 인권, 반핵분야에서 활동하지만 군축분야는 활동 영역에서 제외된다.

③ 입법 · 사법 · 행정 · 언론에 이어 제5부라고 불린다.

④ 이 단체들은 평화 · 환경 분야에서 국가의 기능을 보완 또는 협력한다.

041 외교상의 중립정책, 즉 일종의 고립주의를 무엇이라 하는가?

① 티토이즘
② 패권주의
③ 먼로주의
④ 삼민주의

042 다음 중 한반도 비핵화 5원칙으로 바른 것은?

① 핵무기의 제조, 판매, 저장, 배비(配備), 사용 금지

② 핵무기의 제조, 보유, 저장, 배비(配備), 사용 금지

③ 핵무기의 제조, 연구, 저장, 배비(配備), 사용 금지

④ 핵무기의 제조, 실험, 저장, 배비(配備), 사용 금지

043 다음 중 ASEM에 대한 설명으로 틀린 것은?

① ASEM이란 'Asia-Europe Meeting'의 줄임말로서 아시아 10개국과 유럽연합(EU) 15개 회원국의 정부 수반과 EU 집행위원장이 모여 2년에 한 번씩 개최한다.

② 고촉통 싱가포르 총리가 1994년 창설을 제의, EU와 아세안(ASEAN), 한 · 중 · 일 동북아 3국이 호응함으로써 성사되었다.

③ 1996년 타이 방콕에서 '아시아유럽의 새로운 포괄적 동반자 관계'라는 주제로 첫 회의가 열렸다.

④ 3차 서울회의에 이어 4차 회의는 스페인 마드리드에서 개최되었다.

044 다음 중 페이비어니즘(Fabianism)과 관계가 없는 것은?

① 버나드 쇼가 중심인물이다.
② 점진적 사회주의를 지향한다.
③ 로마 파비우스 장군 이름에서 유래하였다.
④ 영국 보수당의 사상적, 이론적 지주 노릇을 하고 있다.

045 다음 세계적 NGO(비정부기구) 가운데 북한에서 구호활동을 벌인 공로로 1997년 서울특별시가 제정한 '서울평화상'을 수상한 기구는?

① Amnesty International
② Greenpeace
③ Club of Rome
④ Doctors Without Borders

046 다음 중 패리티 가격(parity price)을 실시하는 목적으로 옳은 것은?

① 생산자 보호

② 소비자 보호

③ 근로자 보호

④ 독점의 제한

047 화장품, 고급양주 등 사치품에 대한 과시적 소비 형태에서 발생하는 현상으로, 가격이 오를 때 수요량이 늘어나는 현상을 가리키는 것은?

① 베블렌 효과

② 의존 효과

③ 백로 효과

④ 편승 효과

048 기존의 국민총생산(GNP)이나 국내총생산(GDP) 개념에 시장가치로 나타낼 수 없는 경제활동을 덧붙여 만든 경제지표는?

① GNI

② CPI

③ GPI

④ GRDP

049 가계지출 중 음식물비가 차지하는 비율을 엥겔계수라고 한다. 그렇다면 가계총지출에서 교육비가 차지하는 비율은?

① 엔젤계수

② 슈바베지수

③ 텔레콤계수

④ 에듀계수

050 경제활동이 침체되고 있음에도 물가상승이 계속되는 '저성장 고물가' 상태를 의미하는 것은?

① 스태그플레이션

② 디스인플레이션

③ 디플레이션

④ 리플레이션

051 물가 하락에 따른 자산의 실질가치 상승이 경제주체들의 소비를 증가시키게 되는 효과를 의미하는 것은?

① 터널 효과

② 관성 효과

③ 피구 효과

④ 밴드왜건 효과

052 '악화(惡貨)가 양화(良貨)를 구축한다.'라는 말로 표현되는 화폐유통에 관한 법칙은?

① 엥겔의 법칙
② 세이의 법칙
③ 슈바베의 법칙
④ 그레셤의 법칙

053 다음 중 핫머니(hot money)의 특성이 아닌 것은?

① 이동성
② 대규모
③ 생산성
④ 투기성

054 경영에 관련된 정보를 수집·보관하였다가 경영의사 결정 시 검색할 수 있도록 도와주는 시스템은?

① M&A
② EDPS
③ MIS
④ OA

055 석유수출국기구(OPEC)으로 대표되는 기업연합을 의미하는 것은?

① 콘체른(Konzern)
② 카르텔(Cartel)
③ 트러스트(Trust)
④ 신디게이트(Syndicate)

056 자본주의 경제발전 원동력을 혁신(Innovation)으로 보고, 혁신을 수행하는 기업가의 역할을 강조한 경제학자는?

① 슘페터
② 밀
③ 헤로드
④ 마셜

057 다음 중 팩터링(Factoring) 금융을 의미하는 것은?

① 금융기관이 고객이 맡긴 돈을 채권에 투자하고 계약기간이 만료되면 이자와 함께 돌려주는 금융상품이다.
② 단기자금 조달을 목적으로 도입된 기업어음의 일종이다.
③ 사금융 등의 금융거래를 막기 위해 도입된 제도이다.
④ 외상매출채권을 매수하는 기업금융의 일종이다.

058 다음 중 세계 3대 신용평가기관에 들지 않는 것은?

① 무디스
② S&P
③ 피치
④ 가트너

059 다음 중 중저가 실적우량주를 의미하는 것은?

① 블루칩(Blue Chip)
② 옐로칩(Yellow Chip)
③ 레드칩(Red Chip)
④ 블랙칩(Black Chip)

060 무역형태 중 녹다운(Knock Down) 방식이란?

① 해외에 덤핑 판매하는 것
② 생산설비, 기술 노하우까지 종합적으로 수출하는 것
③ 경쟁기업을 넘어뜨리기 위하여 가격인하 정책을 쓰는 것
④ 해외 진출 시 부분품을 수출하여 현지에서 조립하여 판매하는 것

061 급격한 사회변동의 과정에서 종래의 규범이 흔들리고 아직 새로운 규범의 체계가 확립되지 않아 혼란한 상태 또는 규범이 없는 상태가 나타나는 것을 무엇이라고 하는가?

① 도넛 현상
② 스프롤 현상
③ 아노미 현상
④ J턴 현상

062 타인의 심리나 상황을 교묘하게 조작해 그 사람의 현실감과 판단력을 잃게 만드는 것은?

① 원 라이팅(One Writing)
② 가스라이팅(Gaslighting)
③ 언더라이팅(Underwriting)
④ 브레인 라이팅(Brain Writing)

063 백화점, 지하철역과 같은 수익 시설을 자기 지역에 유치하려고 하는 현상은?

① 님비현상
② 님투현상
③ 핌피현상
④ 바나나현상

064 앨빈 토플러가 그의 저서 「미래의 충격」에서 사용한 말로서 계층적 형태를 띠지 않는 동태적 조직을 가리키는 용어는?

① Adhocracy
② Technocracy
③ Ethnocracy
④ Mediacracy

065 다음의 〈보기〉처럼 상대방을 앞에 두고도 스마트폰에만 집중하는 무례한 행위를 뜻하는 것은?

> 스마트폰을 계속 보면서 대화를 이어가거나 메시지가 올 때마다 회신을 하는 등의 행위

① 샤빙
② 퍼빙
③ 무빙
④ 데빙

066 실제로는 사회적 차별을 개선하고자 하는 의지가 없으면서 사회적 소수 집단의 일부만을 대표로 뽑아 구색을 갖추는 정책적 조치 또는 관행을 뜻하는 말은?

① 토크니즘
② 핵티비즘
③ 클릭티비즘
④ 유나메일러

067 대도시에 취직한 지방 출신의 근로자가 고향까지 돌아가지 않고 대도시와 가까운 지방의 중소도시에 일자리를 얻어 정착하는 현상은?

① 스프롤 현상
② J턴 현상
③ 공동화 현상
④ 도넛 현상

068 자신과 생각이 다른 사람들에 대한 팔로우를 보이콧하는 행위는?

① 캔슬 컬처(Cancel Culture)
② 헤이트 스피치(Hate Speech)
③ 딥 백그라운드(Deep Background)
④ 엘리베이터 스피치(Elevator Speech)

069 공공기관의 임원들이 지나친 연봉을 받는 것을 제한하기 위한 법령 또는 조례를 일컫는 것은?

① 메건법
② 네이밍법
③ 넷플릭스법
④ 살찐 고양이법

070 맞벌이를 하면서 아이를 낳지 않고 일찍 정년퇴직해서 여유로운 노후생활을 즐기는 사람들을 일컫는 말은?

① 니트족(Neet)
② 듀크족(Dewks)
③ 파이어족(Fire)
④ 싱커즈족(Thinkers)

71 유연근무제의 일종으로 특정 근로일의 근무 시간을 연장시키는 대신 다른 근로일의 근무 시간을 단축시켜 일정기간의 주당 평균 근로 시간을 법정 근로시간에 맞추는 제도는?

① 유연근무제
② 탄력근로제
③ 재량근로제
④ 보상휴가제

072 직장을 이탈하지 않는 대신 불완전 노동으로 사용자를 괴롭히는 노동쟁의 방식은?

① 스트라이크(Strike)
② 보이콧(Boycott)
③ 사보타주(Sabotage)
④ 피케팅(Picketing)

073 심한 업무 스트레스와 피로로 정신적·신체적 컨디션이 좋지 않은데도 회사에 출근하는 행위는?

① 밈(Meme)
② 롱 하울러(Long-Hauler)
③ 프리젠티즘(Presenteeism)
④ 빌딩증후군(Building Syndrome)

074 다음 중 일자리 나누기와 관련이 없는 것은?

① 잡셰어링
② 더블워크
③ 워크셰어링
④ 임금피크제

075 급여의 지급을 위하여 사용자가 부담하여야 할 부담금의 수준이 사전에 결정되어 있는 퇴직연금은?

① IRA
② IRP
③ 확정급여형
④ 확정기여형

076 빛과 온도를 자유로이 조절하여 인공적으로 사계절을 재현할 수 있으며, 동식물의 생육과정을 관찰·연구하는데 목적을 두고 설치한 인공 기상실은?

① 마그네트론
② 클라이스트론
③ 인터페론
④ 바이오트론

077 다음 중 나비효과(Butterfly Effect)와 관계 있는 이론은?

① 빅뱅 이론

② 퍼지 이론

③ 가이아 이론

④ 카오스 이론

078 별빛 적색편이 현상은 우주 팽창을 의미하는데 이와 관계있는 것은?

① 도플러 효과

② 플레밍 법칙

③ 아보가드로 법칙

④ 아르키메데스 원리

079 기존의 전력망에 정보기술(IT)을 접목한 차세대 지능형 전력망 기술은?

① 스마트 워크(Smart Work)

② 스마트 그리드(Smart Grid)

③ 스마트 더스트(Smart Dust)

④ 그리드 패리티(Grid Parity)

080 다음 중 인류 최초의 인공위성은?

① 서베이어 1호

② 스푸트니크 1호

③ 루나 11호

④ 보스토크 1호

081 고체, 액체, 기체에 이은 제4의 물질 상태로서 고온에서 음전하를 가진 전자와 양전하를 띤 이온으로 분리된 기체 상태를 말하는 것은?

① 에테르(Ether)

② 카오스(Chaos)

③ 플라스마(Plasma)

④ 엔트로피(Entropy)

082 최근 고층 건물들이 많이 건설됨에 따라 사무실 근무자들이 주로 에어컨이 설치된 밀폐된 공간에서 일하는데, 이때 에어컨으로부터 나오는 공기입자 속에 섞여 있는 레지오넬라 뉴모필라라는 박테리아에 의해 감염되는 질환은?

① 라임병

② 비브리오패혈증

③ 폰티악열병

④ 렙토스피라병

083 시스템의 효율을 올리기 위해 롬에 저장되어 있는 기본적인 프로그램은?

① 펌웨어(firmware)

② 셰어웨어(Shareware)

③ 프리웨어(Freeware)

④ 베이퍼웨어(Vaporware)

084 인터넷에서 입력정보 중 꼭 필요한 정보만을 기록하였다가 다음에 편리하게 찾아갈 수 있도록 고안된 데이터의 묶음으로, 인터넷 쇼핑몰에서 상품주문을 하거나 홈뱅킹을 하는 데 필요한 개인신상정보 등을 임시적으로 기록하는 파일을 의미하는 것은?

① cache
② plug-in
③ streaming
④ cookie

085 디지털 자료들을 적극적으로 활용해 예술이나 기타 창조활동을 하는 사람을 지칭하는 것은?

① 디지털 노마드
② 디지털 루덴스
③ 데이터 마이닝
④ 디지널 네이티브

086 다음에서 설명하는 것은?

외부 침입자가 특정 인터넷 주소로 사용자의 방문을 유도한 뒤 사전에 지정한 코드가 작동되도록 만들어 사용자 권한을 획득하거나 개인 정보를 빼내는 수법을 말한다.

① 파밍(Pharming)
② 피싱(Phishing)
③ 스미싱(SMiShing)
④ 스푸핑(Spoofing)

087 다음 목적으로 제작된 것은?

동호회나 작은 모임 등을 활성화하여 원천적으로 네티즌의 참여를 높이고, 일단 사이트에 들어온 네티즌의 활동내용을 분석하여 좀더 철저한 고객관리를 하려는 것이 목적이다.

① 미러 사이트
② 옐로 페이지
③ 게더링 사이트
④ 레이더 사이트

088 3차원 물체의 형상을 나타내기 위해 물체의 형상을 수많은 선의 모임으로 표시하여 입체감을 나타내는 컴퓨터 그래픽 기법은?

① 크롤링
② 레거시
③ 와이어 프레임
④ 스테가노그래피

089 인터넷을 통해 영화, 드라마, TV방송 등 각종 영상을 제공하는 서비스는?

① OTT
② IPTV
③ VOD
④ 스트리밍

090 파일을 잘게 분산해 저장 · 공유하여 다운을 받을 수 있도록 한 P2P 방식의 파일 공유를 의미하는 것은?

① 스캠(Scam)

② 보트넷(Botnet)

③ 토렌트(Torrent)

④ 테더링(Tethering)

091 세계적으로 중요한 습지의 파괴를 억제하고 물새가 서식하는 습지대를 국제적으로 보호하기 위해 채택한 협약은?

① 람사르협약

② 바젤협약

③ 몬트리올협약

④ 런던협약

092 다음 중 리우회의에서 조인한 협약이 아닌 것은?

① 바젤협약

② Agenda 21

③ 기후변화협약

④ 생물다양성협약

093 '제6의 절멸'에 대한 설명으로 잘못된 것은?

① 인간활동이 거의 모든 절멸의 원인이 되고 있다.

② 이전의 사건들과 달리 범지구적으로 벌어지고 있다.

③ 이전의 사건들에 비해 특별히 생산자 계급의 식물이 사라지고 있어 더욱 심각하다.

④ 역대 최대의 규모가 될 가능성이 높다.

094 수질오염 측정 시 사용되는 COD란 무엇을 나타내는 것인가?

① 생화학적 산소요구량

② 중금속 검출량

③ 용존 산소량

④ 화학적 산소요구량

095 다음 중 수질오염을 나타내는 지표가 아닌 것은?

① 화학적 지표

② 감각적 지표

③ 생태학적 지표

④ 물리적 지표

096 세계적으로 문제가 되고 있는 잔류성유기 오염물질에 해당하지 않는 것은?

① 다이옥신
② DDT
③ PCB
④ 트리할로메탄

097 지구가 더워지는 이른바 온실효과의 주요한 원인물질이라고 할 수 없는 것을 고르시오.

① 염화불화탄소
② 메탄
③ 암모니아
④ 이산화탄소

098 다음 중 만성 카드뮴 중독이 원인이 된 질병은?

① 진폐증
② 미나마타병
③ 악성 중피종
④ 이타이이타이병

099 남극에서 빙관으로부터 불어오는 맹렬한 강풍을 무엇이라 하는가?

① 스콜
② 사이클론
③ 토네이도
④ 블리자드

100 다음에서 말하는 자연 현상은?

> 스페인어로 '여자아이'라고 불리는 이 현상은 적도 무역풍이 평년보다 강해지면서 서태평양의 해수면과 수온이 평년보다 상승하게 되고, 찬 해수의 용승 현상 때문에 적도 동태평양에서 저수온 현상이 강화되어 나타난다.

① 푄 현상
② 라니냐 현상
③ 엘니뇨 현상
④ 블로킹 현상

101 우리나라에서 발생하는 높새바람에 해당하는 현상은?

① 푄 현상
② 블로킹 현상
③ 엘니뇨 현상
④ 베르누이 현상

102 다음 중 바람의 방향과 명칭이 바르게 연결된 것은?

① 샛바람 – 남풍
② 마파람 – 북풍
③ 높바람 – 동풍
④ 하늬바람 – 서풍

103 적도 부근에서 발생하는 기압으로 동부 아시아에서는 태풍(Typhoon), 카리브해에서는 허리케인(Hurricane)라고 부르는 것은?

① 열대성 고기압
② 이동성 고기압
③ 열대성 저기압
④ 이동성 저기압

104 다음 중 사바나 기후 지역이 아닌 것은?

① 브라질 고원
② 남아프리카 남단부
③ 오스트레일리아 북부
④ 야노스 평원

105 다음 중 우리나라에 영향을 주는 기단이 아닌 것은?

① 적도 기단
② 아랄해 기단
③ 시베리아 기단
④ 오호츠크해 기단

106 세계 최초의 해양문명으로 그리스 문화의 선구이며 오리엔트 문명을 그리스에 전달하는 교량역할을 한 문명은?

① 에게 문명
② 마야 문명
③ 인더스 문명
④ 메소포타미아 문명

107 헬레니즘 문화에 대한 설명으로 틀린 것은?

① 문화 중심지는 알렉산드리아였다.
② 국제어가 유행하고, 자연과학이 눈부시게 발달하였다.
③ 개인의 행복과 정신적인 안정을 찾으려는 경향이 강했다.
④ 이슬람과 비잔틴 문화를 바탕으로 이루어진 세계 문화였다.

108 로마 제정은 누구에 의하여 실시되었다고 할 수 있는가?

① 케사르
② 옥타비아누스
③ 네로
④ 콘스탄티누스

109 중세 십자군 원정이 유럽에 끼친 영향과 거리가 먼 것은?

① 교역이 추진되어 상업이 발달하였다.
② 봉건영주, 기사 세력이 약화되어 봉건제도가 붕괴되기 시작하였다.
③ 로마 교황의 주창으로 추진된 원정이었으므로 교황권이 강화되었다.
④ 유럽 사람들의 견문이 넓어지고, 문화 발전에 새로운 변화가 나타났다.

110 왕위 계승을 둘러싼 영국 제후들 간의 전쟁은?

① 백년 전쟁
② 장미 전쟁
③ 30년 전쟁
④ 남북 전쟁

111 다음 중 30년 전쟁으로 체결된 조약은?

① 난징조약
② 네르친스크조약
③ 베르사유조약
④ 베스트팔렌조약

112 홍콩이 영국으로 넘어간 계기가 된 사건은?

① 천진조약
② 아편전쟁
③ 백화운동
④ 애로호사건

113 우리나라 최초의 근대학교로 덕원 읍민의 요구로 설립된 문무일치 교육기관은?

① 통변학교
② 육영공원
③ 원산학사
④ 홍화학교

114 '학교는 죽었다'라고 말하면서 탈학교론을 주장한 학자는?

① 듀이
② 루소
③ 촘스키
④ 라이머

115 공교육 제도의 문제점을 극복하고자 만들어진 교육 기관은?

① 대안학교
② 마이스터고
③ 자율형 사립고
④ 특성화고

116 '피그말리온 효과'와 일맥상통하며 칭찬의 긍정적 효과를 설명하는 용어는?

① 장이론
② 로젠탈 효과
③ 브리엔스토밍
④ 마인드맵

117 피아제가 주장한 인지발달을 촉진시키는 주요 요인이 아닌 것은?

① 성숙
② 평형화
③ 사물과의 입체적 경험
④ 사회적 상호작용

118 다음 중 손다이크의 3대 학습법칙에 해당되지 않는 것은?

① 연습의 법칙
② 효과의 법칙
③ 반복의 법칙
④ 준비성의 법칙

119 '지(知)는 행(行)의 시초요, 행은 지의 완성'이라 하여 지행합일설(知行合一說)을 주장한 사람은?

① 노자
② 공자
③ 주자
④ 왕양명

120 진리의 상대성과 유용성을 강조하며, 실질과 실용을 중시하는 현실주의 철학은?

① 마르크시즘
② 니힐리즘
③ 포스트모더니즘
④ 프래그머티즘

121 우리나라의 무형문화재 제1호는?

① 남사당놀이
② 강강술래
③ 판소리
④ 종묘제례악

122 다음 중 세계 3대 영화제에 속하지 않는 것은?

① 칸
② 베니스
③ 베를린
④ 토론토

123 다음 중 브로드웨이에 올려진 연극을 대상으로 시상하는 '연극의 아카데미상'이라 불리는 상은?

① 에미상
② 골든 글로브상
③ 토니상
④ 템플턴상

124 다음 중 베토벤 교향곡이 아닌 것은?

① 운명 교향곡
② 영웅 교향곡
③ 전원 교향곡
④ 미완성 교향곡

125 합창, 중창, 독창 등으로 구성된 대규모의 성악곡은?

① 세레나데
② 칸타타
③ 랩소디
④ 콘체르토

126 오페라에서 주인공이 부르는 서정적인 가요는?

① 오라토리오
② 칸타타
③ 아리아
④ 세레나데

127 뜻이 없는 음절에 붙인 선율을 열정적으로 부르는 재즈의 즉흥 가창법은?

① 소울
② 스캣
③ 블루스
④ 아카펠라

128 다음에서 설명하고 있는 양식은?

17~18세기경에 유럽에서 유행한 미술양식으로 '일그러진 진주'라는 뜻의 포르투갈어이다. 건축으로는 베르사유 궁전이 대표적이다.

① 바로크
② 로코코
③ 비잔틴
④ 고딕

129 다음은 무엇을 설명한 글인가?

새 예술이라는 뜻으로 신양식의 창조를 목표로 하여 유럽에서 번진 미술운동으로서 건축·공예 분야에서 활발히 추진되었다.

① 다다이즘
② 아르 누보
③ 아방가르드
④ 정크 아트

130 모방에 의해 다음 세대로 전달되는 '문화 유전자'를 의미하는 것은?

① 밈(MEME)
② 메세나(Mecenat)
③ 셀픽션(Selfiction)
④ 오마주(Hommage)

131 '러브 게임(Love Game)'이라는 용어를 사용하는 경기는?

① 골프
② 체조
③ 테니스
④ 배드민턴

part
03

문화 및 스포츠

132 네트를 사이에 두고, 발로만 볼을 차 승패를 겨루는 스포츠는?

① 세팍타크로
② 봅슬레이
③ 트라이애슬론
④ 크로스컨트리

133 펜싱 경기 종목 중 찌르기, 베기를 모두 허용하는 것은?

① 사브르(sabre)
② 에페(epee)
③ 플뢰레(fleuret)
④ 쿠르베트(courbette)

134 골프에서 파 5홀인 롱홀을 2타만에 끝냈을 때 부르는 스코어의 애칭은?

① 보기(bogey)
② 버디(buddy)
③ 이글(eagle)
④ 알바트로스(albatross)

135 농구 경기에서 3득점 라인은 링에서 몇 m 거리인가?

① 4.85m
② 5.25m
③ 6.75m
④ 7.25m

136 고구려의 진대법에 대한 설명으로 틀린 것은?

① 고국천왕 때 실시하였다.
② 춘대추납의 빈민구제책이다.
③ 양민들의 노비화를 막으려는 목적으로 실시하였다.
④ 지방자치 분권제도의 일면이라 할 수 있다.

137 신라의 독서삼품과와 관련이 있는 것은?

① 과거제도
② 과거예비시험
③ 관리등용제도
④ 입학검정고시

138 고구려 유민의 부흥 운동 과정에서 건국된 발해의 피지배층은?

① 고구려인
② 말갈인
③ 여진족
④ 거란족

139 다음 중 고려시대 말기 몽고의 침입에 대해 항쟁을 했던 삼별초에 속하지 않는 것은?

① 신의군
② 별기군
③ 우별초
④ 좌별초

140 조선시대 세종을 이은 문종이 일찍 죽고 단종이 즉위하자 수양대군이 단종 및 그를 보좌하던 김종서 · 황보인 등을 살해하고 왕위를 빼앗은 사건은?

① 계사의 난
② 만적의 난
③ 묘청의 난
④ 계유정난

141 다음 중 도첩제에 대한 설명으로 옳은 것은?

① 오늘날의 주민등록과 같은 제도
② 승려의 수를 제한하기 위한 제도
③ 유능한 승려를 등용하기 위한 제도
④ 토지 분배를 적절하게 하기 위해 만든 제도

142 다음에서 설명하는 사건은?

김일손이 김종직의 조의제문을 사초에 실어 훈구파의 반감을 산 것을 발단으로 사림파가 화를 입었다.

① 무오사화
② 갑자사화
③ 기묘사화
④ 을사사화

143 다음 중 대동법에 대한 설명으로 옳지 않은 것은?

① 선혜청에서 관할하였다.
② 상업과 수공업을 발전시켰다.
③ 대동법 실시 이후에도 별공, 진상이 존속되었다.
④ 전국적으로 동시에 실시되었다.

144 조선시대 국가재정의 기본 원천이 된 삼정이 아닌 것은?

① 전정
② 군정
③ 세정
④ 환곡

145 갑신정변의 결과 조선과 일본 사이에 체결된 조약은?

① 을사조약
② 한성조약
③ 강화도조약
④ 제물포조약

146 일본의 강압으로 김홍집을 수반으로 하는 혁신내각이 실시한 정치, 경제, 사회, 문화 전반에 걸친 근대적 개혁은?

① 갑오개혁
② 갑신정변
③ 임오군란
④ 동학운동

part
03

한국사 및 일반상식

147 대한이라는 국호는 어느 때부터 사용되기 시작하였는가?

① 갑오개혁 이후
② 갑신정변 이후
③ 융희황제 이후
④ 고종의 환궁 이후

148 다음 중 독립협회의 사상이 아닌 것은?

① 자강개혁
② 자유민권
③ 보국안민
④ 자주국권

149 헤이그 특사 파견의 원인이 된 사건은?

① 을사조약 체결
② 한 · 일 의정서 체결
③ 한 · 일 신협약 체결
④ 조선총독부의 헌병 경찰 통치

150 다음에서 설명하는 단체는?

'민족 유일당 민족협동전선'이라는 표어 아래 민족주의를 표방하고 민족주의 진영과 사회주의 진영이 제휴하여 창립한 민족운동단체이다.

① 신민회
② 신간회
③ 보안회
④ 대한자강회

PART 4

기초생활영어

Basic Daily Conversation

PART 4

핵심요약

BASIC DAILY CONVERSATION

1 인사·소개

James 씨(氏), 이 분이 박 씨(氏)입니다.

Mr. James, this is Mr. Park.

Mr. James, let me introduce Mr. Park.

Mr. James. May I introduce Mr. Park to you?

Mr. James, allow me to introduce Mr. Park.

처음 뵙겠습니다. 만나서 반갑습니다.

Hello? Glad to meet you.

I'm pleased to know you.

It's a pleasure to know you.

I'm delighted to meet you.

제 소개를 하겠습니다.

May I introduce myself to you?

Let me introduce myself.

어떻게 지내십니까?

How have you been?

How are you getting along?

How are you doing?

How are things going?

무슨 일 있어요? / 어떻게 지내요? (인사말)

What's new?

What's up?

그럭저럭 지냅니다.

Nothing much.

The same as ever.

Nothing in particular.

Just surviving.

오래간만입니다.

Long time no see.

It's a long time since I saw you last time.

I haven't seen you for a long time.

Gale 씨(氏)에게 안부 전해주세요.

Remember me to Mr. Gale.

Give my best regards to Mr. Gale.

Give Mr. Gale my regards.

Say hello to Mr. Gale.

몸조심하세요.

Take care of yourself.

Take it easy.

성함이 어떻게 되십니까?

May I have your name, please?

How should I address you?

이름의 철자가 어떻게 되십니까?

How do you spell your name?

고향이 어디입니까?

Where are you from?

Where do you come from?

직업이 무엇입니까?

What's your job?

What do you do for your living?

What line are you in?

What business are you in?

What's your line?

How do you make your living?

계속 연락하고 지냅시다.

Let's get[keep] in touch.

연락처가 어떻게 되시죠?

How can I get in touch with you?

How can I reach you?

가족이 몇 분이나 되세요?

How many are there in your family?

How big is your family?

우리 가족은 모두 5명입니다.

There are five people in my family.

We are a family of five in all.

2 전화

누구시죠?

Who's calling?

Who is this speaking?

Who's this?

Who am I speaking to?

누구와 통화하시겠습니까?

Who do you want to speak to?

Who are you calling?

Mr. Choi를 바꿔주세요.

May I speak to Mr. Choi?

Is Mr. Choi available now?

Give me Mr. Choi (on the line).

Is Mr. Choi in?

I'd like to speak[talk] to Mr. Choi.

How can I reach Mr. Choi?

자리에 있는지 알아보겠습니다.

I'll see if he(she) is in now.

Mr. Choi를 연결해드리겠습니다.

I'll put you through to Mr. Choi.

I'll connect you to Mr. Choi.

I'll transfer you to Mr. Choi.

잠깐 기다리세요.

Hold on, please.

Stay[Hold] on the line, please.

통화 중이십니다.

The line is busy.

He[She]'s on another line.

He[She]'s still on the line.

He[She]'s taking another call.

곧 돌아오실 겁니다.

He[She] will be back[here] in a minute.

메시지를 남기시겠습니까?

Can I have your message, please?

Would you like to leave a message?

May I take your message?

전화 바꿨습니다.

Speaking.

This is he[she].

This is he[she] speaking.

휴대전화 좀 쓸 수 있을까요?

May I use your cellphone?

Let me use your cellphone, please.

용건만 간단히 말해주세요.(전화를 혼자서만 쓰지 마세요)

Please don't hog the phone.

당신에게 전화 왔습니다.

There's a call for you.

I have a call for you now.

You are wanted on the phone.

지금 자리에 안 계십니다.

I'm afraid he[she] is not here right now.

He[She] has just stepped out.

He[She] is not in at the moment.

He[She] is out now.

그런 분 안 계십니다.

There's no one here by that name.

There's no such a person.

██ | 전화 잘못 거셨습니다.

You have the wrong number.

██ | 전화가 혼선입니다.

The lines are crossed.

The line is crossed.

██ | 다시 전화 드리죠.

I'll call you back later.

3 | 시간·날짜·날씨

██ | 지금 몇 시입니까?

Do you have the time?

What's the time?

Can you tell me the time?

What time do you have?

██ | 시간 있으세요?

Do you have time?

Can you spare a moment?

May I have a moment of your time?

██ | 저는 지금 바쁜데요.

I'm busy now.

I'm tied up now.

I have no time to spare.

그 분은 퇴근했습니다.

He's left for the day.

He's gone for the day.

He's out for the day.

잠깐 자리를 비우셨습니다.

He's just stepped out.

He's just popped out.

You've just missed him.

몇 시까지 출근합니까?

What time do you report for work?

몇 시에 퇴근합니까?

When do you get off?

오늘은 그만 합시다.

Let's call it a day.

It is so much for today.

아슬아슬했습니다.

That was close.

That was a close shave[call].

▦ | 천천히 하세요. 급하지 않습니다.

Take your time. I'm in no hurry.

▦ | 오늘이 무슨 날이죠?

What's the occasion?

▦ | 오늘이 며칠이죠?

What's the date today?

What day of the month is it today?

▦ | 오늘은 11월 1일입니다.

It's November (the) first.

It's the first of November.

▦ | 오늘이 무슨 요일이죠?

What day is (it) today?

What day of the week is (it) today?

▦ | 당신 시계가 정확한가요?

Is your watch correct?

▦ | 제 시계는 5분 빠릅니다.

My watch gains five minutes.

My watch is five minutes fast.

제 시계는 5분 느립니다.

My watch loses five minutes.

My watch is five minutes slow.

제 시계는 시간이 정확합니다.

My watch keeps good time.

오늘은 날씨가 어떻습니까?

How's the weather today?

What's the weather like today?

What's the weather forecast for today?

비가 많이 내립니다.

It's raining cats and dogs.

It's raining in torrents.

비가 오다 말다 합니다.

It's raining off and on.

오늘은 쌀쌀합니다.

It's chilly.

오늘은 매우 춥습니다.

It's biting[cutting] cold.

오늘은 덥고 습합니다.

It's hot and humid.

오늘은 매우 덥습니다.

It's muggy.

It's sizzling.

It's boiling hot.

지금 기온이 어떻게 되죠?

What is the temperature now?

아마 (화씨) 55도가량 될 거예요.

I'd say it's about 55 degree.

정말 날씨 좋죠?

It's a beautiful day, isn't it?

Nice day, isn't it?

7, 8월은 대단히 덥습니다.

July and August are sizzlers.

바깥 날씨가 어떻습니까?

How is the weather out there?

▓ 비가 올 것 같나요?

Do you think it might rain?

▓ 바깥 기온이 영하로 떨어졌겠는데요.

It must be below zero out there.

▓ 당신 고향의 기후는 어떻습니까?

What is the weather like in your hometown?

4 길 안내

▓ 시청 가는 길을 가르쳐 주세요.

Could you tell me the way to the city hall?

Where is the city hall?

Will you direct me to the city hall?

How can I get to the city hall?

▓ 여기서 시청까지 거리가 어떻게 됩니까?

How far is it from here to the city hall?

▓ 지하철로 10분 정도 걸립니다.

It takes about 10 minutes to go there by subway.

앞으로 쭉 가세요.

Go straight ahead.

Keep going straight.

길 맞은편에 있습니다.

It's across the street.

교차로에서 오른쪽으로 가세요.

Turn to the right at the intersection.

틀림없이 찾으실 겁니다.

You can't miss it.

You'll never miss it.

미안하지만 길을 모릅니다.

I'm sorry, but I am a stranger here.

I'm sorry, but I don't know this area.

I'm sorry, but I'm not familiar with this area.

청계천 가는 버스는 어디서 타면 됩니까?

Where can I take the bus to Cheonggye

Stream?

제가 아는 한에는 아닙니다.

Not that I know of.

▦ 이 버스는 어디로 갑니까?

Where is this bus bound for?

▦ 어디서 갈아타야 하죠?

Where do I have to transfer?

▦ 길을 잃었습니다.

I'm lost.

I got lost.

▦ 어디 가는 길이십니까?

Where are you heading (for)?

Where are you headed (for)?

---

5 **교통**

▦ 여기까지 어떻게 오셨습니까?

How did you come here?

▦ 지하철로요. / 걸어서요.

By subway. / On foot.

▦ 타세요.

Get in.

Hop in.

어디로 모실까요?

Where to, sir?

인천국제공항까지 갑시다.

Take me to the Incheon International Airport.

안전벨트를 매세요.

Fasten your seat belt, please.

여기서 우회전 하세요.

Take a right turn here.

여기 세워 주세요.

Please pull over right here.

Let me off here, please.

다 왔습니다.

Here you[we] are.

요금이 얼마입니까?

How much do I owe you?

What's the fare?

나는 버스로 통근합니다.

I commute by bus.

시청까지 몇 정거장 더 갑니까?

How many more stops to the city hall?

교통이 막혔다.

The traffic is jammed.

The street is jammed with traffic.

The traffic is backed-up.

The traffic is heavy.

The traffic is bumper to bumper.

The traffic is congested.

교통체증에 갇혔다.

I got stuck in traffic.

I was caught in a traffic jam.

I was tied up in traffic.

6 부탁·제안·약속

제가 창문을 열어도 됩니까?

Would you mind my opening the window?

물론이죠.(mind로 묻는 질문에 대한 대답)

Of course not.

No, I don't mind.

No, not at all.

Not in the least.

No, certainly not.

담배를 피워도 될까요?

Would[Do] you mind if I smoke?

Mind if I smoke?

Do you mind my smoking?

싫은데요.(mind로 묻는 질문에 대한 대답)

Yes, I mind.

부탁 좀 들어주시겠습니까?

May I ask a favor of you?

Will you do me a favor?

도와주시겠습니까?

Can[Would] you give[lend] me a hand?

자리 좀 맡아주시겠습니까?

Can[Would] you save my place?

차 좀 태워주시겠습니까?

Can[Would] you give me a lift[ride]?

기꺼이 해드리죠.

Sure thing.

No problem.

No sweat.

Why not?

Be my guest.

With great pleasure.

어떻게든 해보죠.

By all means.

들어보고 결정하죠.

It depends.

영화관에 가는 게 어때요?

How about going to the movies?

What do you say to going to the movies?

좋습니다.

That's a good idea.

Why not.

That would be nice.

지금 어떤 영화를 하고 있는데요?

What's on?

(약속시간을) 언제로 할까요?

When can you make it?

편하게 계세요.

Please make yourself at home.

Please make yourself comfortable.

좋으실 대로 하십시오.

Suit yourself.

Do as you please.

Have it your own way.

It's up to you.

남의 일에 상관 마세요.

Mind your own business.

It's none of your business.

7 감사·사과

대단히 감사합니다.

Many thanks.

I'm so grateful.

I'm much obliged to you.

I appreciate it.

천만에요.

You're welcome.

Not at all.

It's a pleasure.

Don't mention it.

It's my pleasure.

The pleasure is mine.

죄송합니다.

I'm sorry.

Excuse me.

Forgive me.

I beg your pardon. → 문장 끝의 억양을 내리면 '죄송합니다', 억양을 올리면 '다시 한 번 말씀해 주세요.'

괜찮습니다.

That's all right.

Never mind.

Forget it.

Don't bother.

Don't worry about it.

It doesn't matter.

어쩔 수 없었습니다.

I had no choice.

I couldn't help it.

8 공항·호텔

여권을 보여주십시오.

Please show me your passport.

Your passport, please.

탑승권을 보여주십시오.

Please show me your boarding pass.

Would you show me your boarding pass,

please?

국적이 어떻게 됩니까?

What is your nationality?

Where are you from?

방문 목적이 무엇입니까?

What's the purpose of your visit?

관광하러 왔습니다.

I am travelling for sightseeing.

I am here on a tour.

I am here to see the sights.

사업 차 왔습니다.

I am here on business.

얼마나 체류하실 예정입니까?

How long are you staying?

How long are you going to stay?

신고하실 것이 있습니까?

Anything to declare?

8시 30분 항공편에 예약해주세요.

I want to make a reservation for 8:30 flight.

Book me for the 8:30 flight, please.

편도입니까, 왕복입니까?

One way ticket or return?

예약을 재확인하고 싶습니다.

I want to reconfirm my reservation.

금연석을 원하세요, 아니면 흡연석을 원하세요?

Would you like to sit in the non-smoking or

the smoking section?

창문가를 원하세요, 아니면 통로 쪽을 원하세요?

Window seat or aisle?

빈방 있습니까?

I want a room, please.

Do you have a vacancy?

예약하셨습니까?

Do you have a reservation?

방을 예약하고 싶습니다.

I'd like to make a reservation.

I'd like to book a room.

독방의 숙박비는 얼마입니까?

What's the rate[charge] for a single room?

How much do you charge for a single room?

체크아웃 하겠습니다. 계산서 부탁합니다.

I'm checking out. Will you make out my bill?

9 은행·우체국

예금 계좌를 개설하고 싶습니다.

I'd like to open an account.

50달러를 인출(예금)하려고 합니다.

I'd like to withdraw(deposit) 50 dollars.

예금 잔고를 알고 싶습니다.

I want to know my balance.

수표를 현금으로 바꿔주십시오.

I'd like to cash this check.

수표 뒷면에 배서해주십시오.

Could you endorse the reverse side of this check, please?

잔돈으로 바꿔주시겠습니까?

Could you break this?

어떻게 바꿔드릴까요?

How do you want this?

오늘 환율이 어떻게 됩니까?

What's the exchange rate today?

이 편지를 등기우편으로 보내주십시오.

I'd like to send this letter by registered mail.

I want to register this letter.

이 편지를 속달로 부쳐주세요.

I'd like to send this letter by express delivery.

이 소포를 항공우편으로 보내주십시오.

I'd like this package sent by airmail.

50달러를 우편환으로 바꿔주십시오.

I'd like to buy a money order for 50 dollars.

---

10 식당·술집

스테이크를 어떻게 해드릴까요?

How do you like your steak?

How would you like your steak?

덜 익힌 것 / 중간 정도 익힌 것 / 바짝 익힌 것으로 주세요.

Rare / Medium / Well-done, please.

무엇을 주문하시겠습니까?

May I take your order?

저도 같은 걸로 주세요.

Same here, please.

The same for me.

주문하셨습니까?

Are you being served?

■ 네, 이미 주문했습니다.

Yes, we're already being served.

■ 커피를 어떻게 드시겠습니까?

How do you like your coffee?

■ 소금 좀 건네주세요.

Would you please pass me the salt?

Would you mind passing me the salt?

■ ~을 마음껏 드세요.

Help yourself to ~

■ 많이 먹었습니다.

I've had enough.

I'm full.

That's enough.

■ 계산서 주세요.

Check, please.

■ 서비스입니다.

This is on the house.

■■ 　제가 사겠습니다.

This is on me.

I'll pick up the tab.

Let me treat you.

Let me have the bill.

■■ 　반반씩 냅시다.

Let's go Dutch.

Let's split the bill.

Let's go halves.

Let's go fifty-fifty.

Let's go half and half.

■■ 　건배!

Cheers!

Let's make a toast!

Bottom up!

No heeltaps!

11 상점·쇼핑

■■ 　그냥 구경 중입니다.

I'm just browsing.

I'm just looking around.

■ 이것이 당신에게 잘 어울립니다.

This looks good on you.

This goes well with you.

■ 입어보시겠습니까?

Why don't you try it on?

■ 입어봐도 될까요?

Can I try it on?

May I try it on?

■ 권하시는 상품이 있습니까?

Do you have any suggestions?

■ 이건 어떻습니까?

How about this one?

How do you like this one?

■ 얼마입니까?

How much is it?

What's the price?

How much do I owe you?

How much does it cost?

■ 가격이 싸군요 / 적당하군요 / 비싸군요.

The price is low / reasonable / high.

할부로 구입할 수 있습니까?

Can I pay for this in installments?

조금 깎아주세요.

Can I get a discount on this?

Can't you cut down just a bit more?

Can you make it cheaper?

정말 싸게 드리는 겁니다. / 정말 싸군요.

It's a real bargain.

얼마 정도 원하십니까?

What's your price range?

(당신은) 바가지를 썼다.

That's a rip-off.

이것을 환불받고 싶습니다.

I'd like to get a refund on this.

영수증 있으세요?

Do you have the receipt?

12 기타

그는 전혀 손재주가 없다.

His fingers are all thumbs.

까먹었습니다.

It slipped my mind.

살다 보면 그럴 수 있죠.

Well, these things happen.

별일 아니에요.

It's no big deal.

지난 일은 잊읍시다.

Let bygones be bygones.

누구시죠?

Do I know you?

몰라보게 변했군요.

You've changed beyond recognition.

아직 결정되지 않았습니다.

It's up in the air.

땅전 한 푼도 없다.

I'm (flat / dead) broke.

설마, 농담이죠?

Are you kidding?

Are you pulling my leg?

You must be kidding.

그럴 줄 알았다니까.

That figures.

먼저 하세요.(상대에게 양보하면서)

After you, please.

Go ahead.

그건 누워서 떡 먹기죠.

It's a piece of cake.

It's a cinch.

Nothing is easier.

꼴좋다.

It serves you right.

천만에 말씀.(싫다.)

No way.

오늘 몸이 좀 안 좋다.

I'm out of sorts today.

I'm feeling off today.

I'm not feeling myself today.

I'm under the weather today.

감기 기운이 있어.

I'm coming down with a cold.

잉크가 떨어졌어요.

I've run out of ink.

내 입장에서 생각해봐.

Put yourself in my shoes.

너하고는 끝이야.(헤어지겠어.)

I'm through with you.

이 자리 비었습니까?

Is this seat occupied[taken]?

두고 보자.

You'll pay for this.

미치겠군.

It drives me mad.

It drives me nuts.

It drives me bananas.

It drives me up the wall.

It drives me crazy.

과연, 아니나 다를까.

Sure enough.

말 돌리지 말고 요점만 말해.

Don't beat around the bush.

Let's get to the point.

Let's get down to business.

Get to the bottom of this.

우연히 좋은 생각이 떠올랐다.

I have hit upon a good idea.

PART **4** 기초생활영어

적중문제

정답 및 해설
267p

BASIC DAILY CONVERSATION

part **04**

기초생활영어

001 다음 대화의 빈칸에 알맞은 것은?

> A : I like reading very much.
> B :
> A : Reading gives one pleasure.
> B : Oh, I believe it gives more than one pleasure.

① So am I.　　② So do I.
③ So it is.　　④ I do it, too.

002 다음 대화 내용 중 가장 어색한 것은?

① A : Are we still going on a picnic tomorrow? It might rain.
　B : Let's wait and see.
② A : Would you like to have a dinner with me this weekend?
　B : I'm sorry I can't make it. Can you give me a rain check?
③ A : Can you hand in the report as soon as possible?
　B : Be my guest.
④ A : Is it true that Mr. Smith is out of town?
　B : Not that I know of.

003 밑줄 친 부분에 들어갈 말로 가장 적절한 것을 고르시오.

> A : Were you here last night?
> B : Yes. I worked the closing shift. Why?
> A : The kitchen was a mess this morning. There was food spattered on the stove, and the ice trays were not in the freezer.
> B : I guess I forgot to go over the cleaning checklist.
> A : You know how important a clean kitchen is.
> B : I'm sorry. _____

① I won't let it happen again.
② Would you like your bill now?
③ That's why I forgot it yesterday.
④ I'll make sure you get the right order.

004 밑줄 친 부분에 들어갈 말로 가장 적절한 것을 고르시오.

> A : Have you taken anything for your cold?
> B : No, I just blow my nose a lot.
> A : Have you tried nose spray?
> B : _____
> A : It works great.
> B : No, thanks. I don't like to put anything in my nose, so I've never used it.

① Yes, but it didn't help.

② No, I don't like nose spray.

③ No, the pharmacy was closed.

④ Yeah, how much should I use?

005 밑줄 친 부분에 들어갈 표현으로 가장 적절한 것은?

> A : Hi, Betty. Why the long face? Do you have something on your mind?
> B : Yes, I'm worried about the exams next week. I haven't cracked a book in ages.
> A : Well, you'd better get on with it.
> B : Yes, I know I should. Do you think you could help me with my Japanese?
> A : _____.

① Sure, it's all Greek to me.

② Sorry, it's completely beyond me.

③ No way, I have a gift for it.

④ Right, I totally agree with you.

006 밑줄 친 부분에 들어갈 말로 적절하지 않은 것은?

> A : There's not a lot of variety in this men's clothing department.
> B : I know, but wouldn't you say that the quality of the clothing they have is extraordinary?
> A : _____

① I'll say!

② Without question!

③ I couldn't agree with you more!

④ Like hell they are!

007 밑줄 친 부분의 의미로 가장 적절한 것을 고르시오.

> A : Why do you have to be so stubborn?
> B : I don't know. That's just the way I am. I guess I'm just a chip off the old block.

① I'm just like my father.

② I'm just in a bad mood.

③ I just have confidence in my intuition.

④ I just like to have fun with old friends.

008 밑줄 친 부분에 들어갈 말로 가장 적절한 것은?

A : Oh, another one! So many junk emails!

B : I know. I receive more than ten junk emails a day.

A : Can we stop them from coming in?

B : I don't think it's possible to block them completely.

A : _____?

B : Well, you can set up a filter on the settings.

A : A filter?

B : Yeah. The filter can weed out some of the spam emails.

① Do you write emails often

② Isn't there anything we can do

③ How did you make this great filter

④ Can you help me set up an email account

009 대화의 흐름을 보아 밑줄 친 부분에 들어갈 가장 적절한 것은?

A : I'm sorry that I kept you waiting, but I don't feel very well today.

B : You don't look good either. What's the matter with you?

A : I had to stay up last night since my economy report is due today.

B : _____

A : No, I couldn't. I couldn't find useful references to support my position.

B : Take it easy. There is nothing that is more important than your health.

① Sorry to hear that. Did you wrap it up?

② That's too bad. Why don't you take some rest?

③ You must be relaxed now. Could you support us?

④ That's bad for health. By the way, did you find your sponsor?

010 밑줄 친 부분에 들어갈 말로 가장 적절한 것을 고르시오.

> A : May I help you?
> B : I bought this dress two days ago, but it's a bit big for me.
> A : _____
> B : Then I'd like to get a refund.
> A : May I see your receipt, please?
> B : Here you are.

① I'm sorry, but there's no smaller size.

② I feel like it fits you perfectly, though.

③ That dress sells really well in our store.

④ I'm sorry, but this purchase can't be refunded.

011 밑줄 친 부분에 들어갈 표현으로 가장 적절한 것을 고르시오.

> Tom : Frankly, I don't think my new boss knows what he is doing.
> Jack : He is young, Tom. You have to give him a chance.
> Tom : How many chances do I have to give him? He's actually doing terribly.
> Jack : _____.
> Tom : What? Where?
> Jack : Over there. Your new boss just turned around the corner.

① Speak of the devil

② I wish you good luck

③ Keep up the good work

④ Money makes the mare go

012 다음 대화의 괄호 안에 들어갈 말로 가장 적절한 것을 고르시오.

> A : Did you speak to the landlord about the plumbing?
> B : Yes, he said they'll fix both the toilet and the sink later today.
> A : (   )

① I'll put you through.

② Well, it's about time.

③ Do you know it by heart?

④ I don't want to make a trip for nothing.

013 밑줄 친 부분에 들어갈 말로 가장 적절한 것은?

> A : Would you like to try some dim sum?
> B : Yes, thank you. They look delicious. What's inside?
> A : These have pork and chopped vegetables, and those have shrimps.
> B : And, um, _____?
> A : You pick one up with your chopsticks like this and dip it into the sauce. It's easy.
> B : Okay. I'll give it a try.

① how much are they

② how do I eat them

③ how spicy are they

④ how do you cook them

014 밑줄 친 부분에 들어갈 말로 가장 적절한 것은?

> A : My computer just shut down for no reason. I can't even turn it back on again.
> B : Did you try charging it? It might just be out of battery.
> A : Of course, I tried charging it.
> B : _____?
> A : I should do that, but I'm so lazy.

① I don't know how to fix your computer.
② Try visiting the nearest service center then.
③ Well, stop thinking about your problems and go to sleep.
④ My brother will try to fix your computer because he's a technician.

015 다음 대화의 흐름으로 보아 밑줄 친 부분에 들어갈 가장 적절한 것은?

> A : Look. Here's a quiz on events of the twentieth century.
> B : Oh, _____. I'm good at history.
> A : All right. First question How long has the United Nations been in existence?
> B : Uh, since Kennedy became president in 1961.
> A : Not very well. Your answer is wrong!

① let me give it a try
② I think you'd never ask
③ I'd rather not spend on this
④ I think it works very well

016 다음 대화의 밑줄 친 곳에 들어갈 가장 적절한 것을 고르시오.

> A : May I take your order?
> B : Yes, please. I'll have a T-bone steak.
> A : _____
> B : Make it medium-well, please.

① Will there be anything else?
② What kind of dressing would you like?
③ Would you like something from the bar?
④ How would you like it?

017 다음 대화의 밑줄 친 곳에 들어갈 가장 적절한 것을 고르시오.

> A : I see you're changing the oil.
> B : Yes. It hasn't been changed for a long time.
> A : Want any help?
> B : Sure. If you don't mind.
> A : No, not at all. _____.
> B : Thanks. I appreciate it.

① I'd rather go now.
② I can't agree with you more.
③ I'd be happy to give you a hand.
④ I really don't want to trouble you.

018 밑줄 친 부분에 들어갈 말로 가장 적절한 것을 고르시오.

A : I'd like to get a refund for this tablecloth I bought here yesterday.

B : Is there a problem with the tablecloth?

A : It doesn't fit our table and I would like to return it. Here is my receipt.

B : I'm sorry, but this tablecloth was a final sale item, and it cannot be refunded.

A : _____

B : It's written at the bottom of the receipt.

① Nobody mentioned that to me.

② Where is the price tag?

③ What's the problem with it?

④ I got a good deal on it.

019 밑줄 친 부분에 들어갈 말로 가장 적절한 것을 고르시오.

A : Hello? Hi, Stephanie. I'm on my way to the office. Do you need anything?

B : Hi, Luke. Can you please pick up extra paper for the printer?

A : What did you say? Did you say to pick up ink for the printer? Sorry,

_____.

B : Can you hear me now? I said I need more paper for the printer.

A : Can you repeat that, please?

B : Never mind. I'll text you.

A : Okay. Thanks, Stephanie. See you soon.

① My phone has really bad reception here.

② I couldn't pick up more paper.

③ I think I've dialed the wrong number.

④ I'll buy each item separately this time.

020 밑줄 친 부분에 들어갈 가장 적절한 것을 고르시오.

A : Excuse me. I'm looking for Nambu Bus Terminal.

B : Ah, it's right over there.

A : Where? _____

B : Okay. Just walk down the street, and then turn right at the first intersection. The terminal's on your left. You can't miss it.

---

① Could you be more specific?

② Do you think I am punctual?

③ Will you run right into it?

④ How long will it take from here by car?

021 밑줄 친 부분에 들어갈 말로 가장 적절한 것을 고르시오.

A : Where do you want to go for our honeymoon?

B : Let's go to a place that neither of us has been to.

A : Then, why don't we go to Hawaii?

B : _____.

---

① I've always wanted to go there.

② Isn't Korea a great place to live?

③ Great! My last trip there was amazing!

④ Oh, you must've been to Hawaii already.

022 다음 대화 중 어색한 것은?

① A : This school was established in 1975.

　 B : Oh, was it?

② A : My mom is working as a teacher.

　 B : Oh, is she?

③ A : We will consider your situation.

　 B : Oh, will they?

④ A : You did a good job on your presentation.

　 B : Oh, did I?

023 밑줄 친 부분에 들어갈 말로 가장 적절한 것은?

M : Excuse me. How can I get to Seoul Station?

W : You can take the subway.

M : How long does it take?

W : It takes approximately an hour.

M : How often does the subway run?

W : _____.

---

① It is too far to walk

② Every five minutes or so

③ You should wait in line

④ It takes about half an hour

024 다음 대화의 빈칸에 가장 알맞은 것은?

> A : Thanks. Without you, I would have lost my luggage.
>
> B : _____.

① Not at all. I'm glad I helped you.

② I hope you don't have anything important in your luggage.

③ Not at all. I lost my luggage, too.

④ You're welcome. I was not here.

025 밑줄 친 부분에 들어갈 말로 가장 적절한 것을 고르시오.

> A : Every time I use this home blood pressure monitor, I get a different reading. I think I'm doing it wrong. Can you show me how to use it correctly?
>
> B : Yes, of course. First, you have to put the strap around your arm.
>
> A : Like this? Am I doing this correctly?
>
> B : That looks a little too tight.
>
> A : Oh, how about now?
>
> B : Now it looks a bit too loose. If it's too tight or too loose, you'll get an incorrect reading.
>
> A : _____.
>
> B : Press the button now. You shouldn't move or speak.
>
> A : I get it.
>
> B : You should see your blood pressure on the screen in a few moments.

① Should I check out their website?

② Right, I need to read the book.

③ Oh, okay. What do I do next?

④ I didn't see anything today.

026 밑줄 친 부분에 들어갈 말로 가장 적절한 것을 고르시오.

> A : I just received a letter from one of my old high school buddies.
>
> B : That's nice!
>
> A : Well, actually it's been a long time since I heard from him.
>
> B : To be honest, I've been out of touch with most of my old friends.
>
> A : I know. It's really hard to maintain contact when people move around so much.
>
> B : You're right. _____ _____. But you're lucky to be back in touch with your buddy again.

① The days are getting longer

② People just drift apart

③ That's the funniest thing I've ever heard of

④ I start fuming whenever I hear his name

027 다음 대화의 빈칸에 가장 알맞은 것을 고르시오.

> A : Are you getting along well with the new manager?
> B : Sure. He is competent and modest. How about you?
> A : I can't complain. I think the world of him.
> B : _____.

① I can't make it even.

② I'll ask him to reconsider.

③ It's important to think ahead.

④ It's lucky to have him with us.

028 대화 중 가장 어색한 것은?

① A : What was the movie like on Saturday?

　B : Great. I really enjoyed it.

② A : Hello. I'd like to have some shirts pressed.

　B : Yes, how soon will you need them?

③ A : Would you like a single or a double room?

　B : Oh, it's just for me, so a single is fine.

④ A : What time is the next flight to Boston?

　B : It will take about 45 minutes to get to Boston.

029 다음 대화의 빈칸에 가장 알맞은 것을 고르시오.

> A : Daniel, can we talk for a minute?
> B : Sure, just _____ a minute while finishing painting this wall.

① come up

② hang on

③ hold up

④ call on

030 다음 대화의 빈칸에 가장 알맞은 것을 고르시오.

> A : Be sure to meet the deadline.
> B : Don't worry a bit, we won't ___ _____.

① have you down

② put you down

③ pull you down

④ let you down

part **04**

기초생활영어

221

031 다음 대화의 흐름으로 보아 빈칸에 들어갈 가장 적절한 것을 고르시오.

> A : You know, I'm getting transferred to Seoul.
> B : Seoul? Is that good or bad?
> A : Oh, I was hoping for it.
> B : _____.

① I really wanted to go to Seoul

② Oh, it's not easy for me

③ In that case, I'm happy for you

④ I appreciate your patience transfer

032 밑줄 친 부분에 가장 적절한 것은?

> A : I saw the announcement for your parents' 25th anniversary in yesterday's newspaper. It was really neat. Do you know how your parents met?
> B : Yes. It was really incredible, actually, very romantic. They met in college, found they were compatible, and began to date. Their courtship lasted all through school.
> A : No kidding! That's really beautiful. I haven't noticed anyone in class that I could fall in love with!
> B : _____. Oh, well, maybe next semester!

① Me neither

② You shouldn't blame me

③ It is up to your parents

④ You'd better hang about with her announcement

033 다음 대화의 흐름으로 보아 밑줄 친 부분에 들어갈 가장 적절한 표현을 고르시오.

> A : As beginners, we just have to take it on the chins and move on.
> B : _____.

① Don't talk around.

② You make no sense.

③ Oh, it's on the tip of my tongue.

④ You are telling me.

034 대화의 빈칸에 들어갈 말로 가장 적절한 것을 고르시오.

> A : Would you like to get some coffee?
> B : That's a good idea.
> A : Should we buy Americano or Cafe-Latte?
> B : It doesn't matter to me. _____ _____.
> A : I think I'll get Americano.
> B : Sounds great to me.

① Not really.

② Suit yourself.

③ Come see for yourself.

④ Maybe just a handful or so.

035 대화의 빈칸에 들어갈 말로 가장 적절한 것을 고르시오.

> A : _____.
> B : Today is Monday, so you can have it until next Monday.
> A : Can I have the book for a few more days?
> B : No. Books borrowed should be re-turned within one week.
> A : Is there any way to keep this book for around 10 days?
> B : Well, I'm afraid there isn't. You'll just have to renew the book for another week.

① What date is it?

② When is this book due?

③ I'd like to return this book.

④ This book can be checked out in due form, right?

036 다음 대화의 흐름상 밑줄 친 부분에 들어갈 가장 적절한 표현은?

> A : I got my paycheck today, and I didn't get the raise I expected to get.
> B : There is probably a good reason.
> C : You should _____ right away and talk to the boss about it.
> A : I don't know. He might still be mad about the finance report last week.

① take the bull by the horns

② let sleeping dogs lie

③ give him the cold shoulder

④ throw in the towel

037 두 사람의 대화 중 가장 어색한 것은?

① A : When is the payment due?

  B : You have to pay by next week.

② A : Should I check this baggage in?

  B : No, it's small enough to take on the plane.

③ A : When and where shall we meet?

  B : I'll pick you up at your office at 8 : 30.

④ A : I won the prize in a cooking contest.

  B : I couldn't have done it without you.

038 밑줄 친 부분에 들어갈 말로 가장 적절한 것은?

A : Hello. I need to exchange some money.
B : Okay. What currency do you need?
A : I need to convert dollars into pounds.
What's the exchange rate?
B : The exchange rate is 0.73 pounds for every dollar.
A : Fine. Do you take a commission?
B : Yes, we take a small commission of 4 dollars.
A : _____?
B : We convert your currency back for free. Just bring your receipt with you.

① How much does this cost
② How should I pay for that
③ What's your buy-back policy
④ Do you take credit cards

039 다음 대화의 밑줄 친 부분에 가장 적절한 표현을 고르시오.

A : Let me help you with that luggage.
B : _____. I have a cart to put my suitcases on.

① Thanks a lot　　② I hope so
③ Be my guest　　④ Don't bother

040 밑줄 친 부분에 들어갈 말로 가장 적절한 것은?

A : Thank you for calling the Royal Point Hotel Reservations Department. My name is Sam. How may I help you?
B : Hello, I'd like to book a room.
A : We offer two room types : the deluxe room and the luxury suite.
B : _____?
A : For one, the suite is very large. In addition to a bedroom, it has a kitchen, living room and dining room.
B : It sounds expensive.
A : Well, it's $ 200 more per night.
B : In that case, I'll go with the deluxe room.

① Do you need anything else
② May I have the room number
③ What's the difference between them
④ Are pets allowed in the rooms department

041 다음 대화의 빈칸에 들어갈 말로 가장 적절한 것은?

A : Have you been served?
B : _____.

① Yes, I'm on my way.
② It was a close call.
③ Yes, I'm being waited on.
④ Please let go of my hand.

042 다음 대화의 빈칸에 들어갈 말로 가장 적절한 것은?

A : Tim, we have a staff meeting around four, don't we?
B : You're right. I'm glad you reminded me. I almost forgot.
A : Do you have any idea what's on the agenda today?
B : I think that we're dealing with new strategies for raising sales figures.
A : _____.
B : Me too. I thought last week's meeting was never going to end.

① Did you see all those data at the last meeting?
② I guess we are out of time. Don't you think so?
③ I hope the meeting doesn't drag on like last time.
④ I feel like most decisions at the last meeting were too hasty.

043 밑줄 친 부분에 들어갈 말로 가장 적절한 것은?

A : Do you know how to drive?
B : Of course. I'm a great driver.
A : Could you teach me how to drive?
B : Do you have a learner's permit?
A : Yes, I got it just last week.
B : Have you been behind the steering wheel yet?
A : No, but I can't wait to _____ _____.

① take a rain check
② get my feet wet
③ get an oil change
④ change a flat tire

044 밑줄 친 부분에 들어갈 표현으로 가장 적절한 것은?

A : What are you doing?
B : I'm looking at my calendar. I have a dental appointment tomorrow.
A : Tomorrow? But we're going to Jim's wedding tomorrow.
B : Yes, I know. _____.
A : Is it for a regular checkup?
B : No. It's just for the cleaning.

① You must cancel the appointment
② You have to mark it on the calendar
③ I don't want to see my doctor
④ I need to reschedule it dental

045 밑줄 친 부분에 들어갈 말로 가장 적절한 것은?

John : Excuse me. Can you tell me where Namdaemun Market is?

Mira : Sure. Go straight ahead and turn right at the taxi stop over there.

John : Oh, I see. Is that where the market is?

Mira : _____.

① That's right. You have to take a bus over there to the market.

② You can usually get good deals at traditional markets.

③ I don't really know. Please ask a taxi driver.

④ Not exactly. You need to go down two more blocks.

046 밑줄 친 부분에 들어갈 말로 가장 적절한 것을 고르시오.

A : Can I ask you for a favor?

B : Yes, what is it?

A : I need to get to the airport for my business trip, but my car won't start. Can you give me a lift?

B : Sure. When do you need to be there by?

A : I have to be there no later than 6 : 00.

B : It's 4 : 30 now. _____ _____. We'll have to leave right away.

① That's cutting it close

② I took my eye off the ball

③ All that glitters is not gold

④ It's water under the bridge

047 밑줄 친 부분에 들어갈 표현으로 가장 적절한 것은?

> A : My sister will be coming into town next week.
> B : Is she the one who writes articles for the Financial Times?
> A : Right. Why don't you come over next Sunday to meet her?
> B : I'd love to, but I can't. _____
> _____.
> A : Certainly. She'll be here for a week. So just let me know when you can come.
> B : Ok! I will be very interested in seeing her.

① I can't come up with anything about her.

② Mind if I pick up the tab?

③ It couldn't be better.

④ Can you give me a rain check on that?

048 다음 대화의 빈칸에 가장 알맞은 것을 고르시오.

> A : Oh, that was a wonderful dinner. That's the best meal I've had in a long time.
> B : Thank you.
> A : Can I give you a hand with the dishes?
> B : Uh-uh, _____. I'll do them myself later. Hey, would you like me to fix some coffee?
> A : Thanks a lot, I'd love some. Would you mind if I smoke?
> B : Why, not at all. Here, let me get you an ashtray.

① help yourself

② don't bother

③ if you insist

④ here they are

049 밑줄 친 부분에 들어갈 가장 알맞은 표현은?

A : Hello, Susan.

B : Hello, David. Are you and Mary free this Saturday?

A : Saturday? She would go shopping, but I'm not sure. Why do you ask?

B : I thought I would invite you guys to dinner.

A : Well, let me check again with her and give you a ring this evening.

B : Sounds good. _____ _____ .

① I'll be waiting for your call

② You should have made it on time.

③ Thank you for having me, David.

④ How could you stand me up like this?

050 밑줄 친 부분에 들어갈 가장 알맞은 표현은?

A : The first thing you should consider when buying a used car is the mileage.

B : That's what I've heard. _____ _____ .

A : Yes. You should always look at the amount of rust it has.

B : That's good to know.

① How can you tell if it is a used one?

② Do you know how long the engine will last?

③ How much mileage do I need?

④ Is there anything else I should watch out for?

정답 및 해설

HYUNDAI MOTORS

PART 1

적중문제
정답 및 해설

▌ 자동차 구조학

001	①	002	②	003	①	004	④	005	④
006	③	007	③	008	②	009	②	010	③
011	①	012	①	013	③	014	②	015	④
016	②	017	③	018	④	019	③	020	②
021	④	022	④	023	①	024	②	025	③
026	④	027	①	028	①	029	③	030	②
031	①	032	②	033	③	034	③	035	①
036	③	037	③	038	②	039	②	040	③
041	④	042	④	043	③	044	①	045	④
046	②	047	④	048	①	049	③	050	②
051	④	052	①	053	②	054	③	055	③
056	①	057	④	058	②	059	③	060	②
061	①	062	②	063	②	064	③	065	②
066	④	067	②	068	③	069	①	070	②
071	③	072	③	073	②	074	④	075	①
076	②	077	①	078	④	079	②	080	②
081	④	082	③	083	④	084	②	085	③
086	③	087	①	088	②	089	①	090	③
091	②	092	④	093	②	094	③	095	①
096	②	097	④	098	②	099	②	100	④
101	②	102	①	103	②	104	③	105	④
106	③	107	①	108	②	109	④	110	③
111	①	112	②	113	②	114	③	115	③
116	②	117	②	118	④	119	②	120	①
121	④	122	②	123	①	124	②	125	②

[001~125]

001 정답 ①

승합자동차란 11인 이상의 운송에 적합하게 제작된 자동차로서, 내부의 특수한 설비로 승차 인원이 10인 이하로 된 자동차를 포함한다.

002 정답 ②

앞엔진 앞바퀴 구동식(FF구동식)은 기관, 클러치, 변속기 등이 앞쪽에 있고 앞바퀴가 구동 · 조향바퀴 역할을 한다. 기관과 동력전달장치가 뒤쪽에 있고 뒷바퀴에 의해 구동되는 형식은 앞엔진 뒷바퀴 구동식(FR구동식)이다.

003 정답 ①

앞엔진 앞바퀴 구동식(FF구동식)은 추진축이 필요 없으므로 바닥이 편평하다는 장점이 있다.

004 정답 ④

수소전기자동차는 내연기관 자동차가 아니라 친환경 자동차에 해당한다. 내연기관 자동차는 엔진을 사용하는 자동차로, 가솔린 자동차, 디젤 자동차, 바이오디젤 자동차, LPG 자동차, 천연가스 자동차 등이 있다.

005 정답 ④

자동차의 진행방향을 임의로 바꾸기 위한 장치는 조향장치이다.

006 정답 ③

현가장치는 프레임과 차축 사이에 완충기구를 설치하여 노면의 진동 · 충격을 완화함으로써 승차감을 높이고 자동차의 손상을 방지한다. ①은 조향장치, ②는 동력전달장치, ④는 제동장치에 대한 설명이다.

007 정답 ③

전기장치에 대한 설명이다.

008 정답 ②

전장이란 자동차의 앞부분부터 뒷부분까지의 길이 또는 앞 범퍼에서 뒷 범퍼까지의 길이를 말한다. ①은 전폭, ③은 전고, ④는 윤간거리에 대한 설명이다.

009 정답 ②

공차 중량(차량중량)은 운행에 필요한 규정량을 다 채운 상태의 무게로, 연료 · 냉각수 · 윤활유 등을 가득 채운 공차 상태의 무게이다. 운전자의 중량은 포함되지 않는다.

010 정답 ③

엔진실린더에서 피스톤이 밀려나는 힘은 토크이다. 토크가 높을수록 가속성능이 좋다. 구동력은 동력기구(자동차)를 움직이는 힘으로, 구동륜에 전달되어 노면과 마찰에서 발생되는 저항을 이기고 차량을 움직이게 한다.

011 정답 ①

환경친화적 자동차는 전기자동차, 태양광자동차, 하이브리드 자동차, 수소전기자동차 등 에너지소비효율과 저공해자동차의 기준, 자동차의 성능 등 기술적 세부사항 기준에 적합한 자동차를 말한다.

012 정답 ①

전기자동차를 충전할 때는 ② · ③ · ④ 외에도 전기차 충전 용도 이외의 용도로 사용하지 말 것, 절대 손으로 플러그와 충전구를 만지지 말 것, 충전기를 임의로 분해하거나 충격을 주지 말 것, 충전이 완료되기 전에 커넥터를 분리하고 할 경우 푸쉬 버튼을 누르고 사용자 인증 후 플러그를 분리할 것 등이 있다.

013 정답 ③

엔진이 정지하였다고 하이브리드 시스템이 정지 상태라고 판단해서는 안 된다.

014 정답 ②

세이프티 스위치(안전 스위치)는 고전압 배터리 내부 회로를 연결 또는 차단하는 역할을 한다.

015 정답 ④

하이브리드 자동차 특화시스템 점검 수행 순서를 바르게 나열한 것은 ④이다.

016 정답 ②

고전압 배터리의 기능은 출력 보조 시 전기를 공급하고, 충전 시 전기를 저장하는 기능을 한다.

017 정답 ③

스택(STACK)은 수소연료전지 자동차의 구성에 해당한다. 전기자동차의 구성에는 배터리 팩, 모터, 모터 제어기, LDC(DC–DC 변환기), VCU(vehicle control unit), 완속 충전기, 진공펌프, 세이프티 스위치 등이 있다.

018 정답 ④

전기자동차는 충전시간이 길고 수리비용이 비싸다는 것이 단점이다. 그 외 단점으로는 주행거리가 상대적으로 짧고, 차량 가격이 비싸다.

019 정답 ③

수소의 경우 연료로서의 성능은 우수하나 보관성은 좋지 않다. 수소를 액화하여 저장하는 것이 어렵고, 위험성을 수반하고 있어 수소의 공급 및 저장 인프라에 문제가 있다.

020 정답 ②

연료전지 자동차에서 배출되는 배출가스의 양은 내연기관보다 훨씬 적다.

정답
및
해설

021   정답 ④

신냉매(R-134a)의 특성
• 무색, 무취, 무미, 불연성이며 독성이 없다.
• 화학적으로 안정되어 다른 물질과 반응하지 않는다.
• 오존층을 파괴하는 염소가 없어 오존 파괴계수가 0이다.
• R-12와 유사한 열역학적 성질이 없다.

022   정답 ④

타이어 공기압이 과소한 경우 충격량 흡수가 많아져 승차감이 향상된다. 이외에도 타이어의 과다운동으로 발열이 증가하고 코드와 고무가 손상될 수 있으며, 접지면적 증가로 타이어의 구름저항이 증가해 연비가 감소한다. ① · ② · ③은 공기압이 과다한 경우에 나타나는 현상이다.

023   정답 ①

차량에서 기름 타는 냄새가 나는 경우 엔진오일 누수를 의심해 봐야 한다. 달착지근한 냄새는 냉각수 누출, 고무 타는 냄새는 전기 배선 이상, 종이 타는 냄새는 브레이크 패드 · 라이닝의 비정상적 마모와 관련된다.

024   정답 ②

디젤자동차가 배출하는 유해 물질로는 일산화탄소, 탄화수소, 질소산화물, 입자상물질, 매연 등이 있다.

025   정답 ③

하대 오프셋은 적재함의 내측 길이의 중심에서 뒤 차축 중심까지의 차량 중심선 방향의 수평거리를 말한다.

026   정답 ④

LPG, 천연가스, 석탄가스 등의 가스를 연료로 하는 내연기관은 가스엔진(LPG엔진)이다. 석유엔진은 등유를 연료로 하는 내연기관이다.

027   정답 ①

①은 4행정 사이클 엔진에 대한 설명이다. 2행정 사이클은 흡입, 압축, 폭발, 배기 4가지의 행정이 한 사이클을 완료하는 형식으로, 크랭크축이 1회전할 때 사이클이 완료된다(흡입 · 압축 – 폭발 · 배기 순).

028   정답 ①

엔진 출력을 증대시키는 방법
• 흡기 압력을 높여서 흡기의 비중량을 크게 함
• 흡기구의 위치를 낮게 설치하여 흡기온도를 낮게 함
• 압축비를 증대하고 와류를 형성하여 혼합이 잘 되도록 함
• 배기 밸브 직후 압력인 배압을 감소시켜 잔류가스양을 감소시킴
• 흡기 및 배기 때의 유동저항을 감소시킴

029   정답 ③

실린더 블록의 냉각방식에는 냉각수가 라이너에 직접 접촉하지 않는 건식과 냉각수가 직접 작용하는 습식 방식이 있다. 실린더 블록은 4~6개가 일체를 이루고 이루는 블록구조로서, 내부에 물과 오일통로 등이 있으며 블록위에는 실린더 헤드가 있다.

030   정답 ②

습식 라이너는 열팽창과 누설을 고려하여 2~3개의 고무 실링이 삽입되어 있는 것이 특징이다. 건식 라이너는 냉각수가 직접 접촉하지 않는 형식이며, 두께는 2~4mm로 비교적 얇다.

031   정답 ①

밸브 간극이 클 경우 밸브 열림 기간이 짧아 흡배기 시 완전하게 열리지 못하고, 효율이 저하되며, 잡음이 심하고 충격이 있어 파손을 초래한다. 간극이 작을 경우는 밸브 열림 기간이 길어 기밀유지가 안되고 엔진 출력이 감소하며, 푸시로드가 휘고 각 부분에 이상 마모가 발생한다.

032   정답 ②

서징현상 방지법
• 부등 피치 스프링이나 원추형(cone) 스프링 사용
• 고유 진동수가 다른 2중 스프링 사용

033   정답 ③

유압식 리프터
- 윤활장치에서 공급되는 유압을 이용하며, 항상 밸브 간격을 0으로 유지
- 밸브 간극의 점검이나 조정이 필요 없음
- 오일펌프나 유압회로의 고장 시 작동이 불량하고, 구조가 복잡

034   정답 ③

피스톤의 구비조건은 고온·고압에 견디고 열전도성이 클 것, 열팽창률이 적을 것, 무게가 가볍고 피스톤 상호간 무게 차이가 적을 것, 가스나 오일의 누출을 방지할 것 등이다.

035   정답 ①

피스톤 링의 3대 작용: 기밀유지(밀봉), 오일제어, 열전도(냉각) 작용

036   정답 ③

플라이휠은 크랭크축의 주기적 파동을 막아 엔진의 회전속도를 고르게 하는 기능을 한다.

037   정답 ③

'제동 열효율(정미 열효율) = 도시 열효율 × 기계 효율'로 구한다. 불완전 연소로 30%, 냉각 손실로 25%의 열손실이 발생하였으므로, 도시 열효율은 '100% − (30% + 25%) = 45%(0.45)'이다. 따라서 '제동 열효율(정미 열효율) = 0.45 × 0.8 = 0.36(36%)'이다.

038   정답 ②

유압 조절기는 오일펌프 송출구에 설치되어 회로의 높은 압력을 일정하게 함으로써 배관이나 개스킷의 누설을 방지한다.

039   정답 ②

공랭식은 엔진을 냉각하는 방식의 하나이다. 엔진의 윤활방식으로는 비산식과 비산압송식, 압송식(압력식), 혼기식(혼합식)이 있다.

040   정답 ③

엔진오일은 엔지 가동 전 정지 상태에서 F눈금 가까이 있어야 정상이라 할 수 있다.

041   정답 ④

수랭식은 실린더 주위에 냉각수를 두어 엔진을 냉각하는 방식으로, 공랭식 보다 구조가 복잡하나 냉각작용이 우수하여 자동차는 대부분 수랭식을 채택하고 있다.

042   정답 ④

수온조절기는 수랭식의 구성부품으로, 실린더 헤드의 냉각수 통로에 설치되어 냉각수 온도를 75~85도 정도로 적절하게 조절한다.

043   정답 ③

시동 시 회전저항이 커지고 연료 응결로 연소가 곤란한 것은 엔진 과냉의 영향으로 발생한다.

044   정답 ①

부동액은 냉각수의 응고점을 낮추어 엔진의 동파를 방지하고 비등점을 높여 엔진의 과열을 방지하는 장치로, 냉각수와 혼합이 잘 되어야 한다.

045   정답 ④

라디에이터는 공기 저항이 작아야 한다.

046   정답 ②

연료탱크는 세퍼레이터(연료의 흔들림 방지)와 연료 센더(연료량을 계기판에 표시)로 구성된다. 연료펌프는 연료를 흡입·송출하는 장치로, 기계식 연료펌프와 전기식 연료펌프, 연료 진공 조합식 펌프로 구분된다.

047 정답 ③

연료펌프 부품의 기능
- **사일런서(silencer)**: 펌프에서 송출되는 연료는 맥동적으로 송출되므로 연료의 맥동을 흡수하고 소음을 방지
- **체크 밸브**: 연료 라인에 잔압을 유지하고 베이프 록 방지, 엔진 재시동을 향상시키는 역할
- **안전 밸브**: 연료 라인 내의 압력이 규정 압력 이상으로 상승하는 것을 방지

048 정답 ①

전자식 연료분사장치는 기화기보다 정밀한 혼합비 제어가 가능하며, 연소효율이 높은 것이 특징이다.

049 정답 ③

웨스트 게이브 밸브는 과급압력이 설정된 압력 이상으로 되었을 경우 밸브가 열려 터빈에 유입되는 배기가스를 터빈 출구로 바이패스시켜 터빈 출력을 제어하고, 과급압력을 조정하는 역할을 한다.

050 정답 ②

인젝터는 각 실린더 흡입밸브 앞쪽에 설치되며 ECU(Electronic Control Unit)의 제어 신호를 받아 연료를 분사한다. ECU는 자동차의 다양한 장치를 제어하는 전자제어유닛이다.

051 정답 ④

직접 분사식의 장점
- 실린더 헤드의 구조가 간단해 열효율이 높고 연료소비율이 적다.
- 연소실 체적에 대한 표면적 비율이 작아 냉각손실이 적다.
- 기관 시동이 쉽고, 열변형이 적다

직접 분사식의 단점
- 분사압력이 높아 분사펌프나 노즐의 수명이 짧다.
- 사용연료의 변화에 민감하여 노크를 일으키기 쉽다.
- 부하변동에 민감하다.

052 정답 ①

디젤 노크 방지 대책
- 압축비를 크게 하여 압축온도와 압력을 높일 것
- 분사량을 줄이고, 분사시기를 조정할 것
- 흡입공기에 와류를 줄 것
- 엔진, 냉각수의 온도를 높일 것
- 착화성이 좋은 연료를 사용할 것
- 회전속도를 느리게 할 것

053 정답 ②

LPG 연료의 경우 탱크를 고압 용기로 사용하기 때문에 중량이 증가하고 연료의 보급이 불편하며, 트렁크 사용공간이 협소해지는 단점이 있다.

054 정답 ③

옥탄가가 130으로 가솔린(100)보다 높아, 연소 시 폭발우려가 높다.

055 정답 ③

배기다기관은 실린더에서 배출되는 가스를 모아 소음기로 보내는 장치이고, 촉매장치는 연소 후 발생되는 배기가스의 유해물질을 산화·환원반응을 통해 무해물질로 변환하는 장치이다.

056 정답 ①

배기가스 재순환장치(EGR)는 질소산화물 배출을 저감시키기 위해 배기가스 중 일부를 배기다기관에서 빼내어 흡기다기관으로 순환·연소시키는 장치이다.

057 정답 ④

유독성 배기가스 중 맹독성이고 공기 중의 습기와 반응하여 질산으로 변하며, 폐기능을 저하시키고 광화학 스모그의 주요 원인이 되는 배기가스는 질소산화물(NOx)이다.

058   정답 ③

입자상물질(PM)은 호흡이나 음식물을 통해 인체에 축적되어 호흡기능 저하, 신장 마비 및 빈혈을 일으키는 물질이다. 입자상물질에는 먼지, 분진, 에어로졸, 훈연, 미스트, 연기, 안개, 스모그, 검댕 등이 있다.

059   정답 ③

클러치는 회전부분의 평형이 좋아야 하고, 회전관성이 적어야 한다.

060   정답 ②

클러치 페달이나 시프트 포크에 틈새(유격)가 없을 때 미끄러짐이 발생한다.

061   정답 ①

변속기(트랜스미션)는 엔진에서 발생한 동력을 속도에 따라 필요한 회전력으로 바꾸어 구동바퀴에 전달하는 장치이다.

062   정답 ④

스퍼기어는 평기어로서 측압이 거의 없는 반면, 헤리컬 기어는 측압이 많이 발생되므로 와셔로 조정해야 한다.

063   정답 ②

자동변속기는 엔진이 멈추는 일이 적어 운전이 편리한 장점이 있으나, 연료소비가 많다는 단점이 있다.

064   정답 ③

자동변속기의 오일은 엔진이 공회전 상태에서, 선택 레버 위치는 중립(N)에 두고 점검해야 한다.

065   정답 ②

슬립이음은 뒷 차축의 상하운동 시 축의 길이 변화에 대응한다. 밸런스 웨이트는 평형을 유지하기 위해 설치된다.

066   정답 ④

하이포이드 기어의 장점
- 추진축의 높이를 낮게 할 수 있다.
- 기어의 물림 율이 커서 회전이 정숙하다.
- 장비의 전고가 낮아 안정성이 향상된다.
- 차실 바닥이 낮게 되어 거주성이 향상된다.
- 종감속비가 크면 등판 성능 및 가속 성능이 향상된다(고속 주행 성능은 저하됨).

067   정답 ②

차축과 프레임 사이에 스프링을 설치하여 노면에서 받는 충격과 진동을 흡수 · 완화하는 차대의 받침 장치를 현가장치라 한다.

068   정답 ③

스프링의 진동수는 하중에 반비례하므로, 스프링 상수를 일정하게 하고 하중을 증가시키면 진동수는 감소한다.

069   정답 ①

일체차축 현가장치의 특성
- 차축의 위치를 정하는 링크나 로드가 필요 없다.
- 구조가 간단하고 부품수가 적다.
- 자동차가 선회 시 차체의 기울기가 적다.
- 스프링 아래 질량이 크므로 승차감과 안정성이 떨어진다.
- 앞바퀴에 시미가 발생되기 쉽다.

070   정답 ②

조향각 센서는 차량의 직진 위치를 기준으로 하여 조향휠의 회전각, 조향휠의 회전 각속도를 검출하여 이에 관한 정보를 전자제어유닛(ECU)으로 보내 차량의 롤링 제어나 선회 제어 등을 수행하도록 하는 장치이다.

071   정답 ③

조향기어 비는 조향휠 회전각도와 피트먼암 회전각도와의 비를 말하며, 조향기어 비가 크면 조향조작력이 가벼우나 조향 조작이 늦고, 작으면 조작은 신속하나 힘이 많이 소요된다. 조향기어는 조향휠의 회전을 감속하는 동시에 차의 진행방향

을 바꾸어 주는 장치로, 가역식과 비가역식, 반가역식이 있다

---

072 정답 ③

조향장치의 구비조건
- 조향 핸들의 회전과 바퀴의 선회차가 크지 않을 것
- 주행 중에 충격에 영향을 받지 않을 것
- 회전 반경이 작고 조작하기 쉬우며, 방향 전환이 원활할 것
- 고속주행에서도 조향핸들이 안정적일 것

---

073 정답 ②

조향핸들이 한쪽으로 쏠리는 원인
- 브레이크 라이닝 간격 조정 불량
- 타이어의 공기 압력의 불균형
- 휠의 평형상태 및 앞바퀴 얼라인먼트 불량
- 휠 실린더 작동 불량
- 쇽업소버의 불량
- 허브 베어링 마모
- 조향 너클의 불량
- 라이닝 오일 부착
- 뒷 차축의 셋백 불량

---

074 정답 ④

타이어 밸런스가 불량한 경우는 시미(핸들 떨림)나 트램핑 현상이 발생하며, 조향 핸들이 무거워지는 원인으로 보기 어렵다.

---

075 정답 ①

주행 중 핸들이 떨리는 원인으로는 타이로드 엔드와 조인트 등 각 부품의 마모로 인한 유격 과다, 엔진 마운틴 브래킷의 노후 손상, 쇽업쇼버의 작동 불량, 휠 얼라인먼트 불량, 스프링 장력 감소 등이 있다.

---

076 정답 ②

자동차 법규에 따라 허용되는 유격의 범위는 유격거리가 조향핸들 지름의 12.5% 이내이어야 한다.

---

077 정답 ①

앞바퀴 정렬은 캠버(Camber), 킹 핀 경사각(King Pin Angle), 토인(Toe-in) 및 캐스터(Caster)의 4개 요소로 되어 있다. 그 기능은 다음과 같다.
- 조향핸들을 작은 힘으로 쉽게 할 수 있다.
- 조향핸들 조작을 확실하게 하고 안전성을 준다.
- 조향핸들에 복원성을 준다.
- 타이어 마모를 최소로 한다.

---

078 정답 ④

앞바퀴 정렬의 예비 점검사항
- 모든 타이어의 공기압을 규정 값으로 조정
- 허브 베어링의 유격, 볼 조인트 및 타이로드 엔드의 유격
- 현가장치의 피로 상태
- 조향 링키지의 헐거움·마모·체결상태
- 쇼버의 오일 누출

---

079 정답 ②

동력조향장치의 단점으로는 구조가 복잡하고 값이 비싸고, 고장이 발생하면 정비가 어려우며, 오일펌프 구동에 엔진의 출력이 일부 소비된다는 것이 있다.

---

080 정답 ②

파워스티어링은 주행속력이 낮을 때나 정차 시 스티어링 조작을 가볍게 해 주고, 고속 주행을 할 때는 주행안전상 세밀한 조작이 요구되므로 조작을 일부러 무겁게 하여 운전 편의를 도모하고 안전도를 향상시킨다.

---

081 정답 ④

제동장치는 차를 감속·정지시키기 위한 장치로, 운동에너지를 열에너지로 바꾸어 제동한다.

---

082 정답 ③

브레이크 드럼의 구비조건
- 정적·동적 평형이 잡혀있다.
- 브레이크가 확장되었을 때 충분한 강성이 있고 변형되지 않는다.

- 마찰 면에 충분한 내마멸성이 있다.
- 방열이 잘 되며, 가볍다.

083 정답 ④

디스크 브레이크의 장점
- 대기 중에 노출되어 회전하기 때문에 방열성이 좋고 페이드 현상이 적다.
- 드럼 브레이크에 비하여 브레이크의 평형이 좋다.
- 한쪽만 편 제동되는 경우가 적다.
- 제동력의 변화가 적어 제동성능이 안정된다.
- 이물질이 묻어도 쉽게 털어내며, 점검과 조정이 용이하다.

디스크 브레이크의 단점
- 패드는 강도가 큰 재료로 만들어야 한다.
- 마찰 면적이 작아 패드를 압착하는 힘이 증가한다.
- 자기 작동 작용을 하지 않는다.

084 정답 ②

베이퍼 록의 원인
- 오일 불량 및 비점이 낮은 브레이크 오일 사용 시
- 긴 내리막길에서 과도한 제동 시
- 드럼과 라이닝의 끌림에 의한 가열
- 실린더, 슈 리턴스프링의 쇠손에 의한 잔압 저하

085 정답 ③

유압식 제동장치에서 브레이크 라인 내에 잔압을 두는 목적은 브레이크 작동을 신속하게 하고 유압회로에 공기가 침입하는 것을 방지하며, 베이퍼 록 현상을 방지하기 위해서이다. 페이드 현상을 방지하기 위해서는 디스크 브레이크를 사용한다.

086 정답 ③

유압식 브레이크는 유압계통의 파손이나 오일의 유입 시 제동력이 상실되며, 베이퍼록 현상이 발생하기 쉬운 단점이 있다. 유압식 브레이크는 유압을 이용해 제동력을 얻는 구조로, 제동력이 각 바퀴에 균일하게 공급되며 마찰 손실이 적다는 것이 장점이다.

087 정답 ①

브레이크를 밟으면 공기 밸브가 열려 대기압이 동력 피스톤 뒤쪽에 공급되어 배력이 발생한다.

088 정답 ②

브레이크의 제동력 저하 원인
- 브레이크 오일 부족
- 브레이크 유압장치에 공기 혼입
- 패드 · 라이닝의 마멸 및 오일 부착

089 정답 ①

제동 후 브레이크가 풀리지 않는 원인
- 드럼과 라이닝의 소결
- 푸시로드의 길이가 너무 길게 조정
- 마스터 실린더의 리턴 구멍의 막힘
- 마스터 실린더의 리턴스프링 불량

090 정답 ④

퀵 릴리스 밸브는 브레이크 양쪽 챔버에 설치되어 제동 시 압축공기를 브레이크 챔버로 흐르게 하고, 제동 후 브레이크 페달을 놓으면 챔버 내의 공기를 배출하는 기능을 수행하여 브레이크가 빠르고 확실하게 풀리도록 한다.

091 정답 ②

오일의 구비조건
- 알맞은 점도를 가지며, 온도에 대한 점도 변화가 없을 것
- 빙점(어는점)이 낮고, 인화점이 높을 것
- 비점이 높아 베이퍼 록을 일으키지 않을 것
- 내부 마찰이 적고, 윤활 성능이 있을 것

092 정답 ④

ABS(전자제어 제동장치)에는 페일 세이프의 기능이 있어 고장 발생 시 수동조작이 가능하여 이상 없이 제동할 수 있다.

정답
및
해설

093
정답 ②

휠의 구비조건은 직경과 강성 · 탄성 크고 방열성이 우수하며, 경량이고 교환이 용이해야 한다.

094
정답 ③

타이어의 구조에 해당되는 것으로는 트레드(tread), 브레이커(breaker), 카커스(carcass), 사이드 월(side wall), 비드 및 비드 와이어(bead with bead wire), 공기누설을 방지하는 구조의 고무막 등이 있다. 스태빌라이저(stabilizer)는 롤링을 방지하는 현가장치이다.

095
정답 ①

트레드(tread)는 노면에 접촉되는 고무 부분으로, 미끄럼 방지(견인력 증대)와 열의 방산을 담당한다.

096
정답 ④

튜브 리스 타이어의 특성
• 고속 주행에도 발열이 적다.
• 못에 박혀도 공기가 잘 새지 않고 펑크 수리가 간단하다.
• 튜브가 없어 중량이 가볍다.
• 림이 변형되면 밀착이 불량해 공기 누출이 쉽다.
• 유리조각에 손상되면 수리가 어렵다.

097
정답 ④

레이디얼 타이어의 특성
• 카커스의 코드 방향이 원둘레 방향의 직각방향으로 배열된 타이어이나.
• 원둘레 방향의 압력은 브레이커가, 직각 방향의 충격은 카커스가 받는다.
• 편평율을 크게 하여 접지면적을 크게 할 수 있다.
• 제동 · 가속 시 미끄러짐이 작고 선회성이 좋아 승용차에 사용된다.
• 트레드의 하중에 변형이 적고, 전동 저항이 적다.
• 로드 홀딩이 향상되고 스탠딩웨이브가 잘 일어나지 않는다.
• 브레이크가 강해 충격흡수가 잘 되지 않아 험한 도로 주행 시 승차감이 불량하다.

098
정답 ④

타이어의 규격 표시(220 / 50 R 18)
• 220: 타이어의 폭(mm)
• 50: 편평비 또는 종횡비(%)
• R: 레이디얼(방사형)
• 18: 타이어 내경 또는 림 직경(inch)

099
정답 ②

② **수막현상(하이드로 플래닝; hydroplaning):** 차량이 물이 고여 있는 노면 위를 고속주행하면 타이어가 노면과 직접 접촉하면서 회전하는 것이 아니라 수막(水膜) 위로 떠올라 주행하게 되는 현상
① **스탠딩웨이브 현상:** 자동차가 고속으로 주행할 때 타이어 접지부에 열이 축적되어 변형되는 현상(부풀어 올라 물결처럼 주름이 접히는 현상)
③ **페이드 현상:** 브레이크 페달의 조작을 반복하면 드럼과 슈에 마찰열이 축적되어 제동력이 감소하는 현상
④ **언더 스티어 현상:** 차량이 코너를 돌 때 스티어링 휠을 돌린 각도보다 차량의 회전반경이 커지는 현상

100
정답 ③

전류의 3대 작용
• 열에너지로 인해 발열하는 작용
• 화학작용에 의해 배터리가 기전력을 발생
• 코일에 전류가 흐르면 자계로 인하여 자기 작용이 발생

101
정답 ②

AC발전기는 교류 발전기라고 하며, 엔진의 동력을 이용하여 로터를 회전시켜 전자 유도에 의해 교류 전류를 발생시킨다.

102
정답 ①

① 컨버터(Converter)는 교류를 직류로 바꾸는 장치로서, 변환기라고 한다.
② 인버터(Inverter)는 직류를 교류로 변환하는 장치로서, 역변환장치라고 한다.
③ 컷 아웃 릴레이는 축전지에서 발전기로 전류가 역류되는 것을 방지하는 장치이다.
④ 실리콘 다이오드는 양극성과 음극성을 가지며, 전류를 다른 방향으로 제한하면서 한 방향으로 흐르게 하는 반도체

이다.

103 정답 ②

축전지의 기능
- 엔진 시동에 필요한 전기 에너지를 공급한다.
- 발전기 고장 시에는 주행을 확보하기 위해 전기 장치에 전기 에너지를 공급한다.
- 발전기 출력과 부하 사이에 시간적 불균형을 조절한다.

104 정답 ③

발전기 다이오드를 보호하기 위해 축전지의 (+)·(−) 케이블을 기관 본체에서 분리한 상태에서 충전한다.

105 정답 ④

④ 충전상태(States Of Charge, SOC)는 배터리에 저장된 에너지 양을 나타내는 상대적인 척도, 즉 배터리 충전상태를 의미하는 말이다. SOC는 특정한 시점에 셀에서 추출할 수 있는 전하량과 총 용량의 비율로서 정의한다.
① PRA(Power Relay Assembly)는 전기차량에 전력을 공급하는 배터리에서 인가되는 전력을 공급받아 전력의 공급과 차단을 위해 구동하는 릴레이의 온·오프 동작을 제어하기 위한 장치이다.
② LDC(Low voltage DC–DC Converter)는 고전압 배터리에서 12V 저전압 배터리로 변환시켜 주기 위한 컨버터 시스템이다.
③ BMS(Battery Management System) 배터리를 관리하는 시스템이다.

106 정답 ③

납산 축전지는 제작이 간편하고 값이 싸서 거의 모든 자동차에 사용되나, 중량이 무겁고 수명이 짧다.

107 정답 ①

셀을 직렬로 접속하기 위해 만든 납 합금은 커넥터(셀 커넥터)이다. 케이스(셀 케이스)는 극판군과 전해액을 넣은 상자를 말한다.

108 정답 ②

배전기가 없어 전파 장해의 발생이 없다.

109 정답 ④

점화플러그에서 열 방출이 가장 큰 부분은 실린더 헤드에 설치되는 셀 부분이다.

110 정답 ③

전자제어 점화장치에서의 점화 시기는 크랭크 각 센서, 냉각수 온도 센서, 대기압력 센서 등의 신호에 의해 제어된다. 산소 센서는 지르코니아 또는 티탄 등을 사용하여 배기가스 중의 산소농도를 검출하여 배기가스를 점검하고 공연비 향상에 관여하는 부품이다.

111 정답 ①

① **플레밍의 오른손 법칙**: 자기장 속을 움직이는 도체 내에 흐르는 유도전류의 방향과 자기장의 방향, 도체의 운동방향과의 관계를 나타내는 법칙, 즉 자기장의 방향은 도선이 움직이는 방향으로 유도전류 또는 기전력의 방향을 결정한다는 법칙이다. 이것은 발전기의 원리와 같다.
② **렌츠의 법칙(유도 전압의 방향)**: 유도 전압 또는 유도 전류의 방향에 대한 법칙으로, 전자기 유도에 의해 코일에 흐르는 유도 전류는 자석의 운동을 방해하는 방향 또는 자속의 변화를 방해하는 방향으로 흐른다는 법칙이다.
③ **패러데이 전자기 유도 법칙**: 자기 선속의 변화가 기전력을 발생시킨다는 법칙, 즉 회로를 통과하는 자기선속이 시간에 따라 변할 때 회로에 기전력이 유도된다는 법칙이다.
④ **앙페르의 법칙(오른 나사의 법칙)**: 전류와 자기장과의 관계를 나타내는 기본 법칙의 하나로, 도선에 전류가 흐르면 그 도선의 주위에 자장이 생기며 동심원의 모양을 이루는데, 그 방향은 오른쪽으로 돌릴 때의 나사못의 방향과 같다는 법칙이다.

112 정답 ③

시동 전동기는 엔진을 시동하는 전동기로서, 엔진 시동을 위해 엔진을 크랭킹하기 위한 전기식 모터를 말한다. 시동 전동기는 점화 스위치에 의해 작동된다.

113 정답 ④

분권식은 계자코일과 전기자코일이 병렬로 연결되어 있는 장치이며, 복권식은 계자코일과 전기자코일이 직·병렬로 연결되어 있는 장치이다.

114 정답 ③

오버러닝 클러치는, 자동차 엔진이 시동 후에도 피니언이 링기어와 맞물려 있으면 시동 모터가 파손되는데, 이를 방지하기 위해서 엔진의 회전력이 시동 모터에 전달되지 않도록 하는 클러치 방식이다.

115 정답 ③

충전장치는 출력 전압이 안정되고 전압의 맥동이 없어 전파 방해가 발생하지 않아야 한다.

116 정답 ②

스테이트 코일에서 발생한 전류는 교류이다.

117 정답 ②

감속 모드(회생 재생 모드)는 감속 시 전동기가 바퀴에 의해 구동되어 발전기 역할을 함으로써 충전을 실행한다.

118 정답 ④

이모빌라이저는 자동차 등의 도난을 방지하기 위해 각 키마다 고유의 암호를 부여하고 이를 확인하도록 하여 정당한 사용권을 가지지 못한 자가 운전할 수 없도록 하는 장치를 말한다.

119 정답 ②

조명용 등에는 전조등, 안개등, 실내등, 계기등, 후진등(후퇴등)이 있다. 후미등은 차의 후방임을 표시하기 위한 것으로, 표시용 등에 해당한다.

120 정답 ①

풋브레이크 작동중임을 표시하는 등은 제동등(브레이크등)이다.

121 정답 ④

방향지시등은 주행방향을 표시하는 장치로, 차체너비의 50퍼센트 이상의 간격을 두고 설치하여야만 한다.

122 정답 ④

열 교환기(라디에이터)에 냉각수를 흘려 전동 팬을 회전시킨 후 실내로 순환하는 것은 난방장치에 해당한다.

123 정답 ①

에어컨 시스템이 작동 중인 경우 냉매의 온도는 압축기와 응축기 사이에서 가장 높다.

124 정답 ②

응축기는 고온 고압의 기체 냉매를 고온 고압의 액체 냉매로 변화시킨다.

125 정답 ②

건조기(리시버 드라이어)는 응축기에서 들어온 액체 냉매를 저장하고 수분제거·기포분리 기능을 한다.

PART 2
적중문제
정답 및 해설

기계기능이해력

001	④	002	②	003	③	004	③	005	①
006	②	007	④	008	②	009	③	010	①
011	②	012	④	013	②	014	③	015	④
016	①	017	②	018	④	019	①	020	②
021	④	022	③	023	④	024	①	025	②
026	③	027	③	028	②	029	③	030	①
031	①	032	③	033	④	034	②	035	③
036	③	037	③	038	①	039	④	040	②
041	③	042	②	043	①	044	③	045	③
046	④	047	③	048	②	049	②	050	③
051	③	052	②	053	③	054	②	055	④
056	④	057	③	058	②	059	④	060	①
061	②	062	③	063	②	064	①	065	②
066	②	067	④	068	③	069	④	070	④
071	②	072	③	073	①	074	③	075	②
076	②	077	③	078	④	079	②	080	①
081	②	082	①	083	④	084	②	085	③
086	④	087	③	088	③	089	③	090	②
091	①	092	①	093	③	094	①	095	③
096	②	097	③	098	②	099	②	100	①
101	②	102	③	103	①	104	④	105	②
106	④	107	③	108	①	109	①	110	③
111	②	112	②	113	③	114	①	115	②
116	④	117	③	118	③	119	③	120	④
121	③	122	①	123	④	124	①	125	②

[001–125]

001 　　　　정답 ④

기계 설계 시 유의사항
- 기계 · 기구는 사용 목적에 적합하며, 동작이 명확해야 함
- 작용력을 견딜 수 있는 강도 높은 재료를 선택하여야 함
- 각 부는 경량 · 소형이며 수명이 길어야 함
- 제작 · 조립 · 운반 및 유지보수가 쉬운 구조로 설계
- 제품 · 부품이 표준화되어 있어야 하고, 기계의 효율이 좋아야 함
- 외관과 색채가 조화를 이루고 디자인이 좋고 상품가치가 있어야 함

002 　　　　정답 ②

유기재료와 무기재료(세라믹스)는 비금속재료라 한다. 비철금속재료에는 구리와 구리합금, 니켈과 니켈합금, 알루미늄과 알루미늄합금, 마그네슘과 마그네슘합금 등이 있다.

003 　　　　정답 ③

국제단위계(SI)의 종류

물리량	길이	질량	시간	전류
단위 명칭 단위 기호	미터 [m]	킬로그램 [kg]	초 [s]	암페어 [A]

물리량	절대온도	물질량	광도
단위 명칭 단위 기호	켈빈 [K]	몰 [mol]	칸델라 [cd]

004 　　　　정답 ③

전단 하중은 재료 안의 평행한 두 단면에 작용하는 힘을 말하며, 비틀림 하중은 재료를 원주 방향으로 비트는 형태로 작용하는 힘을 말한다.

005 　　　　정답 ①

인장 하중은 재료가 축선 방향으로 늘어나도록 작용하는 힘, 즉 단면에 수직으로 당기는 하중이다. 못을 빼낼 때 인장 하중이 작용한다.

006 정답 ②

단면에 따라 접선 방향으로 발생하여 접선 응력이라고도 하는 것은 전단 응력이다. 수직 응력은 재료에 작용하는 하중의 방향이 단면적과 수직을 이룰 때 발생하는 응력이다.

007 정답 ④

응력 집중의 완화 대책
- 필렛 반지름을 크게 함(필렛 반지름을 작게 하면 응력 집중이 증가)
- 재료에 여러 개의 단면변화형상을 설치
- 테이퍼 부분을 설치하여 단면변화를 완화시킴
- 단면변화 부분에 보강재를 결합함

008 정답 ②

② **가로 변형률(횡 변형률)** : 재료의 단면적 방향으로 발생하는 변형량과 그 재료의 변형 전 지름에 대한 비율(단면수축률)
① **세로 변형률(종 변형률)** : 재료의 길이 방향으로 발생하는 변형량과 그 재료의 변형 전 길이에 대한 비율(변형 전 길이에 대한 변형량의 비율)
③ **인장 변형률** : 재료가 축 방향의 인장하중을 받으면 길이가 늘어나는데, 처음 길이에 비해 늘어난 길이의 비율
④ **전단 변형률** : 재료에 전단력이 가해져 발생하는 변형량과 그 재료의 변형 전 길이에 대한 비율(변형 전 길이에 대한 전단력에 의해 발생한 변형량의 비율)

009 정답 ③

'변형률(공칭변형률) $= \dfrac{\text{나중길이} - \text{처음길이}}{\text{처음 길이}} \times 100(\%)$'

이므로, '$\dfrac{806 - 800}{800} \times 100 = 0.75(\%)$'이다.

010 정답 ①

비례한도(Proportional Limit)란 응력과 변형률 사이에 정비례 관계가 성립하는 구간 중 응력이 최대인 점으로, 후크의 법칙이 적용된다. 후크의 법칙은 비례한도 내에서 응력과 변형률은 비례한다는 법칙이다.

011 정답 ②

나사를 1회전 시켰을 때 축 방향으로 움직인 거리는 리드이다. 피치는 나사산과 인접한 나사산 사이의 거리 또는 골과 인접한 골 사이의 거리이다.

012 정답 ④

리드 = 나사의 줄 수 × 피치 = 2 × 3 = 6mm
4회전했으므로, '6 × 4 = 24(mm)'

013 정답 ②

사다리꼴 나사(애크미 나사)는 나사산의 단면이 사다리꼴로 된 나사로, 이송용(동력전달용) · 운동용 나사로 사용되는 나사산의 강도가 큰 나사이다.

014 정답 ③

볼나사(Ball Screw)는 나사축과 너트 사이에 볼이 구름운동을 하면서 물체를 이송하는 고효율의 나사로, 최근 CNC 공작기계의 이송용 나사로 사용된다.

015 정답 ④

양쪽 끝이 모두 수나사로 되어 있는 볼트는 스터드볼트이다. 스테이볼트는 두 장의 판 사이에 간격을 유지하면서 체결할 때 사용하는 볼트이다.

016 정답 ①

관통볼트는 연결할 두 개의 부품에 구멍을 뚫고 볼트를 관통 후 너트로 죈다.

017 정답 ②

와셔의 사용 조건
- 볼트 구멍이 클 때
- 너트가 닿는 자리면이 거칠거나 기울어져 있을 때
- 너트 자리면의 보호, 접촉압력의 분산, 너트 풀어짐의 방지 효과가 필요할 때

• 자리면의 재료가 경금속, 플라스틱, 나무 등과 같이 연질이어서 볼트 체결압력의 지탱이 어려울 때

018　　　　　　　　　정답 ④

키는 전단력을 받으므로 축의 재질보다 강한 재질을 사용한다.

019　　　　　　　　　정답 ①

키의 전달 강도(토크)가 큰 순서
세레이션 > 스플라인키 > 접선키 > 묻힘키(성크키) > 경사키 > 반달키 > 평키(납작키) > 안장키(새들키)

020　　　　　　　　　정답 ②

평키(납작키)는 축을 키의 폭만큼 평평하게 가공하여 키의 자리를 만들고 보스에 키홈을 파서 사용하는 키로, 작은 동력의 전달에 사용한다.

021　　　　　　　　　정답 ④

묻힘키(성크키)는 대개 윗면 1/100 정도의 기울기를 가진 경사키와 키의 상·하면이 평행한 평행키가 있다.

022　　　　　　　　　정답 ③

• **스플라인키** : 축의 둘레에 원주방향으로 여러 개의 키 홈을 깎아 만든 키로, 세레이션키 다음으로 큰 동력(토크)을 전달할 수 있음
• **세레이션** : 축과 보스에서 작은 삼각형의 이를 만들어서 동력을 전달하는 키로, 키 중에서 가장 큰 힘을 전달하며 주로 자동차 핸들에 사용

023　　　　　　　　　정답 ④

스프링핀은 핀의 반지름 방향으로 스프링 작용이 발생하게 한 핀으로, 해머로 충격을 가해 물체를 고정하는데 사용한다. 한쪽 끝이 2가닥으로 갈라진 핀으로, 축에 끼워진 부품이 빠지는 것을 방지하는데 사용하는 것은 분할핀이다.

024　　　　　　　　　정답 ①

테이퍼핀은 보통 1/50의 테이퍼를 가진 것으로, 끝이 갈라진 것과 그렇지 않은 것이 있다. 호칭지름은 작은 쪽의 지름으로 한다.

025　　　　　　　　　정답 ②

코터는 축방향에 인장 또는 압축이 작용하는 두 축을 연결하는 것으로, 두 축을 분해할 필요가 있는 곳에 사용하는 결합용 기계요소이다.

026　　　　　　　　　정답 ③

풀림현상을 방지하고 부품의 결합상태를 유지하기 위해서는 코터의 자립조건을 갖춰야 하는데, 자립조건은 한쪽 기울기의 경우 '$\alpha \leq 2\rho$'이고, 양쪽 기울기의 경우 '$\alpha \leq \rho$'(α : 코터의 경사각, ρ : 마찰각)이다.

027　　　　　　　　　정답 ③

리벳의 특징
• 열응력에 의한 잔류응력이 발생하지 않음
• 경합금과 같이 용접이 곤란한 재료의 결합에 적합
• 리벳이음의 구조물은 영구 결합으로 분해가 되지 않음
• 구조물 등에 사용할 때 현장조립의 경우 용접작업보다 용이함

제조방법에 따른 리벳 분류
• **냉간 리벳** : 냉간 성형되며, 호칭지름 1~13mm의 비교적 작은 지름의 리벳
• **열간 리벳** : 열간 성형되며, 호칭지름 10~44mm의 비교적 큰 지름의 리벳

028　　　　　　　　　정답 ②

사용 목적에 따른 리벳 분류
• **관용리벳** : 주로 강도와 기밀을 요하는 보일러나 압력용기, 고압탱크에 사용
• **저압용 리벳** : 강도보다는 기밀을 필요로 하는 물탱크나 연통에 사용
• **구조용 리벳** : 주로 힘의 전달과 강도를 필요로 하는 구조물이나 교량, 선박에 사용

029 정답 ②

리벳이음의 작업순서는 '강판 또는 형판을 펀치나 드릴을 이용하여 구멍을 뚫는다. → 뚫린 구멍을 리머로 다듬은 후 리베팅한다. → 기밀을 요하는 경우는 코킹을 만든다.'이다. 따라서 작업순서로 적절한 것은 ②이다.

030 정답 ①

코킹과 풀러링을 하는 목적은 기밀 또는 수밀을 유지하기 위해서이다.

- **코킹(Caulking)** : 기밀과 수밀을 유지하기 위해 리벳의 머리 또는 강판의 이음부 가장자리를 때려 박음으로써 틈을 없애는 작업방법
- **풀러링(Fullering)** : 기밀을 완벽하게 하기 위해 풀러링 용구(넓은 끌)로 때려 붙이는 작업방법

031 정답 ①

리벳이음에서 강판의 효율 $= \dfrac{\text{구멍이 있을 때의 인장력}}{\text{구멍이 없을 때의 인장력}}$

$$= 1 - \dfrac{\text{리벳의 지름}}{\text{리벳의 피치}}$$

032 정답 ③

용접은 열 변형이 발생하며 취성과 균열이 발생한다는 단점이 있다.

033 정답 ④

용접의 단점

- 열 변형이 발생하며 취성과 균열 발생
- 용접부의 결함 판단이 어려움
- 용융 부위 금속 재질의 특성이 변함
- 저온에서 쉽게 약해질 수 있음
- 모재의 재질에 따라 영향을 크게 받음
- 용접기술자의 능력에 따라 품질이 다름
- 용접 후 변형·수축에 따라 잔류응력이 발생하며, 완료 후 수정이 어려움

034 정답 ②

① 홈 용접 : 접합할 부위에 홈을 만들어 용접하는 방법
② 필릿 용접 : 직교하는 두 면을 접합하는 용접 방법
③ 플러그 용접 : 접합할 재료의 한 쪽에만 구멍을 내어 구멍을 통해 판재의 표면까지 비드를 쌓아 접합하는 용접 방법
④ 비드 용접 : 재료에 구멍을 내거나 가공하지 않은 상태에서 비드를 용착시키는 용접 방법

035 정답 ③

냉간용접은 압접식 용접법 중 비가열식에 해당한다.

> **용접의 분류**
> - 융접식
> - **아크용접** : 용극식(스터드용접, 탄산가스금속 아크용접, 불활성가스금속 아크용접), 비용극식(불활성가스금속 텅스텐 아크용접, 탄소아크용접, 원자수소용접)
> - **가스용접** : 산소-아세틸렌용접, 산소-프로판용접, 산소-수소용접, 공기-아세틸렌용접
> - **기타 특수용접** : 테르밋용접, 레이저빔용접, 전자빔용접, 플라스마용접, 일렉트로슬래그용접
> - 압접식
> - **가열식(저항용접)** : 겹치기 저항용접(점용접, 심용접, 프로젝션용접), 맞대기 저항용접(업셋용접, 플래시버트용접, 방전충격용접)
> - **비가열식** : 초음파용접, 확산용접, 마찰용접, 냉간용접
> - **납땜식** : 경납땜, 연납땜

036 정답 ③

축의 단면은 일반적으로 원형이며, 원형 축에는 속이 찬 중실축(주로 사용)과 속이 빈 중공축(무게가 가벼워야 할 때 사용)이 있다.

037 정답 ③

축의 재료로는 탄소강이 가장 널리 쓰이며, 고속회전이나 고하중의 기계용에는 Ni-Cr강, Cr-Mo강 등의 특수강이, 저하중의 기계에는 연강이나 경강이, 베어링에 접촉되어 내마모성이 요구되는 경우에는 표면경화강이 사용된다.

038 정답 ①

Be(베릴륨)은 상온에서 무르고 고온에서도 전성과 연성 및 탄성이 크므로, 큰 하중이나 고속회전을 하는 축 재료로는 부적합하다.

039 정답 ④

재료가 동일하고 동일 단면적일 때 중공축의 토크가 중실축보다 더 크다.

040 정답 ②

- **강도(strength)** : 정하중, 반복하중, 충격하중 등 다양한 하중을 충분히 견딜 수 있는 강도를 유지하도록 설계
- **강성(stiffness)** : 처짐이나 비틀림에 대한 저항력을 말하며, 굽힘 강성과 비틀림 강성이 있음(1m에 대해 1/4도 이내로 축의 비틀림 각을 제한하여 설계)

041 정답 ③

축의 일상적인 사용회전속도(상용회전수)는 위험속도로부터 25% 이상 떨어진 상태에서 사용하도록 설계 시 고려해야 한다. 위험속도란 축의 고유진동수와 축의 회전속도가 일치했을 때 진폭이 점차 커져서 축이 위험상태에 놓이게 되고, 결국 파괴에 이르게 되는 축의 회전속도를 말한다.

042 정답 ②

크랭크축(crank shaft)은 왕복운동을 회전운동으로 변환하는 데 사용되는 축으로, 증기기관이나 내연기관 등에서 피스톤 왕복운동을 회전운동으로 바꾸어 주는데 사용된다.

043 정답 ①

차축은 주로 굽힘 하중을 받는 축이다.

044 정답 ③

③ 스핀들(spindle)은 주로 비틀림 하중을 받는 축으로, 모양과 치수가 정밀한 짧은 회전축이며 공작기계의 회전축에 쓰인다.

① 차축은 고정된 채 바퀴만 회전하며, 토크를 전하는 회전축과 회전하지 않는 정지축이 있다. 주로 굽힘 하중을 받으며, 자동차나 철도차량에 쓰이는 축이다.
② 전동축은 축과 바퀴가 모두 고정된 채로 회전하며, 축의 회전에 의하여 동력을 전달한다. 주로 비틀림과 굽힘에 의해 동력을 전달한다.
④ 플렉시블축(유연성축)은 고정되지 않은 두 개의 서로 다른 물체 사이에 회전하는 동력을 전달하는 축이다.

045 정답 ③

고정 커플링은 원통형과 플랜지 커플링으로 구분된다. 이 중 플랜지 커플링은 두 축을 일직선상에 볼트나 키로 연결하는 것으로 고속정밀회전축에 적합하며, 가장 널리 사용되는 방식의 커플링이다.

046 정답 ④

올덤 커플링(Oldham Coupling) : 두 축이 평행하면서도 중심선의 위치가 다소 어긋나서 편심이 된 경우 각속도의 변동 없이 토크를 전달하는데 적합한 축이음 요소이다. 양축 끝에 끼어 있는 플랜지 사이에 90°의 키모양의 돌출부를 양면에 가진 중간원판이 있고 돌출부가 플랜지 홈에 끼워 맞추어 작용하도록 3개가 하나로 구성되어 있는데, 윤활이 어렵고 원심력에 의해 진동이 발생하므로 고속회전에는 적합하지 않다.

047 정답 ③

유니버셜 조인트(유니버셜 커플링)은 두 축이 같은 평면 내에 있으면서 그 중심선이 교차하는 경우에 사용되며, 공작 기계나 자동차의 동력전달기구 등에 널리 사용된다.

048 정답 ②

유니버셜 조인트(유니버셜 커플링)는 두 축이 같은 평면 내에 있으면서 그 중심선이 교차하는 경우에 사용되는 커플링으로, 공작 기계나 자동차의 동력전달기구 등에 널리 사용되며 자재이음이라고도 한다.

049   정답 ②

클러치 중 가장 간단한 구조를 가진 것은 맞물림 클러치이다. 유체 클러치는 원통축에 고정된 날개를 회전하면 원심력에 의해 유체가 회전하면서 터빈 날개를 회전시키게 되는 클러치이다.

050   정답 ①

마찰 클러치는 두 개의 마찰면을 강하게 접촉시켜 발생하는 마찰력으로 동력을 전달하는 클러치로, 구동축이 회전하는 중에도 충격 없이 피동축을 결합시킬 수 있다. 마찰 클러치에는 원판 클러치와 원추 클러치가 있다

051   정답 ③

클러치는 마찰에 의해 토크를 전달하므로 변속기 시스템의 하중이 마찰에 의해 전송되는 토크를 초과할 때 클러치의 구동 부분이 자동으로 미끄러져 변속기 시스템의 과부하를 방지하는 역할을 한다.

052   정답 ②

힘의 방향에 따라 베어링을 분류할 때는 레이디얼 베어링과 스러스트 베어링, 접촉상태(구조)에 따라 베어링을 분류할 때는 미끄럼 베어링과 구름 베어링이 있다. 스러스트 볼베어링은 하중을 축 방향으로 받도록 설계한 베어링이고, 레이디얼 베어링은 축에 직각방향의 하중을 지지해 주는 베어링이다.

053   정답 ③

미끄럼 베어링의 재료는 특히 발열에 대한 우려로 마찰계수가 작아야 한다.

054   정답 ③

미끄럼(슬라이딩) 베어링은 시동 시 마찰저항이 크다는 단점이 있다.

055   정답 ④

구름 베어링은 접촉면 사이에 롤러·볼을 넣고 회전접촉을 구름 운동할 수 있도록 하는 베어링으로, 구름으로 인해 진동과 소음이 심한 것이 단점이다.

056   정답 ④

구름 베어링의 리테이너는 롤러와 볼을 잡아주어 위치를 고정하는 역할을 한다.

057   정답 ③

베어링의 호칭번호에서 안지름은 세 번째와 네 번째 자리 숫자에 따라 구한다.
- 00 : 10mm
- 01 : 12mm
- 02 : 15mm
- 03 : 17mm
- 04 : 20mm(04부터는 5를 곱하여 계산)

058   정답 ②

미끄럼 베어링에 비해 구름 베어링의 정밀도가 상대적으로 더 적다.

059   정답 ④

미끄럼 베어링은 공진속도를 넘어서도 운전이 가능하기 때문에 고속에서도 가능하나, 일반적으로는 저속운전에 알맞다.

미끄럼 베어링과 구름 베어링의 비교

기준	미끄럼 베어링	구름 베어링
충격 흡수력	유막에 의한 감쇠력이 커 더 우수함	유막에 의한 감쇠력이 작아 덜 우수함
동력 손실	크다	적다
기동 토크	유막형성이 늦은 경우 크다	작다
진동과 소음	작다	크다

강성	상대적으로 작다	상대적으로 크다
윤활성	좋지 않다	좋은 편이다
규격화	자체 제작하는 경우가 많다	표준화되어 호환성이 우수하다
정밀도	상대적으로 더 커야한다	상대적으로 적다
운전 속도	공진속도를 지나 운전할 수 있다	공진속도 이내에서 운전하여야 한다
수리 및 수명	구조가 간단하고 수리가 쉽다	수명이 비교적 짧고 조립이 어렵다

060 정답 ①

니들 롤러베어링은 길이에 비해 지름이 매우 작은 롤러를 사용한 것으로, 내륜과 외륜의 두께가 얇아 바깥지름이 작으며, 단위면적에 대한 강성이 커서 좁은 장소에서 비교적 큰 하중을 받는 기계장치에 사용하는 베어링이다. 니들 롤러베어링은 니들롤러만으로 전동하므로 단위면적당 부하량이 크다.

061 정답 ②

① 레이디얼베어링 : 축에 직각방향의 하중을 지지해 주는 베어링
② 테이퍼 롤러 베어링 : 테이퍼 형상의 롤러가 적용된 베어링으로, 축방향과 축에 직각인 하중을 동시에 지지할 수 있어서 자동차나 공작기계의 베어링에 널리 사용됨
③ 오일리스베어링 : 금속 분말을 가압·소결하여 성형한 뒤 윤활유를 입자 사이의 공간에 스며들게 한 베어링으로, 급유가 곤란한 곳에서 사용됨
④ 스러스트 볼베어링 : 하중을 축 방향으로 받도록 설계한 베어링

062 정답 ③

오일리스 베어링의 특징
• 다공질의 재료이다.
• 대부분 분말야금법으로 제조한다.
• 너무 큰 하중이나 고속회전부에는 부적당하다.
• 기름 보급이 곤란한 곳에 적당한다.
• 강인성은 다소 떨어진다.

063 정답 ②

베어링 밀봉장치의 종류
• 접촉형 실 : 펠트 실, 오일 실, 고무링
• 비접촉형 실 : 라비린스 실, 슬링거, 틈새밀봉(Gap seal)

064 정답 ①

마찰자로 동력전달 시에는 동력이 처음 발생된 원동차에 연질의 재료를 적용하여 마찰계수를 크게 함으로써 동력효율을 향상시킨다.

065 정답 ②

운전은 정숙하나 효율성은 떨어진다는 것이 마찰차의 특징이다.

066 정답 ②

마찰전동장치는 두 마찰차의 상대적 미끄러짐을 완전히 제거할 수는 없으므로, 확실한 전동이 요구되는 곳에는 부적당하다.

마찰차의 특징
• 운전은 정숙하나 효율성은 떨어짐
• 전동의 단속이 무리 없이 행해짐
• 운전 중 접촉을 분리하지 않고도 속도비를 변화시킬 수 있는 곳에서 사용함
• 상대적 미끄럼이 생기므로 확실한 전동이 요구되거나 큰 동력은 전달시킬 수 없음
• 과부하일 경우 원동축의 손상을 방지할 수 있음
• 원동차 표면에 고무, 가죽, 목재, 섬유질 등을 라이닝해서 사용함

067 정답 ④

마찰차를 활용하는 경우
• 일정 속도비를 요하지 않거나 속도비가 중요하지 않은 경우
• 속도비가 너무 커서 보통의 기어를 사용하기 곤란한 경우
• 전달하여야 할 힘이 크지 않은 경우
• 두 축간 빈번하게 단속할 필요가 있는 경우
• 무단변속을 하는 경우

068 정답 ③

③ **홈마찰차(홈붙이마찰차)** : 원통 표면에 V자 모양의 홈을 파 마찰면적을 늘려 회전전달력을 크게 한 동력전달장치
① **원통마찰차** : 평행한 두 축 사이에서 접촉(외접 · 내접)하여 동력을 전달하는 원통형 바퀴
② **원뿔마찰차(원추마찰차)** : 교차하며 회전하는 두 축 사이에 동력을 전달하는 장치
④ **변속마찰차** : 원뿔, 원통, 구면을 이용해 무단변속이 가능한 마찰차

069 정답 ④

- 마찰차 간 중심거리 $= \dfrac{\text{원동차의 지름} + \text{종동차의 지름}}{2}$

$$= \dfrac{500 + 200}{2} = 350(\text{mm})$$

- 마찰차의 각속도비 $= \dfrac{\text{종동차의 회전수}}{\text{원동차의 회전수}} = \dfrac{\text{원동차의 지름}}{\text{종동차의 지름}}$

$$= \dfrac{500}{200} = 2.5$$

070 정답 ④

기어의 특징
- 구조가 간단하고, 사용 범위가 넓음
- 충격에 약하고 소음과 진동이 발생함
- 동력 손실이 없고 전달이 확실하며, 내구성이 높음
- 두 축이 평행하거나 교차하지 않은 축 모두 확실한 회전을 전달할 수 있음
- 전동효율이 좋고 감속비가 큼
- 맞물려 돌아가려면 기어의 크기를 나타내는 척도인 모듈이 같아야 함
- 정밀하게 작업하지 않으면 언더컷이 발생함

071 정답 ②

원주피치는 이의 크기를 정의하는 가장 확실한 방법으로, 피치원 둘레를 잇수로 나눈 값(하나의 이와 그 다음 이 사이의 원호 거리)을 말한다. 피치원에서 측정한 이의 두께는 이두께이다.

072 정답 ③

피치원은 기본이 되는 가상의 원으로, 두 개의 기어가 맞물려 돌아갈 때 만나는 접점들이 모여서 만들어진 원을 말한다.

073 정답 ①

두 축이 평행할 때 사용하는 기어는 스퍼 기어(평 기어)와 헬리컬 기어 등이 있다. 스퍼 기어는 이가 축과 평행한 원통형 기어로, 두 축 사이의 동력전달에 가장 널리 쓰이는 일반적인 기어이다.

074 정답 ③

마이터 기어는 두 축이 교차할 때 사용하는 것으로, 직각인 두 축 간에 동력을 전달하는 베벨 기어이다.

> **기어의 종류**
> - **두 축이 평행할 때 사용하는 기어** : 스퍼 기어(평 기어), 헬리컬 기어, 인터널 기어
> - **두 축이 교차할 때 사용하는 기어** : 베벨 기어, 헬리컬 베벨 기어, 크라운 기어, 마이티 기어
> - **두 축이 평행하지도 교차하지도 않을 때 사용하는 기어** : 웜 기어, 하이포이드 기어, 나사 기어(스크루 기어)

075 정답 ②

헬리컬 기어는 이가 비틀어진 헬리컬 곡선으로 된 원통형 기어로, 평 기어보다 이의 물림은 원활하나 축 방향으로 스러스트가 발생하는 특징이 있다.

076 정답 ②

헬리컬 기어는 이가 비틀어진 원통형 기어로, 이가 서로 맞물려 돌아가려면 맞물리는 비틀림각은 서로 반대여야 한다. 따라서 좌비틀림 헬리컬 기어는 우비틀림 헬리컬 기어와 맞물려야 한다.

077 정답 ③

웜 기어(웜과 웜휠 기어)의 특징
• 운전 중 진동과 소음이 거의 없다.
• 잇면의 미끄럼이 크다.
• 부하용량이 크다.
• 감속비를 크게 할 수 있다.
• 진입각이 작으면 효율이 떨어진다.
• 역회전을 방지할 수 있다.

078 정답 ④

차동기어장치는 자동차가 울퉁불퉁한 요철부분을 지나갈 때 서로 달라지는 좌우 바퀴의 회전수를 적절히 분배하여 구동시키는 장치로, 직교하는 사각 구조의 베벨 기어를 차동기어열에 적용한 장치이다.

079 정답 ②

치형곡선
• **인벌류트 치형** : 원에 감은 실을 팽팽하게 유지하며 풀 때 실이 그리는 궤적곡선(인벌류트 곡선)을 이용해 치형을 설계한 기어
• **사이클로이드 치형** : 한 원의 안쪽 · 바깥쪽을 다른 원이 굴러갈 때 원 위의 한 점이 그리는 곡선(사이클로이드)을 치형곡선으로 제작한 기어

080 정답 ①

이의 간섭 현상이 발생하는 원인으로는 기어와 피니언의 잇수비가 매우 클 때, 피니언 잇수가 극히 적을 때, 압력각이 작을 때, 유효한 이높이가 높을 때이다.

081 정답 ②

① 압력각을 크게 한다.
③ 기어의 이 높이를 작게 한다.
④ 피니언의 잇수를 최소잇수 이상으로 한다.

082 정답 ①

언더컷 현상은 기어의 잇수가 매우 적거나 잇수비가 클 때 발생한다.

083 정답 ④

백래시(Backlash)는 서로 맞물린 기어에서 잇면 사이의 가로 방향의 간격을 말하며, 백래시가 크면 정밀도가 저하된다.

084 정답 ②

평벨트는 가장 간단하면서 보편적인 벨트로, 바로걸기와 엇걸기가 모두 가능한 벨트이다. 바로걸기만 가능한 벨트는 V 벨트이다.

085 정답 ③

벨트전동에서 벨트 자중에 의한 방법에 의해 장력을 가할 수 있으나, 걸기방식으로는 불가능하다.

벨트에 장력을 가하는 방법
• 탄성변형에 의한 방법
• 벨트 자중에 의한 방법
• 텐셔너를 사용하는 방법
• 스냅풀리를 사용하는 방법

086 정답 ④

바로걸기 시 원동과 종동 풀리의 회전방향은 같다

087 정답 ③

③ 벨트 재료는 열이나 기름에 강해야 한다.
① 인장 강도가 커야 한다.
② 탄성이 풍부해야 한다.
④ 마찰계수가 커야 한다.

088 정답 ④

평벨트는 과부하가 걸릴 때 미끄러져 다른 부품의 손상을 방지하는 것이 특징이다.

089 정답 ②

V벨트는 장력이 작아 베어링에 걸리는 하중 부담이 적다.

090   정답 ③

타이밍벨트는 미끄럼을 방지하기 위해 벨트에 이를 붙여 서로 맞물려서 전동하는 벨트로, 정확한 속도비가 필요한 경우에 사용한다.

091   정답 ①

① 플래핑(Flapping) : 벨트풀리의 중심 축간 거리가 길고 벨트가 고속으로 회전할 때, 벨트에서 파닥이는 소리와 함께 파도치는 것처럼 보이는 이상 현상
② 크리핑(Creeping) : 벨트가 벨트풀리 사이를 회전할 때 이완측에 근접한 부분에서 인장력이 감소하면 변형량도 줄게 되면서 벨트가 천천히 움직이는 이상 현상
③ 벨트 미끄러짐 : 긴장측과 이완측 간 장력비가 약 20배 이상으로 매우 크거나 초기 장력이 너무 작은 경우. 벨트가 벨트풀리 위를 미끄러지면서 열이 발생되는 이상 현상
④ 벨트 이탈 : 벨트가 너무 헐거워져서 장력을 잃고 벨트풀리 밖으로 이탈하는 이상 현상

092   정답 ①

체인전동장치는 진동 · 소음이 발생해 고속회전에 적합하지 않고, 저속회전으로 큰 힘을 전달하는데 적합하다.

093   정답 ③

체인전동장치는 고속회전에 적합하지 않으나 일정 정도의 정확한 속도비를 얻을 수 있다.

094   정답 ①

사일런트 체인은 체인의 마멸 · 물림 상태가 불량해 소음이 발생하는 결점을 보완한 것으로, 원활하고 조용한 운전을 해야 할 때 사용한다.

095   정답 ③

로프전동은 벨트와 달리 감아 걸고 벗겨낼 수 없다.

096   정답 ②

로프전동의 특징
• 장거리 동력전달이 가능하며, 고속 운전에 적합
• 미끄럼이 발생해 정확한 속도비 전동이 불확실함
• 벨트전동에 비해 미끄럼이 적어 큰 동력전달이 가능함
• 전동경로가 직선이 아닌 경우에도 사용이 가능함
• 벨트와 달리 감아 걸고 벗겨낼 수 없으며, 고장 날 경우 조정과 수리가 어려움

097   정답 ②

스프링의 역할로는 충격 완화, 진동 흡수, 힘의 축적, 운동과 압력의 억제, 에너지를 저장하여 동력원으로 사용 등이 있다.

098   정답 ③

스프링 용도(사용 목적)
• 스프링의 복원력을 이용한 것 : 스프링 와셔, 안전밸브 스프링
• 에너지를 축적하고 동력으로 전달하는 것 : 시계의 태엽, 계기용 스프링
• 진동 · 충격을 흡수해 방진 · 완충작용을 위한 것 : 자동차 현가스프링, 기계의 방진스프링
• 하중 · 힘의 측정에 사용하기 위한 것 : 스프링 저울, 압력 게이지 측정 기구

099   정답 ②

스프링 재료
• 탄성한도와 피로한도가 높으며 충격에 잘 견디는 스프링강과 피아노선을 주로 사용함
• 부식의 우려가 있는 곳에는 스테인리스강과 구리 합금을 사용함
• 고온의 열이 가해지는 곳에는 고속도강, 합금 공구강, 스테인리스강을 사용함
• 기타 고무, 합성수지, 유체 등을 사용함

100   정답 ①

스프링의 분류
• 하중에 의한 분류 : 인장 스프링, 압축 스프링, 토션 바 스프링
• 형상에 의한 분류 : 코일 스프링, 판스프링, 벨류트 스프링,

스파이럴 스프링

101 　　　　　　정답 ②

압축코일스프링이 축방향의 하중을 받으면 스프링이 압축되면서 전단응력과 비틀림응력이 동시에 발생한다.

102 　　　　　　정답 ③

판스프링은 에너지 흡수율이 좋고 스프링 작용 외에 구조용 부재로서의 기능을 겸하여, 자동차 현가용으로 주로 사용된다.

103 　　　　　　정답 ①

토션 바는 비틀림 모멘트를 가하면 비틀림 변형이 생기는 원리를 적용한 막대 모양의 구조가 간단한 스프링으로, 단위중량당 에너지 흡수율이 크고 가벼우면서 큰 비틀림 에너지를 축적할 수 있어 자동차 등에 주로 사용된다.

104 　　　　　　정답 ④

선형스프링이란 코일스프링과 같이 와이어(Wire)로 형상을 만든 스프링을 말한다. 길고 얇은 판으로 하중을 지지하도록 한 것으로, 판을 여러 장 겹친 겹판 스프링을 판스프링이라 한다.

105 　　　　　　정답 ③

'스프링상수(k) : $k = \dfrac{하중(W)}{변위량(\delta)}$'이므로, '$300(N/cm) = \dfrac{1,500(N)}{변위량(\delta)}$'이 성립한다.

따라서 변위량(변형량)은 '5(cm)'이다.

106 　　　　　　정답 ④

유압 댐퍼(쇼크 업소버)는 축 방향에 하중이 작용하면 피스톤이 이동하여 작은 구멍인 오리피스로 기름이 유출되면서 진동을 감소시키는 완충장치로, 자동차 차체에 전달되는 진동을 감소시켜 승차감을 좋게 해준다.

107 　　　　　　정답 ③

브레이크의 구비조건
- 제동효과가 우수해야 함
- 마찰계수가 커야 함
- 내열성 · 내마멸성이 우수해야 함

108 　　　　　　정답 ④

재료별 마찰계수(μ)
- **섬유** : 0.05 ~ 0.1
- **주철** : 0.1 ~ 0.2
- **청동, 황동** : 0.1 ~ 0.2
- **강철밴드** : 0.15 ~ 0.2
- **목재** : 0.15 ~ 0.25
- **가죽** : 0.23 ~ 0.3
- **석면직물** : 0.35 ~ 0.6

109 　　　　　　정답 ①

① 원추 브레이크, 디스크 브레이크(원판 브레이크), 공기 브레이크는 축압(압축)식 브레이크에 속한다.
② 밴드 브레이크와 블록 브레이크는 원주브레이크에 속한다.
③ · ④ 나사 브레이크와 원심 브레이크, 웜 브레이크, 캠 브레이크, 코일 브레이크, 체인 브레이크 등은 자동하중 브레이크에 속한다.

110 　　　　　　정답 ③

드럼 브레이크는 바퀴와 함께 회전하는 브레이크 드럼의 안쪽에 마찰재인 초승달 모양의 브레이크 패드(슈)를 밀착시켜 제동시키는 장치이다.

111 　　　　　　정답 ②

내확 브레이크(내부 확장형 브레이크) : 2개의 브레이크 슈가 드럼의 안쪽에서 바깥쪽으로 확장하여 브레이크 드럼에 접촉되면서 제동시키는 장치로, 회전하는 브레이크 드럼의 안쪽 면에 설치된다.

112 정답 ④

일반적으로 자동차의 앞바퀴에 장착되어 있는 브레이크는 디스크식이며, 뒷바퀴에 장착되는 브레이크는 드럼식이다. 따라서 원판 브레이크(디스크 브레이크)가 자동차의 앞바퀴에 사용되는 브레이크로 가장 적절하다. 원판 브레이크는 항공기와 고속열차 등 고속차량뿐만 아니라 승용차나 오토바이 등에도 널리 사용되는 브레이크이다. 드럼 브레이크와 블록 브레이크는 주로 자동차의 뒷바퀴 제동에 사용된다.

113 정답 ③

관의 기능
• 유체 및 고체를 수송
• 진공을 유지(예 진공펌프의 접속관)
• 열을 교환(예 냉동기)
• 압력을 전달(예 압력계의 접속관)
• 물체를 보호(예 배전선을 보호하는 전선관)
• 보강재로 사용(예 자전거 프레임, 탑의 기둥 등)

114 정답 ①

관의 종류를 재질에 따라 강관, 주철관, 비철금속관(구리관·황동관), 비금속관(고무관·플라스틱관·콘크리트관) 등으로 분류할 수 있다.

115 정답 ②

② 주철은 기본적으로 압축강도에 강한 성질을 가지므로 가스압송관이나 수도관, 광산용 양수관의 재료로 사용하며, 내식성·내구성·내압성이 우수하고 가격이 저렴해 경제성도 우수한 편이다.
① 강관은 주로 탄소강을 사용하며, 이음매가 없는 것은 압축공기·증기의 압력 배관용으로, 이음매가 있는 것은 주로 구조용 강관으로 사용한다.
③ 비철금속관은 주로 구리관과 황동관을 사용한다.
④ 비금속관으로는 고무관과 플라스틱관, 콘크리트관 등이 있다.

116 정답 ④

바이패스관로는 작동유체의 전량 또는 일부를 갈라져 나가게 하는 관로이다.

117 정답 ③

플랜지 이음은 플랜지를 만들어 관을 결합하는 것으로, 관의 지름이 크거나 유체의 압력이 큰 경우에 사용되며, 분해 및 조립이 쉽다.

118 정답 ④

이음매가 없는 관의 제조법
• **만네스만 압연 천공법** : 저탄소강의 원형단면 빌렛을 가열 천공함
• **에르하르트 천공법** : 열을 가한 사각 강판을 둥근 형에 넣고 회전축으로 압축함
• **압출법** : 소재를 압출 컨테이너에 넣고 램을 강력한 힘으로 이동시켜 소재를 빼내는 가공 방식

119 정답 ②

밸브의 재료
• 소형으로 온도와 압력이 그다지 높지 않을 경우 청동을 사용함
• 고온·고압일 경우 강을 사용함
• 대형일 경우 온도와 압력에 따라 청동·주철·합금강을 사용함

120 정답 ④

정지밸브(스톱밸브)는 밸브판과 밸브시트의 가공·교환·수리 등이 용이하고 값이 싸나, 유체흐름에 대한 저항손실이 크고 흐름이 미치지 못하는 곳에 찌꺼기가 모이는 문제가 있다.

121 정답 ③

③ 체크밸브는 유체를 한쪽 방향으로 흐르게 하기 위한 역류 방지용 밸브로, 리프트 체크밸브, 스윙 체크밸브 등이 있다.
① 스톱밸브(정지밸브)는 나사를 상하로 움직여 유체의 흐름을 개폐하거나 유량·압력을 제어하는 밸브이며, 밸브 디스크가 밸브대에 의하여 밸브시트에 직각방향으로 작동한다.
② 게이트밸브는 부분적으로 개폐될 때 유체의 흐름에 와류가 생겨 내부에 먼지가 쌓이기 쉬운 밸브이다.
④ 버터플라이밸브(나비형 밸브)는 밸브의 몸통 안에서 밸브대를 축으로 하여 원판모양의 밸브 디스크가 회전하면서

관을 개폐하여 관로의 열림각도가 변화하여 유량이 조절되는 밸브이다.

---

122   정답 ①

시퀀스밸브는 순차적으로 작동할 때 회로의 압력에 의해 작동순서를 제어하는 밸브를 말한다. 자중이나 관성력 때문에 제어를 못하게 되거나 자유낙하를 방지하기 위해 사용하는 밸브는 카운터밸런스밸브이다.

---

123   정답 ④

플러그밸브(콕)는 원통이나 원뿔에 구멍을 뚫고 축의 주위를 90° 회전함에 따라 유체의 흐름을 개폐하는 밸브이다.

---

124   정답 ①

유량제어밸브에 적용되는 회로
- **미터인 회로** : 액추에이터(실린더)의 공급측 관로에 설치하여 유량을 제어함으로써 속도를 제어하는 회로
- **미터아웃 회로** : 액추에이터(실린더)의 출구측 관로에 설치하여 유량을 제어함으로써 속도를 제어하는 회로
- **블리드오프 회로** : 액추에이터(실린더)의 공급측 관로에 설치된 바이패스 관로의 흐름을 제어함으로써 속도를 제어하는 회로

---

125   정답 ②

콕(플러그밸브)은 개폐조작이 간단하나 기밀성이 떨어져 저압 · 소유량용으로 적합하다.

126	③	127	②	128	①	129	②	130	①
131	③	132	①	133	①	134	④	135	③
136	④	137	③	138	②	139	①	140	④
141	②	142	①	143	④	144	①	145	②
146	①	147	④	148	③	149	①	150	②

[001-150]

001   정답 ③

현대자동차의 5대 핵심가치는 고객 최우선, 도전적 실행, 소통과 협력, 인재 존중, 글로벌 지향이다.

002   정답 ④

지속가능한 ESG 경영은 환경(Environmental), 사회(Social), 지배구조(Governance)를 의미한다.

003   정답 ③

현대자동차의 CSV(공유가치창출)에서 추구하는 중점 영역에는 continue earth, continue mobility, continue hope가 포함된다.

004   정답 ②

미국자동차공학회(SAE; Society of Automotive Engineers)는 자율주행 기술을 자동화 수준에 따라 6단계(레벨0 ~ 레벨5)로 분류하고 있다.

005   정답 ①

수직이착륙이 가능해 도심에서의 이동 효율성을 극대화한 도심형 항공 모빌리티는 UAM(Urban Air Mobility)이다. 메가시티로 대변되는 미래 대도시의 극심한 교통 체증을 해결하기 위한 솔루션으로 떠오른 미래 모빌리티다.

006   정답 ③

고객의 비즈니스 목적과 요구에 맞춰 낮은 비용으로 제공

회사 및 일반상식

001	③	002	④	003	③	004	②	005	①
006	③	007	④	008	③	009	①	010	④
011	④	012	③	013	②	014	③	015	③
016	②	017	①	018	④	019	④	020	②
021	②	022	①	023	④	024	③	025	①
026	①	027	②	028	④	029	②	030	①
031	④	032	①	033	②	034	③	035	②
036	②	037	③	038	②	039	①	040	②
041	③	042	②	043	④	044	④	045	④
046	①	047	②	048	③	049	①	050	①
051	③	052	④	053	③	054	②	055	②
056	①	057	④	058	④	059	②	060	④
061	③	062	②	063	③	064	①	065	②
066	①	067	②	068	①	069	④	070	④
071	②	072	①	073	③	074	②	075	④
076	④	077	④	078	①	079	②	080	②
081	③	082	③	083	①	084	④	085	②
086	④	087	②	088	③	089	①	090	③
091	①	092	①	093	③	094	②	095	③
096	④	097	③	098	④	099	④	100	②
101	①	102	②	103	③	104	②	105	②
106	①	107	④	108	②	109	③	110	②
111	④	112	②	113	③	114	④	115	①
116	②	117	②	118	③	119	④	120	④
121	④	122	④	123	③	124	④	125	②

가능한 친환경 다목적 모빌리티 차량은 PBV(Purpose Built Vehicle)이다. PBV는 고객이 원하는 시점에 다양한 요구사항을 반영해 설계할 수 있는 단순한 구조의 모듈화된 디바이스다.

007 정답 ④

정보를 의미하는 인포메이션(information)과 다양한 오락거리를 일컫는 엔터테인먼트(entertainment)의 개념을 결합한 통합 멀티미디어 시스템인 인포테인먼트(infotainment)이다.

008 정답 ③

현대자동차그룹은 현대 디벨로퍼스, 기아 디벨로퍼스 그리고 제네시스 디벨로퍼스를 통해 국내외 스타트업, 중소기업, 대기업 등이 오픈 데이터를 활용해 새로운 서비스를 개발할 수 있도록 오픈 데이터 플랫폼을 제공하고 있다.

009 정답 ①

전기차는 전기에너지를 활용하여 달리는 모든 친환경차를 뜻하며, 국내에서는 주로 배터리에 충전된 전기를 이용하여 달리는 배터리 전기차(BEV)를 일컫는다. 하이브리드(HEV), 플러그인 하이브리드(PHEV), 수소 연료전지차(FCEV) 등이 모두 포함된다.

010 정답 ④

내연기관과 전기 모터 구동계를 결합한 하이브리드 시스템에서 전기 모터의 출력과 배터리 용량을 늘리고, 외부로부터 전력을 충전할 수 있는 장치를 더한 자동차는 플러그인 하이브리드 전기 자동차(PHEV; Plug-in Hybrid Electric Vehicle)이다.

011 정답 ④

수소연료전지차(FCEV; Fuel Cell Electric Vehicle)는 수소에서 얻은 전기에너지를 동력원으로 삼는 자동차로, 흔히 수소전기차라고 부른다.
① BEV - 전기차(Battery Electric Vehicle)
② HEV - 하이브리드 자동차(Hybrid Electric Vehicle)
③ PHEV - 플러그인 하이브리드 전기 자동차(Plug-in Hybrid Electric Vehicle)

012 정답 ③

전기를 배터리에 저장하는 것보다 수소로 변환하여 전용 탱크에 보관하는 것이 더 효율적이다.

013 정답 ②

로보틱스(Robotics)란 로봇(robot)과 테크닉스(technics)의 합성어로, 실생활에 로봇 공학을 도입해 편리한 생활을 도모하기 위한 기술을 의미한다. 현대차그룹은 로보틱스를 4차 산업혁명을 향한 미래 성장동력으로 삼고, 2021년에 미국의 보스턴 다이내믹스사를 인수하였다.

014 정답 ③

현대자동차그룹은 스마트 팩토리를 '기술로 구현하는 고객 중심의 제조 플랫폼'으로 인식하고 스마트 팩토리 브랜드인 'E-FOREST(이포레스트)'를 공개했다.

015 정답 ③

현대차그룹의 첫 전기차 전용 플랫폼은 E-GMP(Electric Global Modular Platform)이다.

016 정답 ②

국민의 여론을 공정하게 반영하고, 소수파에 유리하고 사표를 방지할 수 있으나 방법이 복잡한 제도는 비례대표제이다. 2001년 7월 19일 헌법재판소가 현행 선거법 중 '1인 1표에 의한 전국구 의석배분'에 대해 위헌결정을 내림에 따라 도입되었다.

017 정답 ①

섀도 캐비닛(Shadow Cabinet)이란 야당에서 정권을 잡을 경우를 예상하여 각료 후보로 조직한 내각으로 '예비내각'이라고 한다.

018 정답 ④

란츠게마인데(Ladsgemeinde)는 스위스의 비교적 작은 몇몇 주에서 1년에 한 번씩 참정권을 가진 주민이 광장에 모여 주의 중요한 일들을 직접 결정하는 것을 말한다.

019 정답 ④

게리맨더링은 자당의 승리가 확실하도록 가능한 많은 선거구로 분포시켜 유리하게 선거구를 편성하는 것을 말하는 것으로, 선거구 법정주의는 이러한 게리맨더링(Gerrymandering)을 방지하기 위한 것이다.

020 정답 ②

특정 정치인이나 고위 관료의 최측근에서 그들의 대변인 구실을 하는 사람을 뜻하는 말은 스핀닥터이다. 이들은 변화구(스핀)처럼 국면을 반전시키는 선거홍보 전문가로서의 역할을 수행한다.

021 정답 ②

엽관주의(Spoils System)는 선거에 의해 정권을 잡은 사람이나 정당이 관직을 지배하는 정치적 관행으로, 이것은 민의(民意)에 충실하다는 것뿐만 아니라 자기의 지지자들에게 공약을 실현한다는 점에서 정당의 이념 구현과 관계가 있다.

022 정답 ①

합법적이고 합목적인 행정이 수행되고 있는가를 조사하여 감찰하는 제도는 옴부즈맨 제도로, 1809년 스웨덴에서 처음 도입되었다. 이러한 직책을 맡은 사람을 옴부즈맨(Ombudsman)이라고 한다.

023 정답 ④

속죄양 또는 희생양이라는 뜻으로, 아무 이유 없이 약자를 비난과 공격의 표적으로 삼는 것은 스케이프 고트이다. 욕구불만으로 발생하는 파괴적인 충동의 발산이 원인으로 향하지 않고, 아무런 까닭 없이 복수와 반격의 가능성이 적은 약자를 비난과 공격의 제물로 삼는 것을 말한다.

024 정답 ③

한 정당의 중추적인 실력자인 사무총장, 원내대표, 정책위의장이 당3역에 해당한다.

025 정답 ①

쇼비니즘은 국가의 이익과 영광을 위해서는 방법과 수단을 가리지 않으며 국제정의도 고려하지 않는 비합리적인 배외주의를 말한다.

026 정답 ①

대통령 탄핵소추는 국회재적의원 과반수의 발의와 국회재적의원 3분의 2 이상의 찬성으로 결정한다.

027 정답 ②

국회에 20인 이상의 소속의원을 가진 정당은 하나의 교섭단체가 되고 다른 교섭단체에 속하지 않는 20인 이상의 의원으로 따로 교섭단체를 구성할 수 있다.

028 정답 ④

헌법소원의 청구기간은 그 사건이 발생한 날로부터 1년 이내, 그리고 기본권 침해 사유를 안 날로부터 90일 이내이다.

029 정답 ②

행위능력의 제한 중에서 가장 강하며 단독으로는 물론 후견인의 동의를 얻었다 하더라도 법률행위를 할 수 없으며, 그와 같은 행위를 언제나 취소할 수 있는 자는 피성년후견인이다. 피성년후견인은 질병, 장애, 노령, 그 밖의 정신적 제약으로 사무를 처리할 능력이 지속적으로 결여되어 성년후견 개시 심판을 받은 사람을 말한다.

030 정답 ①

가벼운 범죄에 대해 일정기간 선고를 미루는 것은 선고유예로, 법정이 경미한 범인에 대하여 개전의 정이 현저한 때에 형의 선고를 하지 않고 이를 석방하여 무사히 일정기간을 경과하면 그 죄를 불문에 붙이는 제도이다.

031 정답 ④

외교사절을 파견하는 데는 상대국의 사전 동의가 필요한데, 이 상대국의 동의를 아그레망이라고 한다.

032   정답 ①

금융시장 중에서도 자본시장 부문에서 급성장하고 있는 국가들의 신흥시장을 이머징 마켓이라 한다.

033   정답 ②

여론의 향방을 탐지하기 위하여 정보를 언론에 흘리는 것을 발롱데세라고 한다. 의식적으로 조작한 정보나 의견으로, 기상상태를 관측하기 위하여 띄우는 시험기구(Trial balloon)인 관측기구에서 유래되었다.

034   정답 ③

페르소나 논 그라타(Persona NonGrata)는 외교사절로 받아들이기 힘든 인물을 말한다. 외교 관계를 맺고 있는 나라가 수교국에서 파견된 특정 외교관의 전력 또는 정상적인 외교 활동을 벗어난 행위를 문제 삼아 '비우호적 인물' 또는 '기피 인물'로 선언하는 것이다.

035   정답 ②

미국 공군이 개발한 지상목표물 탐색 무인정찰기는 프레데터(Predator)로, 티어(tier) 계획에 따라 미국 국방선진개발연구소의 주도 아래 개발된 지상목표물 무인정찰기이다.

036   정답 ②

유사시 미군이 한국에 증파될 때 이들 병력이 효율적으로 투입·배치될 수 있도록 한국이 군수병참 지원을 제공하는 것을 골자로 한 협정은 전시접수국지원 협정이다.

037   정답 ②

핵을 보유하지 않는 나라가 핵보유국의 영향권 내에 들어가는 것을 '우산'에 비유하여 핵우산이라 하는데, 이는 안전 보장과 군사적, 정치적, 심리적 위협에 대처하는 효과가 있다.

038   정답 ③

OECD는 경제개발을 위한 협력기구로 문화교류 촉진은 설립 취지와 직접적인 관계가 없다.

039   정답 ①

영국의 변호사 베네슨이 정치적, 종교적 확신으로 투옥된 양심범들을 위해서 만든 단체는 국제사면위원회(Amnesty International)로, 고문과 사형제도 및 재판 없는 정치범 억류 등에 반대하는 투쟁을 벌이고 있다.

040   정답 ②

NGO는 환경, 인권, 문맹퇴치, 부패방지, 빈민운동 등에서 두드러진 활동을 하고 있으며, 군축분야도 그 활동 영역에 포함된다.

041   정답 ③

먼로주의는 미국 대통령 먼로가 주창한 외교상의 중립 정책으로 일종의 고립주의이다.

042   정답 ②

1991년 12월 31일 남북한이 함께 핵무기의 시험, 제조, 생산, 접수, 보유, 저장, 배비, 사용의 금지를 내용으로 하는 한반도 비핵화 공동선언이 채택되었다.

043   정답 ④

아셈의 4차 회의는 2002년 덴마크의 코펜하겐에서 열렸다.

044   정답 ④

페이비어니즘(Fabinism)은 1884년 영국의 페이비언협회가 주장한 점진적 사회주의 사상으로, 보수당이 아니라 노동당의 지도이념이다.

045   정답 ④

Doctors Without Borders(국경없는 의사회)는 1995년 10월부터 2개월간 비정부단체로는 유일하게 북한 수해현장에 직접 투입돼 예방활동을 벌이고 의약품과 의료장비를 지원하기도 했다.

정답 및 해설

046 정답 ①

패리티 가격(Parity Price)은 일정한 때의 물가에 맞추어 정부가 결정한 농산물 가격을 말하며 농민, 즉 생산자를 보호하는 데 목적이 있다.

047 정답 ①

베블렌 효과는 미국의 경제학자 베블렌(T. Veblen)이 『유한계급론』에서 고소득 유한계급의 과시하고자 하는 소비 행태를 논한 데서 비롯된 것으로, 허영심에 의해 수요가 발생하는 효과를 말한다.

048 정답 ③

기존의 국민총생산(GNP)이나 국내총생산(GDP) 개념에 시장가치로 나타낼 수 없는 경제활동을 덧붙여 만든 경제지표는 GPI(Genuine Progress Indicator)이다. 가사노동, 육아 등의 시장가치로 나타낼 수 없는 경제활동의 긍정적 가치와 범죄, 환경오염, 자원고갈의 부정적 비용 등 총 26가지 요소의 비용과 편익을 포괄하는 개념이다.

049 정답 ①

엔젤계수(Angel Coefficient)는 가계 총지출에서 자녀를 위한 교육비가 차지하는 비율을 엥겔계수에 빗대어 표현한 것이다.

050 정답 ①

스태그플레이션(Stagflation)은 스태그네이션(Stagnation)과 인플레이션(Inflation)의 합성어로, 경제활동이 침체되고 있음에도 물가상승이 계속되는 '저성장 고물가' 상태를 말한다.

051 정답 ③

물가 하락에 따른 자산의 실질가치 상승이 경제주체들의 소비를 증가시키게 되는 효과는 1943년 영국의 경제학자인 아서 피구가 주장한 피구 효과(Pigou Effect)이다.

052 정답 ④

'악화(惡貨)가 양화(良貨)를 구축한다.'라는 말로 표현되는 화폐유통에 관한 법칙은 16세기 영국의 금융가가 제창한 그레셤의 법칙(Greshem's law)이다.

053 정답 ③

핫머니(hot money)는 국제금융시장을 돌아다니는 유동성 단기자금으로, 자금 이동이 일시에 대량으로 이루어지며 단기 차익을 올리기 위한 투기 성향의 자금이다.

054 정답 ③

경영에 관련된 정보를 수집·보관하였다가 경영의사 결정 시 검색할 수 있도록 도와주는 시스템은 MIS(Management Information System), 즉 경영정보시스템이다.

055 정답 ②

시장통제를 목적으로 동일 산업 부문의 독립 기업들이 협정에 의해 결합하는 기업연합을 카르텔(Cartel)이라고 하며, 대표적인 국제규모의 카르텔로는 석유수출국기구(OPEC)가 있다.

056 정답 ①

자본주의 경제발전 원동력을 혁신(Innovation)으로 보고, 혁신을 수행하는 기업가의 역할을 강조한 경제학자는 슘페터이다. 슘페터의 발전론은 기업가가 이윤 획득을 위하여 혁신을 도입하고, 경영자들이 그 혁신을 모방함으로써 경제는 발전하게 된다는 이론이다.

057 정답 ④

팩터링(Factoring) 금융은 금융기관들이 기업으로부터 상업어음, 외상매출증서 등 매출채권을 매입한 뒤 이를 바탕으로 자금을 빌려주는 제도를 말한다.

058 정답 ④

세계 3대 신용평가기관에는 무디스(MOODY'S), 스탠더드앤푸어스(S&P), 피치(Fitch)가 있다.

059   정답 ②

옐로칩(Yellow Chip)은 블루칩보다는 시가총액이 적지만 재무구조가 안정적이고 업종을 대표하는 중저가 실적우량주를 말한다.
① 블루칩(Blue Chip): 우량 투자종목
③ 레드칩(Red Chip): 중국 관련 투자종목
④ 블랙칩(Black Chip): 탄광이나 석유 등과 관련된 투자종목

060   정답 ④

녹다운방식(KD ; Knock Down System)
완성품이 아닌 부품이나 반제품 형태로 수출한 것을 현지에서 조립하여 판매하는 방식으로 흔히 자동차 산업에서 볼 수 있다.

061   정답 ③

프랑스의 사회학자 에밀 뒤르켐의 자살 연구에서 유래한 것으로, 급격한 사회변동의 과정에서 종래의 규범이 흔들리고 아직 새로운 규범의 체계가 확립되지 않아 혼란한 상태 또는 규범이 없는 상태를 아노미(Anomie)라고 한다.

062   정답 ②

가스라이팅(Gas-Lighting)은 〈가스등(Gas Light)〉이라는 연극에서 비롯된 정신적 학대를 일컫는 심리학 용어로, 타인의 심리나 상황을 교묘하게 조작해 그 사람이 현실감과 판단력을 잃게 만들고 이로써 타인에 대한 통제능력을 행사하는 것을 말한다.

063   정답 ③

백화점, 지하철역과 같이 금전적 이익이 기대되는 지역개발이나 수익성 있는 사업을 서로 자기 지역에 유치하려는 현상을 핌피현상(PIMFY ; Please In My Front Yard)이라 한다.

064   정답 ①

애드호크라시(Adhocracy)는 앨빈 토플러의 저서 『미래의 충격』에 나온 말로, 종래의 관료조직을 대체할 미래조직을 뜻한다.

065   정답 ②

퍼빙(Phubbing)이란 전화기(Phone)와 냉대, 무시라는 뜻의 스너빙(Snubbing)의 합성어로 상대방을 앞에 두고도 스마트폰에만 집중하는 무례한 행위를 말한다.

066   정답 ①

토크니즘(Tokenism)은 실제로는 사회적 차별을 개선하고자 하는 의지가 없으면서 사회적 소수 집단의 일부만을 대표로 뽑아 구색을 갖추는 정책적 조치 또는 관행을 뜻하는 말로, 주로 조직의 포용성과 공평성을 외부에 보여주기 위해 명목상 시행된다.

067   정답 ②

J턴 현상은 대도시에 취직한 지방 출신의 근로자가 도시생활에 지쳐 대도시를 떠날 때 고향까지 돌아가지 않고 대도시와 가까운 지방의 중소도시 등 대도시와 출신지 사이의 지역에 일자리를 얻어 정착하는 현상을 말한다.

068   정답 ①

캔슬 컬처(Cancel Culture)는 특히 유명인이나 공적 지위에 있는 인사가 논쟁이 될 만한 행동이나 발언을 했을 때 사회관계망서비스(SNS) 등에서 해당 인물에 대한 팔로우를 취소하고 보이콧하는 온라인 문화 현상을 가리킨다.

069   정답 ④

살찐 고양이법은 공공기관의 임원들이 지나친 연봉을 받는 것을 제한하기 위한 법령 또는 조례를 일컫는다. '살찐 고양이'는 배부른 자본가를 지칭하는 말로, 2008년 글로벌 금융위기 당시 월가의 탐욕스런 은행가와 기업인을 비난하는 말로 널리 사용되었다.

070   정답 ④

맞벌이를 하면서 아이를 낳지 않고 일찍 정년퇴직해서 여유로운 노후생활을 즐기는 사람들 또는 그러한 계층을 싱커즈족(Thinkers)이라 한다.

071　　　　정답 ②

탄력근로제는 유연근무제의 일종으로 업무가 많을 때는 특정 근로일의 근무시간을 연장시키는 대신 업무가 적을 때는 다른 근로일의 근무시간을 단축시켜 일정기간의 주당 평균 근로시간을 52시간(법정 근로시간 40시간+연장근로 12시간)으로 맞추는 제도이다.

072　　　　정답 ③

직장을 이탈하지 않는 대신 불완전 노동으로 사용자를 괴롭히는 노동쟁의 방식은 사보타주(Sabotage, 태업)이다. 이는 불완전 제품을 만든다든지, 원료와 재료를 필요 이상으로 소비한다든지, 노동시간을 충분히 사용하지 않고 헛되이 보낸다든지 하여 사용자에게 손해를 주어 자기들의 요구를 관철시키려는 쟁의수단이다.

073　　　　정답 ③

프리젠티즘(Presenteeism)은 질병을 앓고 있거나 심한 업무 스트레스와 피로로 정신적 · 신체적 컨디션이 좋지 않은데도 회사에 출근하는 행위를 뜻한다.

074　　　　정답 ②

더블워크는 아르바이트나 부업을 통해 수입을 보충하는 것으로 일자리 나누기와는 관련이 없다.
① **잡셰어링**: 하나의 업무를 시간대별로 나눠 2명 이상의 파트타임 근로자가 나누어 하는 것
③ **워크셰어링**: 노동자들의 임금을 삭감하지 않고 고용도 유지하는 대신 근무시간을 줄여 새로운 일자리를 만들어 가는 제도
④ **임금피크제**: 근로자가 일정 연령에 도달한 이후 근로자의 고용을 보장하는 것을 조건으로 근로자의 임금을 조정하는 제도

075　　　　정답 ④

확정기여형 퇴직연금은 급여의 지급을 위하여 사용자가 부담하여야 할 부담금의 수준이 사전에 결정되어 있는 퇴직연금이다.

076　　　　정답 ④

빛과 온도를 자유로이 조절하여 인공적으로 사계절을 재현할 수 있는 인공 기상실은 바이오트론(biotron)이다. 인공환경 속에서 동식물을 기르는 시설로, 1947년 미국 캘리포니아주의 에어하드 연구소에서 최초로 설치했다.

077　　　　정답 ④

나비효과(Butterfly Effect)는 나비의 날갯짓처럼 작은 변화가 폭풍우처럼 큰 변화를 유발시키는 현상을 말한다. 이 원리는 카오스 이론으로 발전하여 여러 학문 연구에 쓰이고 있다.

078　　　　정답 ①

파동을 발생시키는 파원(派源)과 관찰자의 상대적인 운동에 의해 관찰자가 파원의 진동수와는 다른 진동수를 관찰하게 되는 것을 도플러효과(Doppler effect)라고 하는데, 허블은 이를 바탕으로 성운의 거리와 후퇴 속도에 대한 관계를 발견하여 팽창 우주를 관측적으로 나타내었다.

079　　　　정답 ②

스마트 그리드(Smart Grid)는 기존의 전력망에 정보기술(IT)을 접목하고 전력 공급자와 소비자가 양방향으로 실시간 정보를 교환함으로써 에너지 효율을 최적화하는 차세대 지능형 전력망 기술을 의미한다.

080　　　　정답 ②

세계 최초의 인공위성은 구소련이 쏘아 올린 '동반자'라는 뜻의 스푸트니크 1호이다.

081　　　　정답 ③

고온에서 음전하를 가진 전자와 양전하를 띤 이온으로 분리된 기체 상태로서 고체, 액체, 기체에 이은 제4의 물질 상태는 플라스마(Plasma)이다.

082 정답 ③

폰티악열병은 더러워진 에어컨 필터에 기생하는 레지오넬라 균이 냉방 시스템을 통해서 건물 전체에 퍼져 나가 발생하는 급성 호흡기 감염 질환이다.

083 정답 ①

시스템의 효율을 올리기 위해 롬에 저장되어 있는 기본적인 프로그램은 펌웨어(firmware)이다. 펌웨어는 소프트웨어를 하드웨어화시킨 것으로서 소프트웨어와 하드웨어의 중간에 속한다.

084 정답 ④

인터넷에서 입력정보 중 꼭 필요한 정보만을 기록하였다가 다음에 편리하게 찾아갈 수 있도록 고안된 데이터의 묶음은 쿠키(cookie)이다. 인터넷 사용자가 웹사이트에 접속한 후 이 사이트 내에서 어떤 정보를 읽어들이고 어떤 정보를 남겼는지 기록하는 것이 핵심 기능이다.

085 정답 ②

디지털 루덴스란 '디지털(Digital)'과 인간 유희를 뜻하는 '호모 루덴스(Homo Ludens)'의 합성어로, 디지털 자료들을 적극적으로 활용해 예술이나 기타 창조활동을 하는 사람을 지칭한다.

086 정답 ④

외부 침입자가 특정 인터넷 주소로 사용자의 방문을 유도한 뒤 사전에 지정한 코드가 작동되도록 만들어 사용자 권한을 획득하거나 개인 정보를 빼내는 수법은 스푸핑(Spoofing)이다. 바이러스 메일을 유포한 뒤 사용자가 메일을 열면 바이러스가 자동 실행되어 사용자 비밀번호 등 개인정보가 유출된다.

087 정답 ③

게더링 사이트는 동호회나 작은 모임 등을 활성화하여 원천적으로 네티즌의 참여를 높이고, 일단 사이트에 들어온 네티즌의 활동내용을 분석하여 좀더 철저한 고객관리를 하려는 것이 목적이다. 게더링 사이트는 자주 이용하는 서비스를 한데 모은 포털사이트와 여러 인터넷 기업이 하나의 회원제를 사용하는 허브사이트의 단점을 보완하여 제작한 사이트이다.

088 정답 ③

3차원 물체의 형상을 나타내기 위해 물체의 형상을 수많은 선의 모임으로 표시하여 입체감을 나타내는 컴퓨터 그래픽 기법은 와이어 프레임(Wire-frame)이다. 이것은 마치 철사를 이어서 만든 뼈대처럼 보이므로 와이어 프레임이라 한다.

089 정답 ①

인터넷을 통해 영화, 드라마, TV방송 등 각종 영상을 제공하는 서비스는 OTT(Over The Top)이다. 대표적인 OTT 업체로는 넷플릭스, 유튜브 등이 있다.

090 정답 ③

토렌트(Torrent)는 파일을 잘게 분산해 저장·공유하여 다운을 받을 수 있도록 한 P2P(Peer To Peer) 방식의 파일 공유를 의미한다.
① 스캠(Scam): 기업 이메일 정보를 해킹한 다음 거래처로 둔갑해 거래 대금을 가로채는 범죄 수법
② 보트넷(Botnet): 애드웨어나 스파이웨어와 같은 악성코드를 감염시켜 해커가 자유자재로 제어할 수 있는 좀비 PC들로 구성된 네트워크
④ 테더링(Tethering): 블루투스나 USB 케이블을 인터넷 접속이 가능한 기기에 이용하여 다른 기기에도 인터넷에 접속할 수 있게 해주는 기술

091 정답 ①

세계적으로 중요한 습지의 파괴를 억제하고 물새가 서식하는 습지대를 국제적으로 보호하기 위해 채택한 협약은 1971년 2월 2일 이란의 람사르(Ramsar)에서 채택된 람사르협약이다.

092 정답 ①

1992년 6월 리우회의에서는 '리우선언'과 이의 실행을 위한 구체적 지침을 담은 Agenda 21, 기후변화협약, 생물다양성협약, 산림원칙 등 5개 협약에 대해 조인했다.

093 정답 ③

제6절멸은 절멸의 99%가 인간활동이 직접 혹은 간접 원인이며 급격한 속도로 절멸이 진행되고 있다.

094 정답 ④

COD(Chemical Oxygen Demand)란 화학적 산소요구량으로 산화제를 이용하여 물속의 피산화물을 산화하는 데 요구되는 산소량을 ppm 단위로 표시한 값을 말한다.

095 정답 ③

수질오염을 나타내는 지표로는 화학적 지표, 물리적 지표, 생물학적 지표, 감각적 지표가 있다.

096 정답 ④

스톡홀름협약에서 정한 규제 대상물질: 다이옥신, DDT, 퓨란, 알드린, 클로르덴, 딜드린, 엔드린, 헵타클로르, 마이렉스, 톡사펜, 폴리염화비페닐(PCB), 헥사클로로벤젠 등

097 정답 ③

지구 대기를 오염시켜 온실효과를 일으키는 대표적인 온실가스에는 이산화탄소(CO_2), 메탄(CH_4), 아산화질소(N_2O), 염화불화탄소(CFC) 등이 있다.

098 정답 ④

이타이이타이병의 원인은 신쓰가와 상류에 있는 미쓰이 금속 광업소에서 유출된 카드뮴으로, 이것이 상수와 농지를 오염시켜 만성 카드뮴 중독을 일으킨 것으로 밝혀졌다.

099 정답 ④

블리자드(Blizzard)는 남극에서 빙관으로부터 불어오는 맹렬한 강풍을 말한다. 풍속 14m/s 이상, 저온, 시정 500ft 이하인 상태를 가리킨다.

100 정답 ②

적도 무역풍이 평년보다 강해지면서 서태평양의 해수면과 수온이 평년보다 상승하게 되고, 찬 해수의 용승 현상 때문에 적도 동태평양에서 저수온 현상이 강화되어 엘니뇨의 반대현상이 나타난다. 이러한 현상을 라니냐(스페인어로 여자아이)라고 한다.

101 정답 ①

바람이 산을 타고 넘을 때, 기온이 오르고 습도가 낮아지는 현상으로 공기의 성질이 고온건조하게 변하는 것이다. 우리나라에서 발생하는 푄 현상은 높새바람이다.

102 정답 ④

① 샛바람 – 동풍
② 마파람 – 남풍
③ 높바람 – 북풍

103 정답 ③

태풍(Typhoon)과 허리케인(Hurricane) 모두 열대성 저기압에 해당된다.

104 정답 ②

주요 사바나 지역은 브라질 고원(캄푸스가 무성), 오리노코 강 유역(야노스 평원), 중앙아메리카 서안, 오스트레일리아 북부, 인도차이나 반도, 데칸 고원(레구르 토양이 분포), 콩고 분지 등이다.

105 정답 ②

우리나라에 영향을 주는 기단으로는 양쯔강 기단, 시베리아 기단, 오호츠크해 기단, 북태평양 기단, 적도기단 등이 있다.

106 정답 ①

세계 최초의 해양문명으로 그리스 문화의 선구이며 오리엔트 문명을 그리스에 전달하는 교량역할을 한 문명은 에게 문명이다.

107 정답 ④

이슬람과 비잔틴 문화를 바탕으로 한 사라센 문화는 지중해 연안과 인도 · 중국의 문화를 종합하여 절충한 문화이다.

108 정답 ②

로마제국은 BC 7세기경에 이탈리아 반도 테베 강어귀에 라틴 사람들이 세운 도시 국가에서 시작하여 왕정기, 공화정기, 제1 · 2차 삼두정치를 거쳐 BC 27년에 옥타비아누스가 제정시대를 이루었다.

109 정답 ③

십자군 원정의 결과 교황과 봉건영주의 세력은 약화되고 왕권은 강화되어 중앙집권국가로 발전하게 되었으며, 지중해 중심의 동방무역 발달로 이탈리아의 도시들이 번영하게 되었다.

110 정답 ②

랭커스터가와 요크가가 영국의 왕위 계승을 둘러싸고 벌인 전쟁으로 랭커스터가는 붉은 장미, 요크가는 흰 장미를 가문의 문장으로 삼았기 때문에 장미 전쟁이라는 이름이 붙었다.

111 정답 ④

30년 전쟁은 1648년 베스트팔렌조약을 맺으면서 신교의 최종 승리로 끝나게 된다.

112 정답 ②

아편전쟁에서 패한 청나라는 서양과 최초의 불평등조약인 난징조약을 체결하였고 이 때 홍콩이 영국에 할양되었다.

113 정답 ③

원산학사는 덕원 부사 정현석이 건의하고 관민이 합심하여 만든 우리나라 최초의 근대학교로, 문예반과 무예반으로 이루어져 있다.

114 정답 ④

라이머는 『학교는 죽었다』라는 저서에서 학교사망론을 주장하였다.

115 정답 ①

공교육 제도의 문제점을 극복하고자 만들어진 학교는 대안학교이다. 교사가 일일이 신경을 쓰기 힘들 정도로 많은 학생 수, 주입식 교과 과정, 성적 지상주의 등 학교교육이 맞닥뜨린 현실을 넘어서려는 시도로 등장하였다.

116 정답 ②

칭찬의 긍정적 효과를 설명하는 용어는 하버드대 심리학과 교수였던 로버트 로젠탈 교수가 발표한 로젠탈 효과(Rosenthal Effect)로 '피그말리온 효과'와 일맥상통한다.

117 정답 ③

피아제는 인지발달을 촉진시키는 주요 요인을 성숙, 사물과의 물리적 경험, 사회적 상호작용, 평형화의 4가지로 보았다.

118 정답 ③

손다이크의 3대 학습법칙으로는 연습의 법칙, 효과의 법칙, 준비성의 법칙이 해당된다.

119 정답 ④

실천을 중요시하는 지행합일설(知行合一說)을 주장한 사람은 명나라 학자로 양명학의 창시자인 왕양명이다.

120 정답 ④

진리의 상대성과 유용성을 강조하며, 실질과 실용을 중시하는 현실주의 철학은 미국에서 발달한 프래그머티즘(pragmatism)이다.

정답 및 해설

121 정답 ④

우리나라 중요무형문화재 제1호는 종묘제례악으로, 종묘에서 제사를 드릴 때 의식을 장엄하게 치르기 위하여 연주하는 기악과 노래 그리고 춤을 말한다.

122 정답 ④

세계 3대 영화제는 칸, 베니스, 베를린 국제영화제이다.

123 정답 ③

'연극의 아카데미상'이라 불리는 토니상은 정식 명칭이 '앙투 와네트 페리 상'으로 브로드웨이에서 활약한 명 여배우 앙투 와네트 페리를 기념하기 위해 만들어졌다.

124 정답 ④

베토벤 교향곡: 제3번 〈영웅〉, 제5번 〈운명〉, 제6번 〈전원〉, 제 9번 〈합창〉

125 정답 ②

칸타타는 기악반주가 있는 합창, 중창, 독창 등 여러 곡으로 구성된 성악곡의 형태를 갖는다.

126 정답 ③

오페라에서 주인공이 부르는 서정적인 가요는 아리아이다. 아리아는 오페라, 오라토리오, 칸타타 등 대규모이고 극적인 작품 속의 독창가곡을 말한다.

127 정답 ②

뜻이 없는 음절에 붙인 선율을 열정적으로 부르는 재즈의 즉흥 가창법은 스캣(scat)이다. 노래를 하다가 자신의 목소리를 마치 악기처럼 구사해서 소리를 내며, 특별한 가사가 붙는다기보다 다른 악기, 예를 들어 트럼펫이나 색소폰의 솔로 부분처럼 목소리로 '연주'를 하는 것이다.

128 정답 ①

17~18세기경에 유럽에서 유행한 미술양식으로 '일그러진 진주'라는 뜻의 포르투갈어는 바로크이다.

129 정답 ②

'새로운 미술'이라는 뜻인 아르 누보는 19세기 말에서 20세기 초에 걸쳐 영국에서 처음 발달하여 서유럽 전역 및 미국에까지 넓게 퍼졌던 장식적 양식을 말한다.

130 정답 ①

유전자(DNA)를 통해서 다음 세대로 전달되는 것이 아니라 모방에 의해 다음 세대로 전달되는 '문화유전자'를 의미하는 것은 밈(MEME)이다. 영국의 진화생물학자 리처드 도킨스(Richard Dawkins)의 저서 『이기적인 유전자』에서 나온 용어이다.

131 정답 ③

테니스에서 게임 스코어가 0-40에서 다음 포인트로 경기를 끝냈을 때 이 게임을 러브 게임이라 한다. 즉, 1점도 얻지 못한 게임을 말한다.

132 정답 ①

세팍타크로(Sepaktakraw)는 네트를 사이에 둔 두 팀이 볼을 땅에 떨어뜨리거나 팔·손 등을 이용하지 않고 발로 차 승패를 겨루는 스포츠 경기이다.

133 정답 ①

사브르(sabre)는 베기 또는 찌르기를 유효로 하는 펜싱 경기이다. 손을 커버하는 가드가 달린 유연한 검을 사용하여 공격을 우선으로 하고, 방어자는 반격의 권리를 얻어 공격하게 된다.

134   정답 ④

골프에서 파 5홀인 롱홀을 2타만에 끝냈을 때 부르는 스코어는 알바트로스(albatross)이다.
① 보기(bogey): 1홀에서 기준 타수보다 1타 많은 타수로 홀인하는 경우
② 버디(buddy): 표준타수(파)보다 1개 적은 타수로 홀컵에 넣는 경우
③ 이글(eagle): 파 4 이상의 홀에서 표준타수보다 두 타를 덜 치고 홀컵에 넣는 경우

135   정답 ③

농구 경기에서 3점슛 라인은 바스켓 중심부와 수직을 이루는 지점에서 반원을 엔드 라인까지 연장한 선으로 링에서 6.75m 거리이다.

136   정답 ④

고국천왕 때 실시된 고구려의 진대법은 춘대추납의 빈민구제책으로 양민들의 노비화를 막으려는 목적으로 실시되었다.

137   정답 ③

독서삼품과는 788년(원성왕 4년)에 설치된 신라시대의 관리 등용제도이다.

138   정답 ②

고구려 멸망 후 대조영은 지린성 돈화현 동모산에서 지배층인 고구려인과 피지배층인 말갈인을 규합하여 발해를 건국하였다(698년).

139   정답 ②

삼별초는 수도의 치안 유지를 담당하던 야별초(좌 · 우별초)에 신의군(귀환 포로)을 합쳐 편성되었다. 별기군은 조선 후기 고종 때 창설된 신식 군대이다.

140   정답 ④

조선시대에 수양대군(세조)이 왕위를 찬탈하기 위하여 일으킨 사건은 계유정난으로, 단종 및 그를 보좌하던 김종서 · 황보인 등을 살해하였다.

141   정답 ②

도첩은 승려에게만 발급하는 신분증으로 승려의 수를 제한하기 위해 실시되었다.

142   정답 ①

김일손이 김종직의 조의제문을 사초에 실어 훈구파의 반감을 산 것을 발단으로 사림파가 화를 입은 사건은 무오사화(연산군 4년, 1498년)이다.

143   정답 ④

대동법은 광해군 때 경기도에서 처음 실시되었고, 숙종 때 함경도와 평안도를 제외한 전국에서 시행되었다.

144   정답 ③

조선시대 국가 재정의 근간이 된 전정, 군정, 환곡을 삼정이라 한다. 조선 후기에는 삼정이 문란하여 민란이 자주 발생하였다.

145   정답 ②

갑신정변의 결과 조선과 일본 사이에 체결된 조약은 한성조약이다.

146   정답 ①

일본의 강압으로 김홍집을 수반으로 하는 혁신내각이 실시한 정치, 경제, 사회, 문화 전반에 걸친 근대적 개혁은 조선 고종 31년(1894)에 일어난 갑오개혁이다.

147   정답 ④

아관파천 이후 고종은 1897년 2월 환궁하였으며, 10월 대한제국의 수립을 선포하고 황제위에 올라 연호를 광무라 하였다.

148   정답 ③

서재필에 의해 세워진 독립협회는 자주국권, 자강개혁, 자유민권을 그 기본 사상으로 한다. ③의 보국안민은 동학농민운동의 사상이다.

149   정답 ①

고종 황제는 헤이그에서 열린 만국평화회의에 이상설, 이위종, 이준을 비밀리에 보내어 을사조약의 불법성과 일본의 무력적 침략의 부당성을 주장하였다.

150   정답 ②

'민족 유일당 민족협동전선'이라는 표어 아래 민족주의를 표방하고 민족주의 진영과 사회주의 진영이 제휴하여 창립한 민족운동단체는 신간회이다.

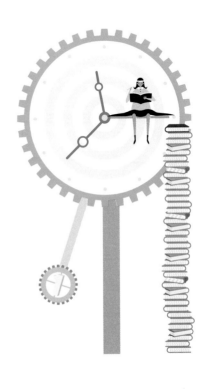

PART 4

적중문제
정답 및 해설

▌ 기초생활영어

001	②	**002**	③	**003**	①	**004**	②	**005**	②
006	④	**007**	①	**008**	②	**009**	①	**010**	①
011	①	**012**	②	**013**	②	**014**	②	**015**	①
016	④	**017**	③	**018**	①	**019**	①	**020**	①
021	①	**022**	③	**023**	④	**024**	④	**025**	③
026	②	**027**	①	**028**	④	**029**	③	**030**	④
031	③	**032**	①	**033**	④	**034**	②	**035**	①
036	①	**037**	④	**038**	③	**039**	④	**040**	③
041	③	**042**	②	**043**	②	**044**	④	**045**	④
046	①	**047**	④	**048**	②	**049**	①	**050**	④

[001~050]

001 　　　　　　　　　　　정답 ②

「역시 ~하다」를 의미할 때 「So + 동사 + 주어」는 긍정문에, 「Neither + 동사 + 주어」는 부정문에 쓴다. 그리고 동사는 be동사인 경우 be동사를, 일반동사인 경우 do동사를, 조동사는 조동사를 사용한다. like는 일반동사이므로 do를 사용해야 한다.

해석

A : 나는 독서를 아주 좋아해.

B : 나도 그래.

A : 독서는 즐거움 한 가지를 주지.

B : 아 글쎄, 나는 한 가지 이상의 즐거움을 준다고 생각하는데.

002 　　　　　　　　　　　정답 ③

'be my guest(좋으실 대로 하세요, 그러세요)'는 상대방의 간단한 부탁을 들어주거나 허락하면서 하는 표현이다. ③에서 A는 가능한 빨리 보고서를 제출해 달라고 요청했는데, 이에 대해 'be my guest'로 답하는 것은 어색하다.

해석

① A : 우리 내일 소풍 가는 것 맞지요? 비가 올지도 몰라요.

　　B : 좀 더 두고 보아요.

② A : 이번 주말에 저와 함께 저녁 같이 하실래요?

　　B : 미안하지만 안 될 것 같아요. 다음 기회에 할 수 있을까요?

③ A : 가능한 한 빨리 보고서를 제출해 주시겠어요?

　　B : 그러세요.

④ A : Smith씨가 도시를 떠나 있는 것이 사실인가요?

　　B : 제가 알기로는 아닌데요.

어휘

- Let's wait and see 잠시 두고 보자, 잠시 관망하기로 하자
- make it 성공하다, 해내다, 솜씨 좋게 완성하다
- give a rain check 다음에 한 번 더 초대하다, 다음 기회를 주다 cf. rain check 우천 교환권[순연권], 초대의 순연[순연 요청], 다른[다음] 기회[때]
- be my guest (예) 그러세요, 좋으실 대로 하세요
- hand in 손으로 건네다, 제출하다
- Not that I know of 내가 아는 한 ~은 아니다

003 　　　　　　　　　　　정답 ①

어젯밤 마감 근무를 하며 주방 청소를 깨끗이 하지 않은 B에게 A가 주의를 주는 상황이다. 따라서 B가 사과의 말과 함께 할, 빈칸에 들어갈 말로 가장 적절한 것은 ① '미안해요. 다시는 그러지 않을게요.'이다.

해석

A : 어제 여기에 있었나요?

B : 네, 저는 마감조로 일했어요. 왜 그러시죠?

A : 오늘 아침 주방이 엉망이었어요. 음식이 화로 위에 널려져 있고 제빙 그릇은 냉동실에 없었어요.

B : 제가 청소 체크리스트 검토를 깜박한 것 같아요.

A : 청결한 주방이 얼마나 중요한지는 당신도 아시죠.

B : 미안해요. 다시는 그러지 않을게요.

어휘

- closing shift 마감조
- ice trays (냉장고의 각빙을 만드는) 제빙 그릇

■ freezer 냉동고 (→ fridge-freezer)

004 　　　　정답 ②

A가 빈칸 앞에서 비강 스프레이를 써봤냐고 물어보고 빈칸 뒤에서 효과가 좋다며 권유하지만, B는 코에 무언가 넣는 것을 싫어해 써본 적이 없다며 거부하고 있다. 따라서 비강 스프레이 사용 권유에 대한 답변이 들어갈 자리이다. 적절한 것은 ② '아니, 난 비강 스프레이를 좋아하지 않아.'이다.

해석
A : 네 감기에 뭐라도 해본 거 있어?
B : 아니, 그냥 코를 많이 풀어.
A : 비강 스프레이는 해봤어?
B : 아니, 난 비강 스프레이를 좋아하지 않아.
A : 그거 효과가 좋아.
B : 괜찮아. 난 내 코에 뭘 넣는 걸 싫어해서 한 번도 그걸 써본 적 없어.

어휘
■ nose spray 비강 스프레이
■ pharmacy 약국

005 　　　　정답 ②

시험 준비가 제대로 되어있지 않아 우울한 표정(long face)인 베티가 도와줄 수 있냐고 물었고, 그에 대한 대답으로 가장 적절한 것을 찾는다. 능력 밖이어서 도움을 줄 수 없다는 대답이므로, 빈칸에는 ②가 가장 적절하다.

해석
A : 안녕, 베티. 왜 시무룩한 얼굴을 하고 있어? 마음 속에 무언가 (걱정거리라도) 있니?
B : 네, 다음 주 시험이 걱정돼. 나는 오랫동안 책을 읽지 않았어.
A : 저런, 너는 서두르는 게 나을 거야.
B : 그래, 나도 알아 내가 그래야 한다는 걸. 내 일본어 실력 좀 도와줄 수 있어?
A : 미안, 그건 완전히 내 능력 밖이야.

006 　　　　정답 ④

구어적 표현인 'Like hell ~' 즉, '절대 아니다'는 부정의 응답도 불가능하지만은 않으나 품질을 단수로 받는 것이 맞으므로 Like hell it is!가 더 적합할 것이다.

해석
A : 여기 남성의류 매장엔 옷 종류가 많지가 않아.
B : 알아, 하지만 여기 갖춰진 옷의 품질만큼은 뛰어나다고 생각하지 않아?
A : 떡이나!

007 　　　　정답 ①

자신이 고집 센 것에 대해 인정하면서 그 뒤에 덧붙이는 말이다. 그러므로 단순히 기분이 나쁘다거나(②) 옛 친구와 재미있게 놀고 싶다는 것(④)은 적절하지 않다. 또한, 흔히 고집이 세거나 기질(성격)상의 어떤 특징이 두드러질 때 '(어떤 점이) 부모를 빼 닮았다'라고 표현한다는 점에 착안하면 비교적 쉽게 답을 고를 수 있겠다. 여기서 'a chip off the old block'은 '(기질 · 외모 등이) 부모를 빼 닮은 아이(판박이)'라는 표현이다.

해석
A : 왜 넌 그렇게 고집을 부리니?
B : 모르겠어. 나는 원래 이래(그게 바로 나야). 난 부모님을 빼 닮았나 봐.
② 난 그냥 기분이 안 좋아.
③ 난 나의 직관에 대한 확신을 가지고 있을 뿐이야.
④ 난 그저 옛 친구들과 재미있게 놀고 싶어.

어휘
■ stubborn 완고한, 고집 센, 완강한(= obstinate, tenacious), 다루기 어려운
■ achip off the old block (부모의) 판박이, (기질 · 외모 등이) 부모를 빼 닮은 아이
■ bad mood 불쾌한 기분
■ have confidence in ~에 대해 자신[확신]을 가지고 있다
■ intuition 직관, 직감
■ have fun 재미있게 놀다[즐기다], 흥겨워하다

008 　　　　정답 ②

빈칸에 이어지는 답변으로 해결방안에 대해 언급하였으므로, A는 해결방안을 강구하는 질문이 들어가야 한다. 빈칸 바로 다음에서 "Well, you can set up a filter on the settings. (음, 설정에 필터를 설치 할 수 있어.)"라고 말하는 것으로 볼 때 빈칸에는 "Isn't there anything we can do?(우리가 할 수 있는 것이 없어?)"라고 묻는 것이 적절하다.

해석
A : 이런, 또 왔어! 스팸 메일이 너무 많아!

B : 나도 알아. 나는 하루에 10통 이상의 스팸 메일을 받아.

A : 그것들이 오는 것을 막을 수 있을까?

B : 그것들을 완전히 차단하는 것은 불가능하다고 생각해.

A : 우리가 할 수 있는 것이 없을까?

B : 음, 너는 환경설정에서 필터를 설정할 수 있어.

A : 필터를?

B : 그래. 필터는 일부 스팸 메일을 걸러낼 수 있어.

① 너는 이메일을 자주 쓰니?

③ 너는 어떻게 이렇게 굉장한 필터를 만들었니?

④ 내가 이메일 계정을 개설하는 것을 도와줄 수 있니?

어휘

- junk email 정크 메일, 스팸 메일
- stop A from ~ing A가 ~하는 것을 막다
- set up 건립하다, 설립[수립]하다, 준비하다, ~인체 하다(= erect, establish, prepare, claim to be, entrap, frame)
- weed out 걸러내다, 솎다, 제거하다

---

009 정답 ①

빈칸 뒤에서 A가 자신의 입장을 지지해줄 참조문헌을 못 찾았다고 했으니 no, I couldn't는 리포트를 다 쓰지 못했다는 말일 것이다. 따라서 끝났는지 물어본 ①이 가장 적합한 정답이다.

해석

A : 계속해서 기다리게 해 미안해, 하지만 나는 오늘 몸이 매우 좋지 않아.

B : 기분도 안 좋아 보여. 무슨 일이 있니?

A : 오늘 경제학 리포트를 제출해야 해서 어젯밤에 밤을 새워야 했어.

B : 그거 안됐구나. 그거 잘 끝냈니?

A : 아니, 못 했어. 나는 내 입장을 뒷받침할 유용한 추천서를 찾을 수 없었어.

B : 걱정 마. 더 중요한 건 아무것도 없어, 너의 건강보다.

---

010 정답 ①

손님이 이틀 전에 산 옷이 조금 커서 바꿔달라고 하였으나, 이 후의 대화내용은 손님이 영수증을 제시하고 환불을 받는 상황이다. 그러므로 밑줄 친 부분에 들어갈 A(점원)의 말은 사이즈 교환이 안 되는 이유가 들어가야 하므로, ①의 "I'm sorry, but there's no smaller size.(죄송하지만, 더 작은 사이즈는 없습니다.)"가 들어갈 말로 가장 적절하다.

해석

A : 무엇을 도와드릴까요?

B : 이틀 전에 이 옷을 샀는데, 내게 좀 큰 것 같아서요.

A : 죄송하지만, 더 작은 사이즈는 없습니다.

B : 그렇다면 환불받고 싶습니다.

A : 영수증 좀 보여주시겠어요?

B : 여기 있습니다.

② 정말로 아주 잘 어울리는데요.

③ 이 옷은 저의 매장에서 아주 잘 팔립니다.

④ 죄송하지만, 이 제품은 환불할 수 없습니다.

어휘

- get a refund 환불받다, 변제받다
- purchase 구입[구매]한 것

---

011 정답 ①

제시된 내용은 새로운 사장에 대해 불만을 이야기하고 있는데 그가 바로 나타난 상황을 묘사하고 있다. 따라서 밑줄 친 부분에 가장 어울리는 표현은 'Speak of the devil'이다. 'Speak of the devil (and in he walks)', 또는 'Talk of the devil (and he will appear)'은 '마귀에 대해 이야기해 봐. 그러면 그가 나타날 거야'라는 의미로, 우리말 속담의 '호랑이도 제 말하면 온다'는 표현에 해당한다.

해석

Tom : 솔직히, 나는 새 사장님이 자신이 무슨 일을 하고 있는지 모르는 것 같아.

Jack : 그는 젊은 분이야, Tom. 너는 그에게 기회를 드려야 해.

Tom : 얼마나 많은 기회를 내가 그분께 드려야 해? 그는 정말 끔찍하게 일하고 있어.

Jack : 호랑이도 제 말하면 온다더니.

Tom : 뭐? 어디에?

Jack : 저쪽에. 새 사장님께서 막 저 모퉁이를 돌아 나오셨어.

② 행운을 기원합니다

③ 계속 수고하세요, 앞으로도 열심히 하세요

④ 돈은 암말(고집 센 나귀)도 가게 한다. 돈이 있으면 귀신도 부릴 수 있다

어휘

- around the corner 바로[아주] 가까이에, 길모퉁이를 돌아선 곳에, 임박하여, 곧
- terribly 정말, 매우, 심각하게, 지독하게
- keep up 유지하다, 지속하다, 계속하다
- mare 암말

012 정답 ②

의미상 빈칸에 어울릴 수 있는 표현은 ②뿐이다.

해석

A : 수도관(배관) 공사에 대해 집주인에게 말씀드렸나요?
B : 네, 그는 오늘 늦게 사람들(수리공들)이 화장실과 싱크대 모두 고쳐 줄 것이라고 말했어요.
A : (그래요, 거의 시간이 됐군요.)
① 제가 (전화를) 연결해 드릴게요.
③ 당신은 그것을 외워서 알고 있나요?
④ 저는 무료로 여행하고 싶지 않아요.

013 정답 ②

빈칸 다음에서 A가 젓가락으로 하나를 집어서 소스에 찍으면 된다고 하였으므로, 빈칸에는 먹는 방법을 묻는 질문이 들어갈 것으로 유추할 수 있다. 그러므로 ②의 "how do I eat them? (그것들을 어떻게 먹으면 되나요?)"가 들어갈 말로 가장 적절하다.

해석

A : 딤섬 좀 드시겠어요?
B : 네, 감사합니다. 맛있어 보이네요. 안에 뭐가 들었어요?
A : 이것들은 돼지고기랑 다진 야채가 든 것이고 저것들은 새우가 들어갔어요.
B : 그리고, 음, 그것들을 어떻게 먹으면 되나요?
A : 이렇게 젓가락으로 하나를 집어서 소스에 찍으면 되요. 쉬워요.
B : 좋습니다. 한 번 해볼게요.
① 그것들은 얼마입니까?
③ 그것들은 얼마나 맵나요?
④ 그것들을 어떻게 요리하나요?

어휘

- dim sum 딤섬(중국식 작은 만두 요리)
- delicious 아주 맛있는(= delectable)
- chopped 잘게 썬, 다진
- shrimp 새우
- dip into ~에 찍다[적시다]
- spicy 양념을 많이 넣은, 매운(↔ waterish 싱거운)

014 정답 ②

윗글은 A의 컴퓨터가 고장 나서 B와 상의하는 대화 내용이다. 빈칸 다음에 A가 그렇게 해야 되는데 너무 게으르다고 하였으므로, 빈칸에는 B가 컴퓨터를 고치기 위해 어떻게 하라고 권유하는 말이 와야 한다. 그러므로 ②의 "Try visiting the nearest service center then.(그러면 가장 가까운 서비스 센터에 가봐.)"가 빈칸에 들어갈 말로 가장 적절하다.

해석

A : 내 컴퓨터가 아무 이유 없이 멈춰버렸어. 다시 켤 수가 없네.
B : 충전은 시켜봤어? 배터리가 방전됐을 수도 있어.
A : 물론이지. 충전을 해봤어.
B : 그러면 가장 가까운 서비스 센터에 가봐.
A : 그렇게 해야 되는데, 너무 게을러서.
① 네 컴퓨터를 어떻게 고치는지 몰라.
③ 음, 문제점은 그만 생각하고 가서 자.
④ 내 동생이 컴퓨터 기사라 고쳐줄 거야.

어휘

- shut down 멈추다, 정지하다
- charge 충전하다
- out of battery 배터리가 다 된, 방전된
- technician 기술자, 기사, 정비공

015 정답 ①

빈칸 다음의 A가 퀴즈를 내고 있으므로(All right. First question : ~), 앞에서 B는 '자기가 한번 해보겠다(퀴즈를 맞춰보겠다)'는 말을 했음을 짐작할 수 있다. 'let me give it a try'는 '내가 한번 해볼게'라는 표현이다.

해석

A : 자, 여기 20세기 사건들에 대한 퀴즈가 있어.
B : 오, 내가 한번 맞춰 볼게. 난 역사를 잘하거든.
A : 좋아. 첫 번째 질문. UN은 얼마나 오랫동안 존재하고 있는가?
B : 음, 케네디가 1961년에 대통령이 된 이후부터.
A : 아주 잘하지는 못하네. 너의 답은 틀렸어!
② 난 네가 결코 질문하지 않을 것이라 생각해
③ 나는 여기에 돈을 쓰지 않으면 해
④ 난 그것이 아주 잘되어 간다고 생각해

어휘

- give ~ a try (시험 삼아) ~을 한번 해보다 (Let me give it a try. 내가 한번 해 볼게.)
- be good at ~을 잘한다, 소질이 있다, ~에 익숙하다
- existence 존재, 실재, 현존, 존속, 생존

016　　　　　　　　　　정답 ④

빈칸의 다음 대화에서 B가 중간 정도로 익혀달라고 했으므로, 앞의 A는 스테이크를 어떻게 익혀 주기를 원하는지 물었다는 추측이 가능하다. '스테이크를 어떻게 익혀 드릴까요?(스테이크를 어떻게 익혀 주기를 원하시나요?)'라는 표현은 'How would you like your steak (done)?'이다. 따라서 ④가 가장 적합하다. 한편, 이러한 질문에 대한 대답으로는 '(Make it) Well-done, please(잘 익혀 주세요)', 'Medium-well, please(중간 정도로 익혀 주세요)', 'Rare, please(살짝 익혀 주세요)' 등이 있다.

해석

A : 주문을 받아도 될까요?

B : 예, 그러세요. 전 티본스테이크를 먹을게요.

A : 어떻게 해서 드시길 원하세요?(어떻게 익혀 드릴까요?)

B : 중간 정도로 익혀 주세요.

① (그 밖에) 더 필요한 것은 없나요?

② 어떤 드레싱을 드시길 원하세요?

③ 바에서 뭘 드시겠어요?(술이나 음료 등을 드시겠어요?)

어휘

- T-bone steak 티본스테이크
- dressing 드레싱, 소스

017　　　　　　　　　　정답 ③

앞에서 B는 괜찮다면 도와달라고 했고 이에 대해 A는 괜찮다(도와줄 수 있다)고 했으므로, 빈칸에는 대화의 흐름상 도와주겠다는 내용과 직접 관련된 표현이 와야 한다.

해석

A : 오일을 교체하고 있군요.

B : 예, 오랫동안 교체하지 않았거든요.

A : 도와드릴까요?

B : 물론이죠. 괜찮으시다면.

A : 물론 괜찮고말고요. 도와드리게 되어 기뻐요.

B : 정말 고마워요.

① 이만 가봐야겠어요.

② 전적으로 동의해요.

④ 정말 불편 끼치고 싶지 않아요.

어휘

- for a long time 오랫동안
- give a hand 돕다, 박수갈채하다
- appreciate 진가를 알다, 가치를 인정하다, 감상하다, 감사하다

- I can't agree with you more. 전적으로 동감한다(= I agree with you completely.)
- trouble 괴롭히다, 걱정시키다, 성가시게 하다

018　　　　　　　　　　정답 ①

위 대화는 점원과 손님 사이의 환불 문제에 다루고 있다. 점원이 환불이 안 되는 이유가 영수증 하단에 있다고 말한 것으로 미루어 보아, 빈칸에는 "Nobody mentioned that to me.(내게 말해 준 사람이 아무도 없는데요.)"라는 표현이 들어가는 것이 적합하다.

해석

A : 어제 여기서 산 이 식탁보를 환불하고 싶은데요.

B : 식탁보에 문제가 있나요?

A : 우리 식탁에 맞지 않아서 환불하고 싶어요. 여기 영수증이요.

B : 죄송합니다만, 이 식탁보는 마감 세일 상품이어서 환불해 드릴 수가 없는데요.

A : 내게 말해 준 사람이 아무도 없는데요.

B : 영수증 하단에 쓰여 있어요.

② 가격표가 어디 있죠?

③ 무슨 문제가 있나요?

④ 좋은 거래였습니다.

어휘

- get a refund for ~을 환불하다
- tablecloth 식탁보
- receipt 영수증, 수령, 인수
- a final sale item 마감 세일 상품, 떨이 상품

019　　　　　　　　　　정답 ①

위 대화는 전화 도중 수신 상태가 좋지 않아 잘 들리지 않을 때의 상황이다. 빈칸의 다음 내용에 "이제 내 말 들리니?"라는 문장에서 전화 수신 상태가 좋지 않음을 알 수 있다.

해석

A : 여보세요? 안녕, Stephanie. 사무실에 가는 길이야. 뭐 필요한 거 있어?

B : 안녕, Luke. 프린터 용지 좀 사다 줄 수 있어?

A : 뭐라고? 프린터 잉크를 사다 달라고 말했니? 미안한데, 전화 수신 상태가 안 좋아.

B : 이제 내 말 들리니? 프린터 용지가 더 필요하다고.

A : 다시 좀 말해줄래?

B : 됐어. 문자로 보낼게.

A : 알았어. Stephanie. 이따 봐.
② 용지를 더 사올 수 없었어.
③ 전화를 잘못 걸었어요.
④ 이번에는 물건을 따로따로 살 거야.

어휘

- **pick up** 집다, 고르다, 전화를 받다, 사다 주다
- **bad reception** 수신 상태가 안 좋은
- **wrong number** 잘못 걸린 전화, 틀린 전화번호
- **separately** 따로따로, 각기, 별도로

020　　　　　　　　　정답 ①

밑줄 친 부분의 다음 대화에서 B가 터미널에 가는 길을 자세히 설명하고 있는 것으로 보아 밑줄 친 부분에는 'Could you be more specific?(좀 더 구체적으로 말씀해주실 수 있나요?)'이 들어가는 것이 적절하다.

해석

A : 실례합니다. 저는 남부 버스 터미널을 찾고 있어요.
B : 아, 바로 저기예요.
A : 어디라고요? 좀 더 구체적으로 말씀해주실 수 있나요?
B : 네. 그냥 길 아래로 걸어가다가, 첫 번째 교차로에서 오른쪽으로 도세요. 터미널은 왼쪽에 있어요. 쉽게 찾을 거예요.
② 제가 시간을 잘 지켰나요?
③ 바로 그곳으로 갈 건가요?
④ 여기서 차로 얼마나 걸릴까요?

어휘

- **specific** 구체적인, 명확한, 분명한
- **intersection** 교차로, 교차 지점
- **punctual** 시간을 지키는[엄수하는]

021　　　　　　　　　정답 ①

둘 다 가보지 않은 신혼여행지로 하와이를 추천한 것이므로, 동의의 의사를 표시한 ①의 "I've always wanted to go there.(난 항상 그곳에 가보고 싶었어.)"라는 대답이 어울린다. 참고로 만일 동의하지 않는 의사를 표시한다면 "I've been to there already. (나는 이미 그곳에 가본 적이 있어."라고 답하면 된다.

해석

A: 신혼여행을 어디로 가고 싶어?
B : 우리 둘 다 가보지 않은 곳으로 가자.
A : 그러면 하와이는 어때?

B : 난 항상 그곳에 가보고 싶었어.
② 한국은 살기 좋은 곳이 아니니?
③ 좋아! 그곳에서의 마지막 여행은 굉장했어!
④ 오, 너는 이미 하와이에 다녀왔구나.

어휘

- **amazing** 놀라운, 굉장한(= astonishing)

022　　　　　　　　　정답 ③

③의 경우 A가 '우리가 네 사정을 고려할 거야.'라고 말했으므로, B는 '너희가 그래 줄 거니?'라고 묻는 것이 적절하다. 따라서 'will they?'가 아니라 'will you?'가 되어야 옳은 표현이다.

해석

① A : 이 학교는 1975년에 설립되었어.
　 B : 그때 설립되었어?
② A : 우리 어머니는 교사로 근무하고 계셔.
　 B : 그러시니?
③ A : 우리는 너의 상황을 고려할 거야.
　 B : 그들이 그래줄거니?
④ A : 너 발표 잘했어.
　 B : 내가 그랬니?

어휘

- **establish** 설립하다, 수립[확립]하다

023　　　　　　　　　정답 ④

서울역까지 가는 방법을 묻는 남녀 간의 대화내용이다. 빈칸 앞 문장에서 빈도부사 'often'을 사용하여 지하철이 얼마나 자주 다니는지 그 횟수를 묻고 있으므로, 빈칸에는 지하철이 다니는 간격을 답한 문장을 사용하면된다. ④는 걸리는 시간을 의미한다.

해석

M : 실례합니다. 서울역에 어떻게 가죠?
W : 지하철을 타시면 됩니다.
M : 얼마나 걸리죠?
W : 약 한 시간 정도 걸립니다.
M : 지하철이 얼마나 자주 다닙니까?
W : 매 5분 정도마다 다닙니다.
① 걸어가기엔 너무 멀어요.
② 매 5분 정도마다 다닙니다.
③ 줄을 서서 기다려야 합니다.

어휘

- approximately 거의, 가까이, 대략적으로 a. approximate 거의 정확한, 근사치인

024 정답 ④

감사를 표하는 상대에게 할 수 있는 대답을 찾아본다.

해석

A : 감사합니다. 당신이 아니었더라면, 저는 짐을 잃어버렸을 거예요.

B : 천만에요. 제가 도와드릴 수 있어 기쁩니다.

025 정답 ③

A가 B에게 가정용 혈압계를 올바르게 사용하는 방법을 묻고 있는 대화내용이다. B는 우선 팔에 끈을 너무 꽉 묶거나 너무 느슨하게 묶지 말라고 설명하고 있다. 팔에 끈을 묶는 과정을 설명한 후 B가 A에게 버튼을 누르고 움직이거나 말하지 말라고 다음 과정을 설명하고 있으므로, A가 다음 과정에 대해 묻는 내용이 선행되어야 한다. 그러므로 밑줄 친 빈칸에 들어갈 A의 내용은 ③의 "Oh, okay. What do I do next?(알겠습니다. 다음엔 무얼 하면 되죠?)"이다.

해석

A : 매번 이 가정용 혈압계를 사용할 때마다, 수치가 달라져요. 혈압계를 잘못 사용하고 있나 봐요. 올바른 사용법 좀 알려주세요?

B : 예, 물론이죠. 우선, 팔을 끈으로 묶어야 합니다.

A : 이렇게요? 이렇게 하는 게 맞나요?

B : 너무 꽉 조인 것 같은데요.

A : 아, 지금은 어때요?

B : 지금은 너무 느슨해요. 너무 꽉 조이거나 너무 느슨하면, 제대로 측정이 되지 않아요.

A : 알겠습니다. 다음엔 무얼 하면 되죠?

B : 이제 버튼을 누르세요. 움직이거나 말하지 마세요.

A : 알았어요.

B : 몇 분 후면 스크린에 혈압이 나타날 거예요.

① 웹사이트를 확인해야 하나요?

② 맞아, 그 책을 읽어야 해요.

④ 오늘 아무것도 보지 못했어요.

어휘

- blood pressure monitor 혈압계
- put the strap 끈[줄/띠]를 묶다[매다]
- incorrect 부정확한, 맞지 않는

026 정답 ②

윗글은 옛 친구들과 자주 연락하지 못하고 지내는 것을 아쉬워하는 대화내용이다. 사람들이 너무 자주 이사해서 연락을 하고 지내기가 어렵다는 A의 말에 B가 수긍하고 있으므로, 빈칸에는 이를 안타깝게 여기는 'People just drift apart(사람들이 금방 멀어지고 있어.)'가 들어갈 말로 가장 적절하다.

해석

A : 옛 고등학교 친구로부터 편지 한 통을 방금 받았어.

B : 정말 좋겠구나!

A : 음, 사실 그 친구로부터 소식을 들은 지가 꽤 됐어.

B : 솔직히, 나는 대부분의 옛 친구들과 연락이 되지 않아.

A : 그래. 사람들이 너무 자주 이사하기 때문에 연락을 하고 지내기가 어려워.

B : 네 말이 맞아. 사람들이 금방 멀어지지. 그렇지만 너는 네 친구와 다시 연락하게 되어 다행이구나.

① 날이 점점 길어지고 있어.

③ 내가 여태 것 들은 이야기 중 가장 웃겨.

④ 그의 이름을 들을 때마다 화가 나기 시작해.

어휘

- buddy 친구, 단짝, 동료
- maintain 지탱하다, 유지하다(= preserve)
- move around 돌아다니다, 여기저기 이동하다
- drift apart 사이가 멀어지다
- fume 씩씩대다, 불끈하다, 화내다(= rage, seethe)

027 정답 ④

A와 B가 모두 신임 관리자를 매우 좋게 평가하고 있다는 점에 고려하면 쉽게 답을 고를 수 있다.

해석

A : 새로운 관리자와 잘 지내세요?

B : 물론이죠. 그는 유능하고 겸손해요. 당신은 어떻게 생각하세요?

A : 불만 없어요. 나는 그를 매우 좋아해요.

B : 그가 우리와 함께 있게 되어 행운이네요.

어휘

- get along with 사이좋게 지내다(= get on with, have friendly relations with, get(be) on good terms with)
- competent 적임의, 유능한 (= able, well-qualified, capable)
- modest 겸손한(= humble, meek), 조심성 있는, 적당한
- think the world of 매우 좋아하다, 매우 존경하다

■ reconsider 다시 생각하다, 재고하다

028 　　　　　　　　정답 ④

④번의 대화 내용을 보면, A가 보스턴까지 가는 다음 비행기 편은 몇 시에 있냐고 물었는데 B가 보스턴까지 도착하는데 약 45분 정도 걸린다고 답하였으므로 어색한 대화 내용이다. B의 답변에 알맞은 A의 질문은 "How much will it take to get to Boston? (보스턴까지 도착하는데 얼마나 걸립니까?)" 이다.
= On my arriving at home, it began to rain.

해석
① A : 토요일에 본 영화는 어땠어?
　 B : 대단했어. 정말 재미있었어.
② A : 안녕하세요, 셔츠 몇 벌을 다림질 하고 싶은데요.
　 B : 예, 얼마나 빨리 필요하세요?
③ A : 1인용 침실로 하시겠어요, 아니면 2인용 침실로 하시겠어요?
　 B : 오, 저만 사용할 거라서 1인용이면 좋습니다.
④ A : 보스턴까지 가는 다음 비행기 편은 몇 시에 있습니까?
　 B : 보스턴까지 도착하는데 약 45분 정도 걸립니다.

어휘
■ press 다리다, 다림질하다

029 　　　　　　　　정답 ②

hang on은 '기다리다'라는 뜻으로, B의 입장에서 말할 수 있는 가장 적합한 표현이다.

해석
A : Daniel, 잠깐 이야기 좀 할 수 있을까?
B : 물론, 이 벽에 칠하는 것을 끝낼 동안만 기다려줘.

어휘
■ come up 오르다, 다가오다, 드러내다, 싹이 나다, 유행하다.
■ hang on 기다리다, 매달리다, 붙잡고 늘어지다.
■ hold up 위로 들다, 지지하다, 지속하다, 지연시키다(~on)
■ call on 방문하다, 부탁하다.

030 　　　　　　　　정답 ④

상대방을 안심시키며 할 수 있는 말로 가장 알맞은 것을 찾아본다.

해석
A : 마감시간을 꼭 지키도록 해 주세요.
B : 조금도 걱정하지 마세요, 실망시키지 않을게요.

어휘
■ be sure to ~ (명령형으로) 반드시 ~하여라
■ deadline 마감 시간, 최종 기한
■ put ~ down 내려놓다, 전화를 끊다, 제지하다, 적어두다
■ pull ~ down (가치 · 지위 등을) 떨어뜨리다, 넘어뜨리다
■ let ~ down 실망시키다, 배반하다

031 　　　　　　　　정답 ③

B의 첫 번째 대화에서 그것이(전근 가게 된 일이) 좋은 일인지 안 좋은 일인지 물었는데, 이에 대해 A는 바라던 일(I was hoping for it)이라 했으므로 그에 대한 B의 대답으로는 그 사실을 함께 기뻐해주거나 축하해주는 대답이 자연스럽게 이어질 수 있다. 따라서 'I'm happy for you(네가 잘돼서 기뻐)'가 가장 적절하다.

해석
A : 있잖아, 나 서울로 전근 가게 될 거야.
B : 서울? 그게 좋은 거야 나쁜 거야?
A : 난 그러길 바라고 있었어.
B : 그렇다면, 난 네가 잘돼서 기뻐.
① 나는 정말 서울에 가고 싶었어.
② 그것은 나한테 쉽지 않아.
③ 그런 경우라면, 나는 네가 잘돼서 기뻐(너 때문에 기뻐).
④ 인내해줘서(기다려줘서) 고마워.

어휘
■ transfer 옮기다, 전임[전학]시키다, 이동하다, 갈아타다
■ hope for ~을 바라다, 희망하다
■ in that case (만약) 그러한 경우에는, 그런[이런] 경우에는, 그러면
■ patience 인내(심), 참을성, 끈기 a. patient

032   정답 ①

사랑에 빠질 만한 사람을 찾지 못했다는 A의 말에 B가 아마 다음 학기에는 있을 거라고 대답하고 있으므로, 밑줄 친 부분에는 A의 말에 동의하는 'Me neither'가 들어가는 것이 적절하다.

해석

A : 어제 신문에서 너희 부모님의 결혼 25주년 기념일 발표를 보았어. 진짜 멋지더라. 너는 너희 부모님께서 어떻게 만났는지 알고 있니?

B : 응. 정말 믿을 수 없지만. 사실, 아주 낭만적이야. 그들은 대학에서 만났는데 서로 잘 맞는다는 걸 알게 되었고 데이트를 하기 시작했어. 그들의 교제는 학창시절 내내 지속되었지.

A : 진짜? 정말 아름답다. 나는 반에서 사랑에 빠질 만한 사람을 아무도 찾지 못했는데.

B : 나도 마찬가지야. 아마 다음 학기에는 있겠지!

① 나도 마찬가지야.

② 너는 나를 비난해서는 안 돼.

③ 그것은 너의 부모님께 달려 있어.

④ 너는 그녀와 함께 시간을 보내는 것이 좋을 거야.

어휘

- announcement 발표 (내용), 소식
- neat 뛰어난, 훌륭한, 정돈된, 단정한, 말쑥한
- incredible 믿을 수 없는, 믿기 힘든
- compatible (두 사람이 생각 · 흥미 등이 비슷하여) 화합할 수 있는[사이좋게 지낼], (특히 컴퓨터가) 호환이 되는
- courtship (결혼 전의) 교제[연애] (기간)
- no kidding 정말이야[진짜 그래], 진심이야[농담이 아니야]
- semester (미국에서) 학기
- blame …을 탓하다, … 책임[때문]으로 보다, 책임; 탓
- hang about with ~와 많이 어울리다[많은 시간을 보내다]

033   정답 ④

④ A는 참고 견디며 계속 나아가야 한다고 했는데, 이에 대해서는 호응이나 맞장구 치는 말이 가장 자연스럽게 어울릴 수 있다. 이러한 표현으로는 'You are telling me', 'You can say that again'(맞았어, 바로 그거야)이 가장 적합하다.

① 'Don't talk around(빙빙 돌려 말하지 마세요)'는 상대가 핵심을 피하며 말을 빙빙 돌릴 때 하는 표현이다.

② 'make no sense'는 '말이 안 되다', '이해가 안 되다'라는 의미이다.

③ 'on the tip of my tongue'은 말이 입에서만 맴돌고 생각이 안날 때 주로 쓰는 표현이다.

해석

A : 초보자로서, 우리는 참고 견디며 계속 앞으로 나아가야만 합니다.

B : 당신 말이 맞아요.

① 빙빙 돌려 말하지 마세요.

② 말도 안 돼요.

③ 그것이 입가에만 뱅뱅 맴돌아요(입가에만 맴돌고 생각이 안 나요).

④ 당신 말이 맞아요(바로 그거예요).

어휘

- move on 계속 앞으로 나아가다, 발전[향상]하다. (좋은 곳으로) 옮기다
- take it on the chin (실패 · 역경 · 고통 · 비난 등을) 견디다[참아내다], 호되게 당하다, 패배하다
- You are telling me 맞았어, (내 말이) 바로 그거야, 두 말하면 잔소리지(= You an say that again, I agree with you completely)
- talk around (핵심을 피하고) 쓸데없는 말을 하다, 돌려 말하다, 진지하게 이야기하지 않다
- You make no sense 말이 안 돼, 이해가 안 돼
- on the tip of one's tongue 말이 (기억은 안 나고) 혀끝에서 뱅뱅 도는, 하마터면 말이 나올 뻔하여

034   정답 ②

B는 빈칸 앞에서 상관없다(It doesn't matter to me)고 했고, 빈칸 다음의 A는 자신이 좋다고 생각하는 것을 골랐다. 따라서 빈칸에는 당신(B)이 좋을 대로 하라는 표현이 적합하다. 'Suit yourself'는 '당신 원하는 대로[좋을 대로] 하세요'라는 의미의 표현이다.

It doesn't matter 상관없다[아무래도 좋다], 중요하지[문제되지] 않다(= It is not important, It doesn't make any difference)

해석

A : 커피 좀 드시겠어요?

B : 좋은 생각이에요.

A : Americano 아니면 Cafe-Latte를 사야 하나요?

B : 저는 상관없어요. 당신 좋을 대로요.

A : 저는 Americano가 좋겠어요.

B : 저도 좋아요

어휘

- Suit yourself 당신 원하는 대로[마음대로, 좋을 대로] 하세요(= It's up to you)
- Come see for yourself 직접 와서 보세요[구경하세요]

- Maybe just a handful or so 아마 한 줌[조금] 정도일 겁니다.

035   정답 ②

빈칸 바로 다음에서 B가 다음 주 월요일까지 가지고 있을 수(빌릴 수) 있다(you can have it until next Monday)고 했으며, 다음에 이어지는 대화에서 책을 빌릴 수 있는 기한에 대한 대화임을 알 수 있다. 따라서 빈칸에서 A는 대출 기한이 언제까지인지 물어보았다는 추론이 가능하다. 보기 중 이러한 의미가 될 수 있는 것은 ②이다. 'When is ~ due?'는 '~은 예정일[예정시간, 기일, 기한 등]이 언제입니까?'라는 표현이다.

해석

A : 이 책은 (반납) 예정일이 언제죠?(언제가 기한이죠?)
B : 오늘이 월요일이니까 다음 주 월요일까지 가지고 있을 수 있습니다.
A : 제가 며칠 더 책을 가지고 있을 수(빌릴 수) 있나요?
B : 아니요, 빌린 책은 일주일 내에 반납이 되어야 합니다.
A : 이 책을 10일 정도 가지고 있을(빌릴 수 있는) 방법이 있나요?
B : 글쎄요, 방법이 없을 것 같네요. 또 다시 일주일 보시려면 갱신해야 (기한을 연장해야) 합니다.
① (오늘) 며칠입니까?
② 이 책은 (반납) 예정일이 언제죠?
③ 이 책 반납하고 싶어요.
④ 이 책은 정식으로 대출될 수 있지요?

어휘

- due 지불 기일이 된, 당연히 치러야 할, 정당한[당연한], 도착할 예정인, (언제) ~하기로 되어 있는, 당연히 지불되어야[주어져야] 할 것, 당연한 권리, 부과금
- renew 새롭게 하다, 재개하다, 갱신하다, ~의 기한을 연장하다, 보충[보완]하다
- in due form 정식으로[정식 형식대로], 예식[방식]에 따라서, 서식대로

036   정답 ①

빈칸 다음에 바로 이어지는 'right away', 'talk to the boss about it'의 내용으로 보아, C는 즉시 그 일에 대해 대처[행동]하라고 말하고 있음을 알 수 있다. 보기 중 이러한 의미에 부합할 수 있는 표현은 'take the bull by the horns(과감하게[용감하게] 대처하다)'이다.

해석

A : 오늘 봉급을 받았는데, 내가 기대했던 봉급 인상을 받지 못했어.
B : 아마도 그럴 만한 이유가 있을 거야.
C : 넌 즉시 과감하게 대처해야 해. 사장에게 그것에 대해 말해.
A : 모르겠어. 그는 지난주의 재정(회계) 보고서에 대해 아직 화가 나 있을 거야.
① 과감하게 맞서다
② 긁어 부스럼 만들지 마라
③ 쌀쌀하게 대하다
④ 포기하다

어휘

- paycheck 봉급 지불 수표, 급료[봉급, 임금]
- take the bull by the horns 황소의 뿔을 잡다, 과감하게 맞서다, 용감히 난국에 대처하다
- right away 곧, 지체하지 않고(= at once, immediately, without any delay)
- let sleeping dog lie 잠자는 개는 그대로 두어라, 긁어 부스럼 만들지 마래[쓸데없는 문제를 일으키지 마라]
- give ~ the cold shoulder ~를 냉대하다[쌀쌀하게 대하다], ~를 피하다
- throw in the towel 타월을 던지다, 항복하다, 포기하다

037   정답 ④

④에서 A가 "I won the prize in a cooking contest.(요리 대회에서 상을 받았다.)"라는 말을 하고 있는데 B가 "네가 없었다면 나는 할 수 없었을 것이다."라고 감사를 표하는 답을 하는 것은 어색하다.

해석

① A : 언제가 지불기일입니까?
　 B : 다음 주까지 지불해야 합니다.
② A : 이 짐을 부쳐야 하나요?
　 B : 아뇨, 그것은 비행기에 가지고 탈 수 있을 만큼 작습니다.
③ A : 언제 어디에서 만날까요?
　 B : 8시 반에 당신 사무실로 데리러 갈게요.
④ A : 제가 요리 대회에서 상을 탔습니다.
　 B : 당신이 없었다면 저는 그것을 할 수 없었을 겁니다.

어휘

- due 지불기일
- baggage 수하물(= trunk, valise, satchel, luggage)

038   정답 ③

제시문은 환전소에서 돈을 환전하면서 나누는 대화 내용이다. 빈칸 다음의 문장에서 B가 화폐를 무료로 바꿔드리니 영수증만 가지고 오면 된다고 하였으므로, 재환전 규정에 대한 내용이 와야 함을 알 수 있다. 그러므로 ③의 "What's your buy-back policy? (환매 규정은 어떻게 되나요?)"가 빈칸에 들어갈 말로 가정 적절하다.

해석

A : 안녕하세요. 제가 돈을 좀 환전해야 해서요.
B : 그러세요. 어떤 화폐가 필요하세요?
A : 달러를 파운드로 바꿔야 해요. 환율이 어떻게 되죠?
B : 환율은 달러 당 0.73 파운드예요.
A : 좋습니다. 수수료가 있나요?
B : 네, 4달러의 소액 수수료가 있습니다.
A : 환매 규정은 어떻게 되나요?
B : 화폐를 무료로 바꿔드려요. 그냥 영수증만 가져오세요.
① 비용이 얼마나 듭니까?
② 어떻게 지불해야 합니까?
③ 환매 규정은 어떻게 되나요?
④ 신용 카드를 받으시나요?

어휘

- currency 통화, 화폐 cf. foreign currency 외화
- convert A into B A를 B로 바꾸다[전환하다]
- exchange rate 환율
- commission 수술
- for free 공짜로, 무료로
- buy-back 역구매, 되팔기, 환매
- policy 정책, 방침, 규정

039   정답 ④

앞에서 A가 도와주겠다고 했는데 B는 자기 짐을 담을 카트가 있다고 했다는 점에 착안해 적합한 표현을 찾아본다. 일반적으로 'bother'가 자동사로 사용되는 경우 '걱정하다(고민하다)' '일부러 ~하다', '~하도록 애쓰다'라는 의미를 지니므로, 'Don't bother'는 '걱정하지 마', '신경 쓰지[애쓰지] 마', '일부러 그러지 마'라는 의미가 된다.

해석

A : 제가 당신의 짐을 들어 드릴게요.
B : 신경 쓰지(애쓰지) 마세요. 전 제 짐을 담을 카트가 있어요.
① 정말 고맙습니다.
② 저도 그러길 바랍니다.
③ 그러세요(좋을 대로 하세요).

어휘

- luggage 수화물(= baggage), 여행용 휴대품, 소형 여행가방
- Don't bother. 걱정하지 마, 신경 쓰지 마, (하려고) 애쓰지 마, 일부러 그러지 마 cf. bother 괴롭히다, 귀찮게[성가시게] 하다, 폐 끼치다, 걱정[근심, 고민]하다
- cart 손수레[짐수레], 2륜 짐마차[경마차]
- suitcase 여행 가방, 슈트케이스
- Be my guest. (상대의 부탁에) (예) 그러세요, 좋으실 대로 하세요

040   정답 ③

빈칸 앞에서 A가 "We offer two room types.(저희는 두 가지 객실 타입을 제공하고 있습니다.)"라고 두 가지 선택사항을 제시한 후, 빈칸 이후에서 객실의 특징을 설명하고 있으므로, B의 질문으로 가장 적절한 것은 두 객실의 차이를 묻는 ③의 "What's the difference between them?(그것들의 차이가 무엇인가요?)"이다.

해석

A : Royal Point Hotel 예약 부서에 전화해주셔서 감사합니다. 제 이름은 Sam입니다. 무엇을 도와드릴까요?
B : 안녕하세요. 방 예약을 하고 싶은데요.
A : 우리는 두 가지 타입의 방을 제공합니다. 디럭스룸 그리고 럭셔리 스위트룸이 있습니다.
B : 그것들의 차이가 무엇인가요?
A : 첫째로, 스위트룸은 매우 큽니다. 추가적인 침실이 있고, 스위트룸은 주방, 거실, 식사할 공간이 있습니다.
B : 매우 비싸 보이네요.
A : 글쎄요, 하룻밤에 200$ 더 비쌉니다.
B : 그렇다면, 저는 디럭스룸으로 가겠습니다.
① 더 필요한 것이 있으신가요?
② 방 번호를 알 수 있을까요?
③ 그것들의 차이가 무엇인가요?
④ 애완동물이 객실에 들어올 수 있을까요?

어휘

- department (조직의) 부서[부처] cf. the State Department 국무부
- deluxe 고급의(= luxury), 호화로운, 사치스런(= sumptuous)
- suite (호텔의) 스위트룸

041 정답 ③

serve는 '시중을 들다', '주문을 받다'라는 의미이다. ③의 'wait on'은 '시중을 들다'라는 의미이다.

해석
A : 접대를(시중을) 받고 있나요?(누군가 주문을 받았나요?)
B : 예, 접대(시중) 받고 있어요.
① 예, 가는 중입니다.
② 위기일발이었어요.(구사일생했어요.)
③ 예, 접대 받고 있어요.
④ 제 손을 놓아 주세요.

어휘
■ serve 〈보통 수동형으로〉 (점원이 손님을) 시중들다, 접대하다, 주문을 받다
■ wait on ～의 시중을 들다(= attend on), ～을 받들다[섬기다]
■ on one's way 가는 중[도중]인 / close call 위기일발, 구사일생(= close shave) let go of (쥐었던 것을) 놓다, 풀어놓다(= release), 해방하다

042 정답 ③

빈칸 다음의 B의 말을 통해 볼 때, 빈칸에는 지난번 회의가 너무 길었다는 내용이 포함된다는 것을 알 수 있다. 따라서 가장 적절한 것은 ③이다.

해석
A : Tim, 네 시경에 직원회의가 있죠, 그렇지 않나요?
B : 맞아요. 상기시켜 주셔서 기쁘네요. 전 거의 잊고 있었어요.
A : 뭐가 오늘의 의제(議題)인지 아세요?
B : 전 매출액 신장을 위한 새로운 전략을 다룰 것이라 생각합니다.
A : 전 회의가 지난번처럼 지루하게 계속되지 않았으면 해요.
B : 저도 마찬가지입니다. 저도 지난 주 회의는 끝나지 않으리라 생각했어요.
① 지난번 회의의 모든 자료를 보셨나요?
② 우리가 너무 늦은 것 같은데요. 그렇게 생각하지 않으세요?
③ 전 회의가 지난번처럼 오래 질질 끌지 않았으면 해요.
④ 저는 지난 회의의 대부분의 결정이 너무 성급했다고 생각해요.

어휘
■ staff meeting 직원회의, 임원[간부]회의

■ agenda (회의 등의) 협의 사항, 의제(議題), 의사일정, 비망록
■ deal with 다루다, 취급하다(= handle, treat, cope with)
■ sales figures 매출액[판매 수치]
■ out of time 너무 늦어서, 철 아닌, 시기를 놓친, 박자가 틀리게, 엉뚱하게
■ drag on 지루하게 계속하다, 질질 오래 끌다

043 정답 ②

운전하는 법을 가르쳐 달라는 A의 부탁에 B가 운전해(be behind the steering wheel) 본 적이 있는지 물어보고 있다. 이에 A가 그렇지 않다고 답하지만, 다음 문장에서 '～하는 걸 기다릴 수 없다'고 하였으므로 빈칸에는 '운전을 시작하는 걸 기다릴 수 없다'는 내용이 와야 한다. 그러므로 빈칸에는 ②의 'get my feet wet(시작하다)'라는 관용적 표현이 적당하다.

해석
A : 운전할 줄 아세요?
B : 물론이죠. 운전을 잘 합니다.
A : 내게 운전하는 법 좀 가르쳐줄 수 있나요?
B : 임시 운전면허증은 있나요?
A : 예, 지난주에 막 땄어요.
B : 운전해 본 적은 있나요?
A : 아니요, 그런데, (운전을) 시작하는 걸 기다릴 수가 없어요.
① 다음을 기약하다.
② 시작하다.
③ 오일을 교환하다
④ 펑크 난 타이어를 갈다

어휘
■ learner's permit 임시 운전면허증
■ be[sit] behind the steering wheel 운전하다, 조종하다
■ take a rain check 다음을 기약하다, 연기하다
■ get one's feet wet 시작하다
■ flat tire 펑크 난 타이어

044 정답 ④

④ 앞의 내용은 친구 결혼식에 가기로 한 날과 치과 예약이 겹친다는 것인데, 이러한 상황에서 당사자인 A가 할 수 있는 가능한 표현을 찾아본다. ④와 같이 일정을 다시 정할 필요가 있다는 내용이 가장 적절하다.
① 일정을 조정해야 하는 사람은 A 자신이므로, 주어가 'You'가 되어서는 안 된다.
② · ③ 대화의 흐름상 모두 어울리지 않는 내용이다.

해석

A : 너 뭐하고 있니?

B : 내 일정표를 살펴보고 있어. 내일 치과 진료 예약이 되어 있거든.

A : 내일이라고? 우리 내일 Jim의 결혼식에 가야하잖아.

B : 응, 알고 있어. 일정을 다시 잡아야 돼.

A : 정기 건강검진이야?

B : 아니, 그냥 스케일링 하는 거야.

① 너는 그 예약을 취소해야 한다.

② 너는 그것을 달력에 그걸 표시해 두어야 한다.

③ 나는 진찰을 받고 싶지 않아.

④ 나는 일정을 다시 잡아야 돼.

어휘

- dental 이의, 치과 의술의
- reschedule 예정을 다시 세우다, 연기하다[유예하다]
- checkup 점검, 검사, (정기적) 건강진단
- cleaning 청소, 세탁, 클리닝, (치과에서의) 스케일링
- cancel an appointment 예약을 취소하다
- mark 표[표시]를 하다, 상처를 남기다, 오점을 남기다
- see a doctor 의사의 진찰을 받다

045   정답 ④

위의 대화는 John이 Mira에게 남대문 시장의 위치를 묻는 내용으로, 앞으로 쭉 간 다음 택시 승강장에서 우측으로 가라는 Mira의 말에 John이 그곳에 남대문 시장이 있냐고 재차 확인하는 과정이다. 그러므로 ① · ② · ③은 대화의 흐름상 어색하며, ④의 "Not exactly. You need to go down two more blocks. (꼭 그렇진 않고, 두 블록 더 아래로 내려가셔야 합니다.)"라고 좀 더 자세히 알려주는 말이 Mira의 답변으로 가장 적절하다.

해석

John : 실례합니다.

        남대문 시장이 어디에 있는지 말해주실 수 있나요?

Mira : 물론이죠. 앞으로 쭉 가신 다음 저기 택시 승강장에서 우측으로 가세요.

John : 오, 알겠습니다. 그곳에 시장이 있나요?

Mira : 꼭 그렇진 않고, 두 블록 더 아래로 내려가셔야 합니다.

① 맞아요. 저쪽에 있는 시장까지 버스를 타셔야 합니다.

② 당신은 전통적인 시장에서 임대하거나 거래할 수 있습니다.

③ 잘 모르겠어요. 택시 기사에게 물어보세요.

④ 꼭 그렇진 않고, 두 블록 더 아래로 내려가셔야 합니다.

어휘

- not exactly (남의 말을 정정하며) 꼭 그런 것은 아니고

046   정답 ①

늦어도 6시까지는 도착해야 한다는 A의 말에 B가 지금 4시 30분이니 바로 출발해야한다고 말한 것으로 보아, B의 말에는 시간이 얼마 없으니 서둘러야 한다는 의미가 내포되어 있다. 그러므로 빈칸에는 'That's cutting it close(시간이 아슬아슬하네요)'가 들어갈 말로 가장 적절하다.

해석

A : 부탁 좀 해도 될까요?

B : 그럼요, 뭔데요?

A : 출장 때문에 공항에 가야 하는데, 내 차가 시동이 안 걸려서요. 날 좀 태워다 줄 수 있나요?

B : 물론이죠. 그곳에 언제까지 도착하면 되는데요?

A : 늦어도 6시까지는 그곳에 도착해야 합니다.

B : 지금 4시 30분인데. 시간이 아슬아슬하네요. 바로 출발해야겠는 데요.

① 시간이 아슬아슬하네요.

② 제가 방심했네요.

③ 반짝인다고 모두 금은 아니에요.

④ 다 지나간 일이에요.

어휘

- business trip 출장
- no later than 늦어도 ~까지는
- cut it close (시간 따위를) 절약하다
- take one's eye off the ball 방심하다, 한 눈 팔다(↔ keep one's eye on the ball 계속 주의를 기울이다, 방심하지 않다)
- glitter 반짝반짝 빛나다, 반짝거리다
- water under the bridge 지나간 일, 끝난 일

047   정답 ④

빈칸 앞에서 B는 '가고 싶지만 갈 수가 없다'고 했고, 다음의 A는 '그녀가 한 주 동안 여기 있을 것이니 언제 올 수 있는지 알려 달라'고 했다. 따라서 빈칸에는 다음 기회에 만날 수 있게 해달라는 내용이 올 것임을 짐작할 수 있다. 이러한 내용에 가장 부합되는 것은 ④이다.

해석

A : 내 여동생이 다음 주에 도시로 올 거야.

B : 그녀가 파이낸셜 타임스(Financial Times)에 기사를 쓴 그 사람이니?

A : 맞아. 다음 주 일요일에 들러 그녀를 만나보는 건 어때?

B : 그러고 싶지만, 그럴 수가 없어. 다음에 다시 초대해 줄래?

A : 물론이지. 그녀는 한 주 동안 여기 있을거야. 그러니까 네가 언제 올 수 있는지만 알려줘.
B : 좋아. 나는 그녀가 정말 보고 싶어.
① 그녀에 대해 어떤 것도 떠오르지 않는다.
② 내가 지불해도 될까?
③ 더할 나위 없이 좋아.
④ 다음에 다시 초대해 줄래?

어휘

- come over 들르다, 들리다, 해외에서 오다
- give a rain check 다음에[나중에] 다시 초대하겠다고 약속하다
- come up with 따라잡다[어깨를 나란히 하다], 생각하다, 떠오르다, 제안[제출]하다
- pick up the tab 지불하다, 셈을 치르다, 문제와 적극적으로 맞닥뜨리다
- couldn't be better 이보다 좋을 수 없다, 더할 나위 없이 좋다

048 정답 ②

② 앞에서 A가 설거지를 도와줘도 되는지 물었는데 B는 이에 대해 자기가 직접 한다고 했으므로(I'll do them myself later), 빈칸에는 A의 제안을 정중하게 거절하는 내용이 와야 한다. 이에 가장 어울리는 것은 'don't bother(신경쓰지 마세요, 괜찮습니다)'이다.
① 'help yourself'는 '마음껏(양껏) 드세요'라는 의미이므로, 어울리지 않는다.
③ 'if you insist'는 '정 그렇다면'의 의미이다.
④ 'here they are'는 '(물건 등을 건네며) 여기 있습니다' 또는 '(찾는 물건 등이) 여기 있군요'의 의미이다.

해석

A : 오, 정말 멋진 만찬이었습니다. 오랜만에 먹어 본 최고의 식사였어요.
B : 감사합니다.
A : 설거지 도와 드릴까요?
B : 아니, 신경 쓰지 마세요(괜찮습니다). 제가 나중에 할게요. 제가 커피 좀 타드릴까요?
A : 감사합니다. 마시고 싶네요. 담배 피워도 될까요?
B : 물론이죠. 전혀 상관없어요. 재떨이 가져다 드릴게요.

어휘

- ashtray 재떨이

049 정답 ①

B의 식사 초대에 대해 A가 저녁에 전화하겠다(~ give you a ring this evening)고 했는데, 이에 대해 B가 '좋아요.(Sounds

good)'라고 하면서 덧붙일 수 있는 표현을 고르면 된다. ①(전화 기다릴게요.)이 가장 적절하다.

해석

A : 안녕하세요, Susan.
B : 안녕하세요, David. 당신과 Mary 이번 주 토요일에 시간 있나요?
A : 토요일이요? 그녀는 쇼핑 갈 거 같은데, 저는 잘 모르겠네요. 왜 물어보시는데요?
B : 당신들을 저녁 식사에 초대하려고 생각했어요.
A : 음, 그녀와 다시 의논해 보고 오늘 저녁에 전화할게요.
B : 좋아요. 전화 기다릴게요.
① 전화 기다릴게요.
② 정시에 도착했어야 했어요.
③ 정말 영광이에요, David.
④ 어떻게 나를 이렇게 바람맞힐 수 있나요?

어휘

- check with ~와 의논[문의]하다, 조사하다
- give ~ a ring ~에게 전화하다
- on time 정각에, 제때에, 정기적인

050 정답 ④

앞에서 A가 중고차를 살 때 첫 번째 고려할 사항은 mileage (주행거리)라고 말했고, 이어 B가 밑줄 친 부분처럼 말하자 A는 차에 얼마나 녹이 슬었는지 항상 살펴보아야 한다고 말했다. 따라서 밑줄 친 부분에서 B는 차를 구입할 때 마일리지 외에 또 다른 주의 사항이 있는지 물어보았을 것이라 추론할 수 있다. 이러한 표현으로 가장 알맞은 것은 ④이다.

해석

A : 중고차를 살 때 가장 우선적으로 고려해야 할 것은 바로 마일리지(주행거리)입니다.
B : 저도 그렇게 들었어요. 그 밖에 제가 주의해야 할 것이 있나요?
A : 예. 차가 얼마나 녹슬었는지를 항상 살펴야 합니다.
B : 그것도 알아두면 좋겠군요.
① 그것이 중고인지 어떻게 알 수 있죠?
② 그 엔진이 얼마나 오래 가는지 아세요?
③ 저는 마일리지가 얼마나 필요한가요?
④ 그 밖에 제가 주의해야 할 것이 있나요?

어휘

- used car 중고차
- mileage (총)마일수, 마일리지, 사용(량), 단위 연료당의 주행거리
- watch out for ~을 주의[조심]하다
- rust (금속의) 녹, 녹 비슷한 것, 얼룩, 악영향

PART 5

5

+PLUS 100문제

직업기초능력평가

Basic Vocational Competency Test

01 언어능력

BASIC VOCATIONAL COMPETENCY TEST

[01~05] 다음 밑줄 친 낱말의 뜻이 바르게 설명된 것을 고르시오.

01 그는 돈에다 국제시장 장사꾼들이 <u>마수걸이</u>한 돈에 하듯이 침을 퉤 뱉었다.

① 물건을 비싼 가격에 팔다.　　　　　② 물건을 첫 번째로 팔다.

③ 물건을 밑지고 팔다.　　　　　　　④ 물건을 떨이로 팔다.

＋해설 마수걸이 : 맨 처음으로 물건을 파는 일. 또는 거기서 얻은 소득

02 바람은 불지 않았으나 낙엽이 <u>시나브로</u> 날려 발밑에 쌓이고 있었다.

① 외롭고 쓸쓸하게　　　　　　　　② 사정없이 맹렬하게

③ 귀찮고 부담스럽게　　　　　　　④ 모르는 사이에 조금씩

＋해설 시나브로 : 모르는 사이에 조금씩 조금씩

03 그녀는 사전을 마무리했고 한국 학자들의 감수를 거쳐 출간할 계획이다. 한·루마니아 사전이 마지막 망부가가 된 셈이다. 16세기 이응태라는 안동 사람 묘에서 아내가 머리카락을 삼아 묻어준 <u>미투리</u>가 나왔다. 그녀가 남편에게 바친 사전은 그 미투리만큼이나 절절하고 한국적이다.

① 장갑　　　　　② 손수건　　　　　③ 신발　　　　　④ 목도리

＋해설 미투리 : 삼이나 노 따위로 짚신처럼 삼은 신

04 이 옥수수는 보릿고개를 위하여 <u>여투어</u> 둔 양식이다.

① 물건이나 돈을 아껴 쓰고 나머지를 모아 두다.

② 물건이나 돈을 이웃에게 빌려주다.

③ 물건이나 돈을 숨겨 두어 비축하다.

④ 물건이나 돈을 훔치다.

➕해설 여투다 : 돈이나 물건을 아껴 쓰고 나머지를 모아 두다.

05 물건을 많이 쓰면 쓸수록 좋은 것을 아까운 줄 모르고 <u>흔전흔전</u> 쓰는 것이 부자 사람이요 행세하는 사람이요 사는 보람 있는 노릇이요 그렇지 못한 사람은 가난이요 구차한 사람이요 호사한 사람 앞에는 마주설 수 없는 사람같이 세상인심이 그렇게 되었고 당연히 그럴 것으로 알고 돈 없는 한탄이나 하는 수밖에 없었던 것입니다.

① 돈 · 물건 따위를 함부로 마구

② 모자람이 없이 매우 넉넉하게

③ 다른 사람들과 비슷하게

④ 조금 남는 듯하게

➕해설 흔전흔전 : 모자람이 없이 매우 넉넉하게 쓰며 지내는 모양

[06~10] 다음 빈칸에 들어갈 어휘로 가장 적절한 것을 고르시오.

06

현대의 과학자들은 미래의 기후를 예측하기 위해 여러 기상 요소들을 조사하고 연구한다. 지상과 해상 그리고 우주에서 지구의 기온 변화를 관측하고 빙하와 지층과 화석을 통해 과거의 기후를 살핀다. 그 결과 과학자들은 기후 변화의 여러 (   )들이 이렇게 변하면 저렇게 변할 것이라는 예측치를 내놓는다.

① 조건   ② 연구   ③ 전망   ④ 조사

➕해설 기후가 어떻게 변할 것이라는 예측치란 앞으로 일어날 기후 변화를 설명하는 것이므로 '전망'이 알맞다.
　　　　전망 : 앞날을 헤아려 내다봄. 또는 내다보이는 장래의 상황

답 　01. ② ｜ 02. ④ ｜ 03. ③ ｜ 04. ① ｜ 05. ② ｜ 06. ③

07

사람의 입을 통하여 나오는 소리 가운데에서도 말할 때에 사용되는 소리만을 (   )이라고 한다. 물리적으로만 본다면 이 (   )은(는) 각양각색이다. 사람마다 목소리가 달라서 어떤 사람은 날카롭고, 어떤 사람은 굵다.

① 음향　　　　　② 음성　　　　　③ 음운　　　　　④ 발음

(+해설) ② **음성** : 사람의 발음기관에서 나오는 소리 즉, 말소리
　① **음향** : 소리의 울림
　③ **음운** : 말을 이루는 하나의 소리
　④ **발음** : 혀 · 이 · 입술 등을 이용하여 말을 이루는 소리를 내는 일

08

아노미는 프랑스의 사회학자 에밀 뒤르켐의 연구에서 유래한 것으로, 사회구성원의 행동을 규제하는 공동의 가치관이나 도덕 기준이 (   )된 혼동상태, 그리고 그로 인해 목적의식이나 이상이 (   )된 사회나 개인에게 나타나는 불안정 상태를 말한다.

① 배제　　　　　② 증발　　　　　③ 실종　　　　　④ 상실

(+해설) ④ **상실** : (기억이나 자신 · 자격 · 권리 · 의미 등 주로 추상적인 것을) 잃어버림
　① **배제** : 장애가 되는 것을 없앰
　② **증발** : 액체가 그 표면에서 기체로 변하는 일 또는 '사람이나 물건이 갑자기 사라져 행방불명이 됨'을 속되게 이르는 말
　③ **실종** : (사람의) 소재나 행방, 생사 여부를 알 수 없게 됨

09

순장은 부여에서 왕이나 귀족이 죽으면 하인을 함께 매장하는 (   )으로 지배계급의 위엄을 보인 것이다.

① 전통　　　　　② 관행　　　　　③ 악습　　　　　④ 관습

(+해설) ③ **악습** : 좋지 않은 버릇, 좋지 않은 풍습
　① **전통** : 어떤 집단이나 공동체에서, 지난날로부터 이어 내려오는 사상 · 관습 · 행동 따위의 양식(樣式), 또는 그것의 핵심을 이루는 정신

② 관행 : 예전부터 관례에 따라 행하여지는 일

④ 관습 : 일정한 사회에서 오랫동안 지켜 내려와 일반적으로 인정되고 습관화되어 온 질서나 규칙

10

애드리브(ad lib)는 대본에 없는 (　　　)인 대사나 연기 혹은 미리 정하지 않은 음악의 연주 따위를 말한다.

① 장기적　　　　　　② 임시적　　　　　　③ 결정적　　　　　　④ 즉흥적

⊕해설 즉흥적 : 그때그때의 느낌을 곧바로 표현하는 것

[11~13] 다음 제시된 문장을 읽고 순서에 따라 가장 적절하게 배열한 것을 고르시오.

11

가. 누구나 그것을 충분히 지니고 있다고 생각하므로, 다른 모든 일에 있어서는 만족할 줄 모르는 사람들도 자기가 가지고 있는 이상으로 양식을 가지고 싶어 하지는 않으니 말이다.

나. 오히려 이것은 잘 판단하고, 참된 것을 거짓된 것으로부터 가려내는 능력, 즉 바로 양식 혹은 이성(理性)이라 일컬어지는 것이 모든 사람에게 있어서 나면서부터 평등함을 보여주는 것이다.

다. 이 점에 있어서 모든 사람이 잘못 생각하고 있다고 볼 수는 없다.

라. 양식(良識)은 세상에서 가장 공평하게 분배되어 있는 것이다.

① 가 – 다 – 나 – 라　　　　　　② 다 – 나 – 라 – 가

③ 라 – 가 – 다 – 나　　　　　　④ 라 – 가 – 나 – 다

⊕해설 라. 양식을 정의하였다.

　　가. 정의내린 것을 구체적으로 설명하였다.

　　다. 앞서 언급된 사람들의 생각을 이어 수식하고 있다.

　　나. '잘못 생각하고 있다고 볼 수 없다는 것'의 구체적 설명을 제시하고 있다.

12

> 가. 국내의 경우 과학기술연구원(KIST)을 비롯, 대덕 연구단지 내에 있는 각종 연구소가 이에 속한다.
>
> 나. 정부기관 또는 기업체 등으로부터 의뢰받은 각종 과제를 분석하고 필요한 정보를 수집·제공하며 기술을 직접 개발하기도 한다.
>
> 다. 세계적인 싱크 탱크로는 미국의 랜드 코퍼레이션(Rand Corporation)이 있다.
>
> 라. 싱크 탱크(Think Tank)는 무형의 두뇌를 자본으로 하여 영위되는 기업이나 연구소로 두뇌집단, 두뇌공장 또는 두뇌회사라고 한다.

① 라 – 다 – 나 – 가　　　　　② 라 – 가 – 나 – 다
③ 라 – 나 – 가 – 다　　　　　④ 라 – 가 – 다 – 나

⊕ 해설 라. 싱크 탱크의 개념에 대해 설명하였다.

　　　가. 국내에서 싱크 탱크에 속하는 사례를 제시하였다.

　　　나. 국내의 싱크 탱크에 속하는 기관들이 하는 일에 대해 설명하였다.

　　　다. 세계적인 싱크 탱크 기관의 사례를 제시하였다.

13

> 가. 적응의 과정은 북쪽의 문헌이나 신문을 본다든지 텔레비전, 라디오를 시청함으로써 이루어질 수 있는 극복의 원초적인 단계이다. 선택은 전문 학자들의 손을 거쳐 이루어질 수도 있으나, 장기적으로 언어를 대중의 손에 맡기는 것이 최상의 길이다.
>
> 나. 이질성의 극복을 위해서는 이질화의 원인을 밝히고 이를 바탕으로 해서 그것을 극복하는 단계로 나아가야 한다. 극복의 문제도 단계를 밟아야 한다. 일차적으로는 적응의 과정이 필요하고, 다음으로는 최종적으로 선택의 절차를 밟아야 한다.
>
> 다. 남북의 언어가 이질화되었다고 하지만 사실은 그 분화의 연대가 아직 반세기에도 미치지 않았고 맞춤법과 같은 표기법은 원래 하나의 뿌리에서 갈라진 만큼 우리의 노력 여하에 따라서는 동질성의 회복이 생각 밖으로 쉬워질 수 있다.
>
> 라. 문제는 어휘의 이질화를 어떻게 극복할 것인가에 귀착된다. 우리가 먼저 밟아야 할 절차는 이질성과 동질성을 확인하는 일이다. 이러한 작업은 언어·문자뿐만 아니라 모든 분야에 해당한다. 동질성이 많이 확인되면 통합이 그만큼 쉽고 이질성이 많으면 통합이 어렵다.

① 가 – 다 – 라 – 나　　　　　② 나 – 가 – 다 – 라
③ 다 – 라 – 나 – 가　　　　　④ 라 – 나 – 다 – 가

다. 남북 언어 간 동질성 회복의 가능성을 제시한 문장이다.
라. 남북 언어 간 어휘의 이질화를 극복하기 위한 첫 단계가 이질성과 동질성을 확인하는 일임을 설명한 문장이다.
나. 남북 언어 이질성 극복을 위한 구체적인 과정과 단계를 설명하였다.
가. 적응 과정은 다양하게 이루어질 수 있으나, 장기적으로 언어를 대중의 손에 맡기는 것이 최상의 길이라고 하면서 결론을 맺고 있다.

[14~16] 다음 글의 주제로 가장 적절한 것을 고르시오.

14

서로 공유하고 있는 이익의 영역이 확대되면 적국을 뚜렷이 가려내기가 어려워진다. 고도로 상호 작용하는 세계에서 한 국가의 적국은 동시에 그 국가의 협력국이 되기도 한다. 한 예로 소련 정부는 미국을 적국으로 다루는 데 있어서 양면성을 보였다. 그 이유는 소련이 미국을 무역 협력국이자 첨단 기술의 원천으로 필요로 했기 때문이다. 만일 중복되는 국가 이익의 영역이 계속 증가하게 되면 결국에 한 국가의 이익과 다른 국가의 이익이 같아질까? 그건 아니다. 고도로 상호 작용하는 세계에서 이익과 이익의 충돌은 사라지는 것이 아니다. 단지 수정되고 변형될 뿐이다. 이익이 자연스럽게 조화되는 일은 상호 의존과 진보된 기술로부터 나오지는 않을 것이다. 유토피아란 상호작용 또는 기술 연속체를 한없이 따라가더라도 발견되는 것은 아니다. 공유된 이익의 영역이 확장될 수는 있겠지만, 가치와 우선순위의 차이와 중요한 상황적 차이 때문에 이익 갈등은 계속 존재하게 될 것이다.

① 주요 국가들 간의 상호 의존적 국가 이익은 미래에 빠른 속도로 증가할 것이다.
② 국가 간에 공유된 이익의 확장은 이익 갈등을 변화시키기는 하지만 완전히 소멸시키지는 못한다.
③ 국가 이익은 기술적 진보의 차이와 상호 작용의 한계를 고려할 때 궁극적으로는 실현 불가능할 것이다.
④ 세계 경제가 발전해 가면서 더 많은 상호 작용이 이루어지고 기술이 발전함에 따라 국가 이익들은 자연스럽게 조화된다.

 제시문은 국가 간 상호 작용 과정에서 서로 공유하는 이익이 증가하면 각 국가의 이익이 함께 증가할 것인가에 관한 문제 제기와 그에 따른 필자의 주장을 제시한 글이다. 제시문에서는 '중복되는 국가 이익의 영역이 계속 증가하더라도 고도로 상호 작용하는 세계에서 이익 갈등은 사라지는 것이 아니라 단지 수정되고 변형될 뿐이다'라고 언급하고 있다. 따라서 글의 주제로 적절한 것은 ②이다.

15

> 진화론자는 어떠한 한 종에 대해 과거의 진화적 내용을 증명하거나 앞으로의 진화를 예견할 수 없고 단지 어떤 사실을 해석하거나 이에 대하여 이야기를 만들 뿐이다. 왜냐하면 과거 일회성의 사건은 반복되거나 실험적으로 검증할 수 없고 예견은 검증된 사실로부터 가능하기 때문이다. 이러한 관점에서 보면 진화론자와 역사학자보다는 상당히 많은 과학적 이점을 가지고 있다. 즉, 상호 연관성을 가진 생물학적 법칙, 객관적 증거인 상동 기관, 일반적인 과학의 법칙 등으로부터 체계를 세울 수 있다. 상동 기관은 다양한 생물이 전혀 별개로 형성되었다기보다는 하나의 조상으로부터 출발하였다는 가설을 뒷받침하는 좋은 증거이기 때문이다. 진화론은 생물의 속성에 대해 일반적으로 예견할 수 있지만, 아직까지 진화론에는 물리학에 견줄 수 있는 법칙이 정립되어 있지 않다. 이것은 진화론이 해결할 수 없는 본질적인 특성에 기인한다.

① 진화론은 객관적 증거들을 이용하여 생명 현상의 법칙을 세운다.
② 진화론이 과학으로서 인정을 받기 위해서는 법칙의 정립이 시급하다.
③ 진화론은 인문 과학의 속성과 자연 과학의 속성을 모두 지니고 있다.
④ 진화론은 과거의 사실을 검증함으로써 진화 현상에 대한 예측을 가능하게 한다.

⊕해설 진화론은 단지 과거에 존재했던 일회성의 사건에 대한 해석과 이에 대한 이야기일 뿐이다. 진화론의 이러한 면은 역사학과 비슷하다. 또한 진화론은 생물학적 법칙 및 일반적인 과학의 법칙 등과 관련되어 있다. 그러므로 진화론은 인문 과학의 속성과 자연 과학의 속성을 모두 지니고 있다. 제시문은 전반부에서는 진화론의 인문 과학적인 속성을, 후반부에서는 진화론의 자연 과학적 속성을 설명하고 있다.

16

　　정보화 시대에는 천문학적 양의 정보가 생산되고 저장된다. 더구나 이러한 정보의 파장 효과는 이제 우리 삶의 대응 속도와 예측 능력을 엄청난 격차로 추월해 버렸다. 급격한 변동 속에 위험을 제어할 수 없는 상황에 빠져들면서 사람들의 불안감은 증폭되는 것이다. 또한 정보화가 진행될수록 우리가 삶에서 느끼는 허무감은 점점 짙어지고 있다. 정보를 광속으로 유통시키는 정보통신 기술의 시장 침입으로 시장은 상상할 수 없을 정도로 빠르게 변하고 있다. 이 변화의 물결은 전 삶의 영역이 시장화 되는 과정으로 나타나고 있다. 그 결과 존재하는 모든 것은 상품으로서만 가치를 지니며, 그 가치는 팔릴 때만 결정된다.

　　이러한 환경에서 존재자의 지속적 가치, 존재와 삶의 본질은 불필요하다. 전지구적으로 급변하는 시장 환경에 처한 삶이 근거할 수 있는 진리를 찾는 것은 허망하고 비효율적인 행위다. 그것은 변화에 순발력 있게 대응해야만 존재할 수 있는 현실의 구조를 외면하는 도태과정일 뿐이다. 이제 가치는 없고 가격만이 있을 뿐이다. 또 진리는 없고 순간적으로 검색 가능한 정보만 있을 뿐이다. 이처럼 오늘날 삶의 의미와 방향이 사회적 담론의 주제로서 가치를 상실했다면, 그리하여 결국 삶이 어떠한 진리와 근원에 대해서도 사색하지 않는 허무주의로 방치되고 있다면, 삶의 심연에 드리워진 원초적 허무의 불안은 방향상실의 좌절 속에서 더욱 더 짙어지고 그 고통의 비명은 한층 더 증폭될 수밖에 없을 것이다.

① 정보화 시대에는 존재하는 모든 것이 상품으로서의 가치를 지닌다.
② 인간은 원초적인 불안으로부터 탈출하고자 노력하는 존재이다.
③ 인간의 불안감의 원천은 본질적 가치의 상품화에 따른 삶의 방향 상실에 있다.
④ 급격한 정보통신의 발전은 인간 존재의 우울을 마비시킬 수 있는 구원의 기술이다.

해설 제시문에서는 정보화 시대의 특징 중 하나인 '삶의 전 영역의 시장화'에 대해서 언급하고 있다. 정보통신 기술의 시장 침입으로 시장은 빠르게 변화하고 있으며, 존재하는 모든 것이 상품으로서의 가치를 지닌다. 이에 따라 인간 존재의 진리를 탐구하는 일은 허무하고 비효율적인 행위가 되었다. 정보화가 진행될수록 인간의 허무감이 짙어지고 불안감이 증폭되는 이유가 바로 여기에 있다.
① 제시문은 정보화 시대의 시장화에 대한 내용에서 그치는 것이 아니라, 그로 인한 인간의 허무감과 불안감 증폭에 대해서 언급하고 있다.
② 인간이 불안감과 허무감을 벗어날 수 있는지에 대한 여부는 제시되어 있지 않다.
④ 정보통신 기술의 시장 침입으로 삶의 영역이 시장화가 되면서 인간의 삶의 가치가 상실되었다.

[17~19] 다음 글의 제목으로 가장 적절한 것을 고르시오.

17

> 소셜 커머스란 소셜 네트워크 서비스(SNS)를 통하여 이루어지는 전자 상거래를 가리키는 말이다. 소셜 커머스는 상품의 구매를 원하는 사람들이 할인을 성사하기 위하여 공동 구매자를 모으는 과정에서 주로 SNS를 이용하는 데서 그 명칭이 유래되었다. 소셜 커머스는 2005년 야후의 장바구니 공유 서비스인 쇼퍼스피어(shoposphere) 같은 사이트를 통하여 처음 소개되었으며, 2008년 미국 시카고에서 설립된 온라인 할인 쿠폰 업체인 그루폰(Groupon)이 공동 구매형 소셜 커머스 사업 모델을 처음 만들어 성공을 거둔 이후 본격적으로 알려지기 시작하였다.

① 국내 소셜 커머스의 현황   ② 소셜 커머스의 유형 및 전망
③ 소셜 커머스 명칭의 유래와 등장 배경   ④ 소비자의 역할 및 상거래 지형의 변화

해설 제시문은 소셜 커머스가 상품의 구매를 원하는 사람들이 할인을 성사시키기 위하여 공동 구매자를 모으는 과정에서 주로 SNS를 이용하는 데서 그 명칭이 유래되었음을 밝히고 있으며, 소셜 커머스 사업의 시초가 된 야후와 그루폰 등의 사례를 제시하고 있다. 따라서 제목으로 가장 적절한 것은 '소셜 커머스 명칭의 유래와 등장 배경'이다.

18

> 기업이나 상품의 이미지는 측정할 길이 없다 보니 전통적인 경제학이 지배하는 산업 사회에서는 고려 대상이 되지 못하였다. 그러나 현대 사회에서는 엄청난 영향력을 행사하고 있는 만큼 이를 절대로 무시할 수 없게 되었다. 경제 분야에서 선도적 위치에 있는 나라는 모두 강력한 문화적 이미지를 갖고 있다. 이런 문화적 이미지는 재화와 서비스의 가격 결정 과정에 강한 영향력을 미친다. 사람들은 프랑스 제품이라는 이유로 더 비싼 값을 지불해서라도 프랑스 향수를 사려 한다. 거기엔 문화적 부가 가치가 묵시적으로 부여되어 있는 것이다. 따라서 지금 우리가 겪고 있는 경제적 어려움에 대한 처방은 경제적인 것보다는 문화적인 것이 되어야 한다.

① 선진국 문화의 특징   ② 우리나라의 문화 이미지
③ 문화와 경제의 상관관계   ④ 경제난 해결에 대한 문화적 처방의 당위성

해설 제시문에서는 현대 사회에서 문화 이미지가 경제적 측면에 많은 영향력을 행사하고 있으므로 문화적인 것으로 경제적 어려움을 해결해 나가야 한다고 주장하고 있다.

19

자연의 생명체가 보여 주는 행동이나 구조, 그들이 만들어내는 물질 등을 연구해 모방함으로써 인간 생활에 적용하려는 기술이 생체모방이다. 그러나 '생체모방'은 나노기술의 발전과 극소량의 물질을 대량으로 생산해내는 유전공학 등 관련 분야의 발달로 '생체모방 공학'이라고 부를 수 있게 되었다.

홍합이 바위에 자신의 몸을 붙이는 데 사용하는 생체물질인 '교원질 섬유 조직'은 물에 젖어도 떨어지지 않는 첨단 접착제로 주목받고 있으며, 거미불가사리의 몸통과 팔을 연결하는 부위에 부착된 방해석이라는 수정체는 인간의 기술로 개발된 어떠한 렌즈보다도 작으면서 정확하게 초점을 맞추는 기능을 가진 것으로 알려졌다.

35억 년 역사를 가진 지구에는 서로 다른 특징과 능력을 지닌 수백만 종의 동식물이 살고 있다. 하지만 이들의 능력이 밝혀진 것은 아주 미미하며, 우리가 알지 못하는 놀라운 능력을 가진 동식물이 어딘가에 존재하고 있을 것이다. 그래서 모든 생명체가 간직한 비밀의 열쇠를 찾아 인간 생활에 적용함으로써, 자연과 기술을 조화롭게 응용하여 인간을 이롭게 하자는 것이 생체모방 공학의 목적이다. 이제 과학은 다시 자연으로 돌아가 자연을 배우고자 한다. 자연을 배우고, 자연을 모방한 과학이야말로 진정한 인간을 위한 과학이 아닌가 생각한다.

① 생명체의 놀라운 능력   ② 생체모방 공학의 특징
③ 생체모방 공학의 한계   ④ 생체모방 공학의 목적과 방향

해설 제시문에서는 '생체모방'에 대해 정의하고, 놀라운 생명체의 능력과 그 비밀을 연구하여 인간 생활에 적용하여 인간을 이롭게 하고자 하는 생체모방 공학의 목적을 밝히고 있다. 또 이러한 목적을 달성하기 위해 '자연으로 돌아가 자연을 배우고자 한다'라는 생체모방 공학의 방향을 제시하고 있다.

[20~21] 다음 글의 내용과 일치하지 않는 것은?

20

1910년대를 거쳐 1920년대에 이르러, 추상회화는 유럽인들 사이에 나타난 유토피아를 향한 희망을 반영하는 조형적 형태언어가 되었다. 이러한 경향의 대표적 미술가로는 몬드리안 (1872~1944)이 있다. 몬드리안은 양과 음, 형태와 공간, 수직과 수평으로 대변되는 이원론적 원리에 근거한 기호들이 자연에 내재되어 있는 정신성을 충분히 규명할 수 있다고 믿었다. 몬드리안 회화에서 이원론적인 사유 작용은 신지학에서 유래된 것으로 몬드리안의 신조형주의 회화의 절대적 형태 요소가 된다. 여기서 신지학(Theosophy)이란 그리스어의 테오스(Theos ; 神)와 소피아(Sophia ; 智)의 결합으로 만들어진 용어이다. 이 용어가 시사하듯 신지학은 종교와 철학이 융합된 세계관으로 신플라톤주의의 이원론이 그 초석이 된다. 이것은 몬드리안 이론의 밑바탕이 되었다. 결국, 몬드리안은 점점 자연을 단순화하는 단계에서 수평과 수직의 대비로 우주와 자연의 모든 법칙을 요약하였다. 그는 변덕스러운 자연의 외형이 아니라 자연의 본질, 핵심을 구조적으로 질서 있게 파악하여 자연이 내포하고 있는 진실을 드러내고자 하였다.

① 몬드리안은 자연의 본질을 파악하고자 하였다.
② 몬드리안의 추상화는 인간의 변덕스러운 욕망을 반영하였다.
③ 신지학은 어원상 종교와 철학이 융합된 학문임을 알 수 있다.
④ 1920년대 유럽의 추상회화는 유토피아를 향한 희망을 반영하고 있다.

➕해설 '그는 변덕스러운 자연의 외형이 아니라 자연의 본질, 핵심을 구조적으로 질서 있게 파악하여 자연이 내포하고 있는 진실을 드러내고자 하였다.'라는 마지막 문장을 고려할 때 잘못된 내용임을 알 수 있다.

21

자동차 시대의 시작은 다양한 관련 산업의 발달을 촉발함으로써 미국 경제를 이끌어가는 견인차 역할을 하였다. 그러나 자동차의 폭발적인 증가가 긍정적인 효과만을 낳은 것은 아니다. 교통사고가 빈발하여 이에 따른 인적, 물적 피해가 엄청나게 불어났으며 환경 문제도 심각해졌다. 자동차들은 엄청난 에너지를 소비했으며 그 에너지는 대기 중에 분산되었다. 오늘날 미국 도시들에서 발생하는 대기오염의 60%는 자동차 배기가스에 의한 것이다. 자동차가 끼친 가장 심각한 문제는 연료 소비가 대폭 늘어남으로 인해 에너지 고갈 위기가 다가왔다는 것이다. 석유 자원은 수십 년 안에 고갈될 것으로 예견되고 있으며 이동 시간을 단축시키려던 애초의 소박한 자동차 발명 동기와는 달리 자동차 때문에 인류는 파멸의 위기에 빠질 수도 있다.

① 자동차 사용의 증가는 대체에너지 개발을 촉진하였다.
② 자동차 산업은 다양한 관련 산업의 발달을 촉진하였다.

③ 자동차 사용의 증가로 대기 오염은 심각한 상황에 이르렀다.

④ 자동차 산업은 미국 경제를 이끌어가는 데 중요한 역할을 담당했다.

⊕해설 자동차가 발명되어 연료 소비가 늘어나 에너지 고갈 위기가 다가왔다는 내용은 일치하지만 대체에너지 개발을 촉진하였다는 내용은 제시되지 않았다.

[22~23] 다음 글을 읽고 추론할 수 있는 것은?

22

> 자본주의 초기 독일에서 종교적 소수 집단인 가톨릭이 영리 활동에 적극적으로 참여하지 않았다는 것은 다음과 같은 일반적 의식과 배치된다. 민족적 · 종교적 소수자는 정치적으로 영향력 있는 자리에서 배제되므로, 이들은 영리 활동을 통해 공명심을 만족시키려 한다. 그러나 독일 가톨릭의 경우에는 그러한 경향이 전혀 없거나 뚜렷하게 나타나지 않는다. 이는 다른 유럽 국가들의 프로테스탄트가 종교적 이유로 박해를 받을 때조차 적극적인 경제 활동으로 사회의 자본주의 발전에 기여했던 것과 대조적이다. 이러한 현상은 독일을 넘어 유럽 사회에 일반적인 현상이었다. 프로테스탄트는 정치적 위상이나 수적 상황과 무관하게 자본주의적 영리 활동에 적극적으로 참여하는 뚜렷한 경향을 보였다. 반면 가톨릭은 어떤 사회적 조건에 처해 있든 이러한 경향을 나타내지 않았고 현재도 그러하다.

① 소수자이든 다수자이든 유럽의 종교 집단은 사회의 자본주의 발전에 기여하지 못했다.

② 독일에서 가톨릭은 정치 영역에서 배제되었기 때문에 영리 활동에 적극적으로 참여하였다.

③ 독일 가톨릭의 경제적 태도는 모든 종교적 소수 집단에 폭넓게 나타나는 보편적인 경향이다.

④ 종교적 집단에 따라 경제적 태도에 차이가 나타나는 원인은 특정 종교 집단이 처한 정치적 또는 사회적 상황과는 무관하다.

⊕해설 프로테스탄트는 정치적 위상과 무관하게 자본주의적 영리 활동에 적극적으로 참여하였으며, 가톨릭은 어떤 사회적 조건에 처해 있든 이러한 경향을 나타내지 않았으므로 종교 집단에 따라 경제적 태도에 차이가 나타나는 원인은 특정 종교 집단이 처한 정치적 또는 사회적 상황과는 무관하다는 내용을 추론할 수 있다.

23

> 고려 시대에 지방에서 의료를 담당했던 사람으로는 의학박사, 의사, 약점사가 있었다. 의학
> 박사는 지방에 파견된 최초의 의관으로서, 12목에 파견되어 지방의 인재들을 뽑아 의학을 가르
> 쳤다. 의사는 지방 군현에 주재하면서 약재를 채취하고 백성을 치료하였으며, 의학박사만큼은
> 아니지만 의학교육의 일부를 담당하였다. 지방 관청에서는 약점을 설치하여 약점사를 배치하
> 였다. 약점사는 향리들 중에서 임명되었다. 약점은 약점사가 환자를 치료하는 공간이자 약재의
> 유통이 이루어지는 공간이었다. 약점사의 일 중 가장 중요한 것은 백성들이 공물로 바치는 약
> 재를 수취하고 관리하여 중앙 정부에 전달하는 일이었다. 약점사는 왕이 하사한 약재를 관리하
> 는 일과 환자를 치료하는 일도 담당하였다. 지방마다 의사를 두지는 못하였으므로 의사가 없는
> 지방에서는 의사의 업무 모두를 약점사가 담당했다.

① 약점사가 의학교육을 담당할 수도 있었다.
② 의사들의 진료 공간은 약점이었다.
③ 의사는 향리들 중에서 임명되었다.
④ 의사들 가운데 실력이 뛰어난 사람이 의학박사로 임명되었다.

> ➕해설 지방마다 의사를 두지는 못하였으므로 그런 지방에서는 약점사가 의사의 모든 업무를 담당한다고 하였다. 의사 역시
> 의학교육의 일부를 담당하였으므로 약점사가 의학교육을 담당할 수도 있었다.

[24~25] 다음 중 밑줄 친 ⊙과 유사한 사례로 가장 적절한 것은?

24

> 서울 동숭동 대학로에는 차분한 벽돌 건물들이 복잡한 도심 속에서 색다른 분위기를 형성하
> 고 있다. 이 건물들을 볼 때 알 수 있는 특징은 우선 재료를 잡다하게 사용하지 않았다는 점이
> 다. 건물의 크기를 떠나서 창문의 유리를 제외하고는 건물의 외부가 모두 한 가지 재료로 덮여
> 있다. 사실 ⊙ 솜씨가 무르익지 않은 요리사는 되는 대로 이런저런 재료와 양념을 쏟아 붓는다.
> 하지만 아무리 훌륭한 재료를 쓴들 적절한 불 조절이나 시간 조절이 없으면 범상한 요리를 뛰어
> 넘을 수 없다. 재료 사용의 절제는 비단 건축가뿐만 아니라 모든 디자이너들이 원칙적으로 동
> 의하면서도 막상 구현하기는 어려운 덕목이다. 벽돌 건물의 또 다른 예술적 매력은 벽돌을 반
> 으로 거칠게 쪼갠 다음 그 쪼개진 단면이 외부로 노출되게 쌓을 때 드러난다. 햇빛이 이 벽면에
> 떨어질 때 드러나는 면의 힘은 가히 압도적이다.

① 합창을 할 때 각자 맡은 성부를 충실히 한다.
② 시를 쓸 때 심상이 분명하게 전달되도록 한다.

③ 사진을 찍을 때 배경보다는 인물을 부각시킨다.

④ 영상을 편집할 때 화려한 CG와 편집기술을 최대한 이용한다.

해설 ㉠은 요리사가 재료를 절제하여 사용하지 않음으로써 맛을 제대로 살리지 못하는 경우이다. 이러한 요리사의 모습과 유사한 사례는 영상 편집 시 CG와 편집기술을 필요 이상으로 적용하여 절제미를 살리지 못한 ④이다.

25

> 일반적으로 문화는 '생활양식' 또는 '인류의 진화로 이룩된 모든 것'이라는 포괄적인 개념을 갖고 있다. 이렇게 본다면 언어는 문화의 하위 개념에 속하는 것이다. 그러나 언어는 문화의 하위 개념에 속하면서도 문화 자체를 표현하여 그것을 전파 · 전승하는 기능도 한다. 이로 보아 언어에는 그것을 사용하는 민족의 문화와 세계인식이 녹아 있다고 할 수 있다. ㉠ 가령 '사촌'이라고 할 때, 영어에서는 'cousin'으로 통칭(通稱)하는 것을 우리말에서는 친 · 외 · 고종 · 이종 등으로 구분하고 있다. 친족 관계에 대한 표현에서 우리말이 영어보다 좀 더 섬세하게 되어 있는 것이다. 이것은 친족 관계를 좀 더 자세히 표현하여 차별 내지 분별하려 한 우리 문화와 그것을 필요로 하지 않는 영어권 문화의 차이에서 기인한 것이다.

① 쌀을 주식으로 했던 우리 민족은 '모, 벼, 쌀, 밥'이라는 네 개의 단어를 각각 구별하여 사용하지만, 그렇지 않았던 영어권에서는 이 네 가지 개념을 오직 'rice'라는 단어 하나로 표현한다.

② 우리가 책이라 부르는 것을 미국인들은 'book', 중국인들은 '册', 독일인들은 'buch'라는 말로 지칭한다.

③ '머리'는 하나의 언어 기호로 두 가지 면이 있다. 하나는 [məri]라는 소리의 면이고, 하나는 '頭'라는 의미의 면이다.

④ 무지개의 색깔이 단지 '빨강, 주황, 노랑, 초록, 파랑, 남색, 보라' 일곱 개로 이루어져 있는 것만은 아니다.

해설 밑줄 친 ㉠은 친족 관계를 중시하는 우리의 문화적 요소가 우리말에 반영되어 친족 관계에 대한 표현이 영어보다 섬세하게 분화되어 있다는 점을 보여주고 있다. 이는 쌀을 주식으로 했던 우리의 문화가 타 문화권에 비하여 쌀과 관련된 표현을 다양하게 만들었다는 사례와 가장 유사하다.

답 23. ① | 24. ④ | 25. ①

01 C사의 영업사원인 A, B 두 사람은 지난달에 25군데의 지점을 관리했다. 이번 달에 A는 지난달에 비해 관리 지점 수가 30% 증가, B는 40% 감소하여 두 사람이 합해서는 12% 감소했다. 이번 달에 A의 관리 지점은 몇 군데인가?

① 12 　　　　　　　　　　　　　② 13
③ 14 　　　　　　　　　　　　　④ 15

➕해설 지난달 A의 관리 지점 수를 x, B의 관리 지점 수를 y라 하면
$x+y=25$
$(1+0.3)x+(1-0.4)y=25 \times (1-0.12)$
$x=10, y=15$
따라서 이번 달 A의 관리 지점은 $10 \times (1+0.3)=13$군데

02 올해 C사에 새로 입사한 사원은 250명이다. 내년에는 남자 사원을 올해 입사한 남자 사원의 8%만큼 적게 채용하고, 여자 사원은 17%만큼 더 채용하여 전체 255명을 채용하려고 한다. 내년 새로 채용할 여자 사원은 몇 명인가?

① 115명 　　　　　　　　　　　② 116명
③ 117명 　　　　　　　　　　　④ 118명

➕해설 올해 입사한 남자 사원을 x, 여자 사원을 y라 하면
$$\begin{cases} x+y=250 \\ -0.08x+0.17y=5 \end{cases}$$
$x=150, y=100$
따라서 내년 새로 채용할 여자 사원은
$100 \times (1+0.17)=117$명

03 현민이와 유민이는 걷기대회에 함께 참가했다. 현민이는 4.2km/h, 유민이는 3.5km/h의 속력으로 걷는다고 할 때, 현민이가 5시간 후 목표지점에 도착한 뒤 얼마 후에 유민이가 도착하는가?

① 30분 후
② 1시간 후
③ 1시간 30분 후
④ 2시간 후

> **해설** 현민이가 5시간 동안 걸은 거리 : $4.2 \times 5 = 21 (km)$
> 유민이가 출발점에서 21km 떨어진 목표지점에 도착하기까지 걸리는 시간 : $21 \div 3.5 = 6$(시간)
> ∴ 현민이가 도착한 뒤 1시간 후에 유민이가 도착한다.

04 두 지점 A, B를 자동차로 왕복하는 데 갈 때에는 시속 45km, 돌아올 때는 시속 30km로 달렸더니 돌아올 때에는 갈 때보다 30분 더 걸렸다고 한다. 두 지점 A, B 사이의 거리를 구하면?

① 30km
② 35km
③ 45km
④ 55km

> **해설** 두 지점 A, B 사이의 거리를 x라고 하면 갈 때 걸린 시간은 $\frac{x}{45}$시간이고, 올 때 걸린 시간은
> $\frac{x}{30}$시간이다. 돌아올 때 걸린 시간이 갈 때 걸린 시간보다 30분 더 걸리므로
> $$\frac{x}{30} - \frac{x}{45} = \frac{30}{60}$$
> ∴ $x = 45 (km)$

05 3%의 식염수에 9%의 식염수를 섞어서 6%의 식염수 500g을 만들고자 한다. 9%의 식염수는 몇 g 필요한가?

① 100g
② 150g
③ 200g
④ 250g

> **해설** 3%의 식염수 : x, 9%의 식염수 : y
> $x + y = 500 \cdots$ ①
> $$\frac{3}{100}x + \frac{9}{100}y = \frac{6}{100} \times 500$$
> $x + 3y = 1,000 \cdots$ ②
> ①과 ②를 연립해서 풀면,
> $x = 250, y = 250$
> ∴ 9%의 식염수 양은 250g

답 01. ② | 02. ③ | 03. ② | 04. ③ | 05. ④

06 농도 4%의 소금물 xg과 10%의 소금물 250g을 섞은 후 증발시켜 200g을 만들었더니 농도가 15%가 되었다고 할 때, x의 값은?

① 120g

② 125g

③ 130g

④ 135g

해설 농도 10%의 소금물 안에 들어있는 소금의 양을 a라 하면

$$\frac{a}{250} \times 100 = 10, \ a = 25(\text{g})$$

농도 4%의 소금물 안에 들어있는 소금의 양을 b라 하면

$$\frac{25 + b}{200} \times 100 = 15, \ b = 5(\text{g})$$

$$\therefore \frac{5}{x} \times 100 = 4, \ x = 125(\text{g})$$

07 난영이가 가진 돈은 소영이가 가진 돈의 3배이다. 또 소영이가 가진 돈은 난영이가 가진 돈의 60%보다 340원 적다고 한다. 난영이와 소영이가 가진 돈의 액수는?

	난영	소영		난영	소영
①	975원	325원	②	1,125원	375원
③	1,275원	425원	④	1,425원	475원

해설 난영이가 가진 돈을 x, 소영이가 가진 돈을 y라고 할 때,

$x = 3y, \ y = 0.6x - 340$

이를 연립하여 풀면

$y = 0.6(3y) - 340$

$y = 1.8y - 340$

$\therefore x = 1,275(\text{원}), \ y = 425(\text{원})$

∴ 난영이는 1,275원을 소영이는 425원을 가지고 있다.

08 150원짜리 우표와 200원짜리 우표를 합해서 21장을 사고 4,000원을 냈는데 200원의 잔돈을 거슬러 받았다. 150원짜리 우표의 수는?

① 6장

② 8장

③ 10장

④ 12장

$\bigoplus$ 해설 150원짜리 우표 : x, 200원짜리 우표 : y

$x+y=21$(장)

$150x+200y=4,000-200$, $150x+200y=3,800$(원)

$y=21-x$를 $150x+200y=3,800$에 대입하여 풀면,

$150x+200(21-x)=3,800$(원)

$150x+4,200-200x=3,800$(원)

$\therefore x=8$장

09 연못 주위에 나무를 심으려고 하는데, 나무의 간격을 **10m**에서 **5m**로 바꾸면 필요한 나무는 **11그루**가 늘어난다. 연못의 둘레는?

① 100m ② 110m

③ 120m ④ 130m

$\bigoplus$ 해설 나무의 간격이 10m일 때 필요한 나무의 그루 수를 x라 하면

$10x=5(x+11)$

$\therefore x=11$(그루)

$\therefore$ 연못의 둘레$=10\times11=110$(m)

10 현재 어머니와 딸의 나이를 합하면 **64세**이다. **8년** 전에 어머니의 나이가 딸 나이의 **3배**였다고 하면, 현재 딸의 나이는 몇 세인가?

① 14세 ② 16세

③ 20세 ④ 24세

$\bigoplus$ 해설 현재 딸의 나이 : x, 현재 어머니의 나이 : y

$x+y=64 \cdots$ ①

$y-8=3(x-8)$, $y=3x-16 \cdots$ ②

①과 ②를 연립해서 풀면

$x+3x-16=64$, $4x=80$

$\therefore x=20$(세)

11 미경이는 어느 해에 연우 나이의 2배가 된다. 그리고 그 다음 해에는 연우 나이의 1.5배가 된다. 연우의 나이는 현재 몇 살인가?

① 1살   ② 2살

③ 3살   ④ 4살

⊕해설 미경이의 나이 : x, 연우의 나이 : y

x는 어느 해에 y의 나이의 2배가 된다고 했으므로

$x=2y$

그 다음 해에는 1.5배가 되므로

$(x+1)=1.5(y+1)$ 여기에 $x=2y$를 대입하면

$2y+1=1.5y+1.5$

$\therefore y=1$(살)

12 서로 다른 두 개의 주사위를 동시에 던질 때, 나오는 눈의 합이 2 또는 4가 되는 경우의 수를 구하면?

① 4가지   ② 6가지

③ 8가지   ④ 10가지

⊕해설 서로 다른 주사위 A, B가 나온 눈을 (A, B)로 표시할 때, 각각의 경우의 수는 다음과 같다.

눈의 합이 2가 되는 경우 : $(1, 1)$

눈의 합이 4가 되는 경우 : $(1, 3)$, $(2, 2)$, $(3, 1)$

∴ 눈의 합이 2 또는 4가 되는 경우의 수는 4가지이다.

13 사진관에서 5명의 가족이 단체사진을 찍을 때 앞줄에 2명, 뒷줄에 3명이 서는 방법의 수는?

① 100가지   ② 110가지

③ 120가지   ④ 130가지

⊕해설 5명 중에 앞줄에 2명을 뽑아 세우는 방법은

$$_5P_2 \times _3P_3 = \frac{5!}{(5-2)!} \times \frac{3!}{(3-3)!}$$

$$= \frac{5!}{3!} \times \frac{3!}{1} = 5! = 120(가지)$$

14 주머니 속에 빨간 공 5개와 흰 공 3개가 들어 있다. 1개를 꺼낼 때 빨간 공일 확률은?

① $\frac{1}{8}$

② $\frac{1}{4}$

③ $\frac{3}{8}$

④ $\frac{5}{8}$

> **해설** 공은 모두 8개이고, 그 중에 빨간 공은 5개이므로
>
> 1개를 꺼낼 때 빨간 공일 확률은 $\frac{5}{8}$

part 05 직업기초능력평가

15 다음 표는 2020년부터 2023년까지 우리나라 건강보험의 재정현황을 나타낸 것이다. 이에 대한 설명으로 옳은 것은?

건강보험 재정현황

(단위 : 억 원)

구분		2020년	2021년	2022년	2023년
수입	계	472,058	505,155	532,920	564,864
	보험료	390,318	415,938	443,298	475,931
	보험재정국고지원금	48,007	52,957	55,716	52,002
	담배부담금	33,733	36,260	33,906	36,931
비용	계	412,653	447,525	481,621	531,496
	보험급여비	396,743	428,275	457,601	507,954
	관리운영비	6,308	6,418	6,233	6,042
	기타	9,602	12,832	17,787	17,500

※ 총수지율(%)=$\frac{총비용}{총수입}\times100$

※ 당기차액=총수입−총비용

① 건강보험의 총수입과 총지출은 2020년 이후 매년 감소했다.

② 2023년 건강보험의 당기차액은 전년에 비해 증가했다.

③ 2022년 전년대비 건강보험의 수입증가율은 전년대비 비용증가율을 초과한다.

④ 2023년 건강보험 총수지율은 2020년보다 증가했다.

> **해설** ④ 2020년 총수지율은 $\frac{412,653}{472,058}\times100≒87.4\%$이고,
>
> 2023년 총수지율은 $\frac{531,496}{564,864}\times100≒94.1\%$이므로 2020년보다 증가했다.

① 표를 통해 매년 증가함을 알 수 있다.

② 2022년 당기차액은 532,920－481,621＝51,299이고,

2023년 당기차액은 564,864－531,496＝33,368이므로 전년에 비해 감소했다.

③ 2022년 전년대비 건강보험의 수입증가율은 $\dfrac{(532,920-505,155)}{505,155} \times 100 ≒ 5.5\%$이고,

비용증가율은 $\dfrac{(481,621-447,525)}{447,525} \times 100 ≒ 7.6\%$이므로

전년대비 수입증가율은 전년대비 비용증가율을 초과하지 못한다.

16 다음은 취업자 및 취업자 증감률에 관한 표이다. 취업자가 가장 많은 달을 찾아 전년도 동월의 취업자 수를 구하면? (단, 천 단위 미만은 절삭한다.)

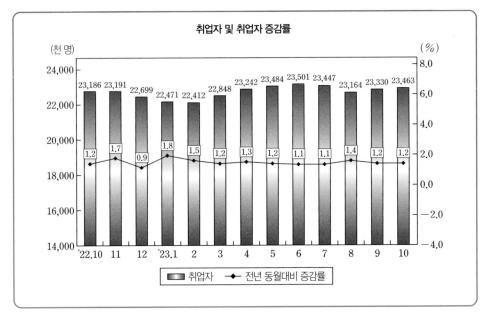

① 19,570천 명   ② 21,315천 명

③ 22,315천 명   ④ 23,245천 명

⊕해설 취업자가 가장 많은 달은 2023년 6월이고, 이 달의 전년 동월대비 증감률은 1.1%이므로

$x + 0.011x = 23,501,000$(명)

$1.011x = 23,501,000$(명), $x = 23,245,301.6815\cdots$

따라서 취업자가 가장 많은 2023년 6월의 전년도 동월인 2022년 6월의 취업자 수는 23,245천 명(천 단위 미만 절삭)이다.

17 다음 표는 우리나라의 돼지고기 수입 현황이다. 2019년부터 우리나라에 대한 돼지고기 수입량이 꾸준히 증가한 나라들에서 2023년 한 해 동안 수입한 돼지고기는 총 몇 톤인가?

국가별 돼지고기 수입 현황

(단위 : 톤)

구분	2019년	2020년	2021년	2022년	2023년
미국	17,335	14,448	23,199	62,760	85,744
캐나다	39,497	35,595	40,469	57,545	62,981
칠레	3,475	15,385	23,257	32,425	31,621
덴마크	21,102	19,430	28,190	25,401	24,005
프랑스	111	5,904	14,108	21,298	22,332
벨기에	19,754	14,970	19,699	17,903	20,062
오스트리아	4,474	2,248	6,521	9,869	12,495
네덜란드	2,631	5,824	8,916	10,810	12,092
폴란드	1,728	1,829	4,950	7,867	11,879

① 46,303톤
② 48,296톤
③ 50,584톤
④ 65,047톤

해설 2019년부터 국가별 수입량이 꾸준히 증가한 나라는 프랑스, 네덜란드, 폴란드이다.
2023년 이들 나라에서 수입한 돼지 고기를 모두 더하면 46,303톤(22,332＋12,092＋11,879)이다.

답 16. ④ | 17. ①

18 다음은 주요 국가들의 연구개발 활동을 정리한 자료이다. 이를 바탕으로 할 때, 일본의 노동인구 500명당 연구원 수는?

주요 국가들의 연구개발 활동 현황

국가명	절대적 투입규모		상대적 투입규모		산출규모	
	총 R&D 비용 (백만 달러)	연구원 수 (명)	GDP대비 총 R&D 비용(%)	노동인구 천 명당 연구원 수(명)	특허 등록 수 (건)	논문 수 (편)
독일	46,405	516,331	2.43	13.0	51,685	63,847
미국	165,898	962,700	2.64	7.4	147,520	252,623
스웨덴	4,984	56,627	3.27	13.1	18,482	14,446
아이슬란드	663	1,363	1.33	9.5	35	312
아일랜드	609	7,837	1.77	5.6	7,088	2,549
영국	20,307	270,000	2.15	9.5	43,181	67,774
일본	123,283	832,873	2.68	8.0	141,448	67,004
프랑스	30,675	314,170	2.45	12.5	46,213	46,279
한국	7,666	98,764	2.22	7.3	52,900	9,555

① 2명   ② 4명

③ 6명   ④ 8명

⊕ 해설 일본의 노동인구 천 명당 연구원 수가 8명이므로

노동인구 500명당 연구원 수를 x라 하면

$1,000 : 8 = 500 : x$, $x = 4$(명)

따라서 일본의 노동인구 500명당 연구원 수는 4명이다.

19 다음은 사원 여행지 결정을 위해 60명에게 설문을 한 결과이다. 이에 따라 2023년 자원봉사를 선택한 사람의 수는 2022년에 비해 몇 %% 증가했는가?

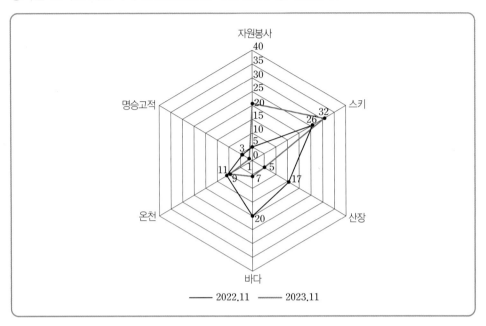

① 100%%

② 200%%

③ 300%%

④ 400%%

해설 2022년의 설문에서 자원봉사라고 응답한 사람은 모두 5명이다. 2019년 같은 항목에 응답한 사람은 모두 20명이므로 전년 대비 15명 증가했다.

따라서 2022년 대비 2023년은 $\frac{15}{5}\times100=300(\%\%)$ 증가했다.

20 다음 표는 연령집단별 대통령 선거투표율을 나타낸 것이다. 이에 대한 설명으로 옳지 않은 것은?

대통령 선거투표율

(단위 : %)

구분	2007년	2012년	2017년	2022년
19세	–	54.2	74.0	77.7
20대	51.1	57.9	71.1	77.1
30대	64.3	51.3	67.7	74.3
40대	76.3	66.3	75.6	74.9
50대	83.7	76.6	82.0	78.6
60대 이상	78.7	76.3	80.9	84.1

※ 투표율＝(투표자수÷선거인수)×100
※ 2007년 당시에는 만 20세 이상이 선거권을 가지고 있었음

① 60대 이상 2017년 투표자는 지난 선거 대비 4.6천 명 늘었다.

② 19세, 20대만 투표율이 계속해서 증가하고 있다.

③ 선거투표율은 모든 연령층에서 과반수를 넘기고 있다.

④ 50대 2022년 투표율은 지난 선거 대비 3.4% 감소하였다.

⊕해설 ① 60대 이상 2017년 투표율은 지난 선거 대비 4.6% 늘었다. 투표자는 주어진 자료에서 알 수 없다.

21 다음 표는 연령별 농가 가구원 수 표이다. 2020년부터 2023년까지 가구원 수의 감소폭이 가장 큰 연령대는?

연령별 농가 가구원 수

[단위 : 명(전국 평균)]

연령 \ 연도	2020	2021	2022	2023
계	3.29	3.23	3.12	3.08
14세 이하	0.46	0.44	0.4	0.36
15~19세	0.26	0.22	0.19	0.18
20~24세	0.15	0.16	0.14	0.13
25~29세	0.14	0.14	0.12	0.12
30~34세	0.1	0.1	0.1	0.09
35~39세	0.17	0.16	0.14	0.13
40~44세	0.22	0.21	0.19	0.19
45~49세	0.23	0.23	0.23	0.23
50~54세	0.26	0.26	0.27	0.26
55~59세	0.35	0.34	0.31	0.29
60~64세	0.38	0.37	0.38	0.39
65세 이상	0.57	0.6	0.65	0.71

① 14세 이하　　　　　　　　② 15~19세

③ 25~29세　　　　　　　　④ 35~39세

해설 14세 이하만 2020년부터 2023년까지 0.1명 감소했다. 나머지 감소한 연령대의 감소폭은 0.1명 미만의 수치이다.

22 다음은 A~D음료의 8개 항목에 대한 소비자 평가 결과를 나타낸 것이다. 이에 대한 설명 중 옳은 것은?

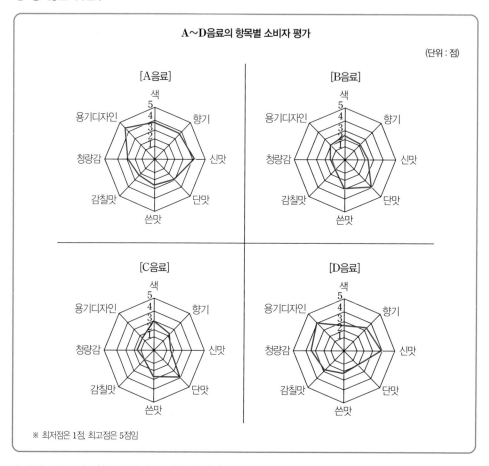

① C음료는 8개 항목 중 쓴맛의 점수가 가장 높다.

② 용기디자인 점수는 A음료가 가장 높고, C음료가 가장 낮다.

③ A음료는 B음료보다 7개 항목에서 각각 높은 점수를 받았다.

④ 소비자 평가 결과의 항목별 점수의 합은 B음료가 D음료보다 크다.

해설 ① C음료는 8개 항목 중 단맛의 점수가 가장 높다.

③ A음료가 B음료보다 높은 점수를 받은 항목은 색, 용기디자인, 청량감, 감칠맛, 신맛, 향기의 6개 항목이다.

④ 항목별 점수의 합은 각 점수를 이은 다각형의 넓이로 판단할 수 있다. B음료의 다각형이 D음료의 다각형보다 작으므로 점수의 합은 D음료가 B음료보다 크다.

23 다음 그림은 A씨와 B씨의 체중 변화를 나타낸 것이다. 3년 전 동월 대비 2023년 3월 A씨와 B씨의 체중 증가율을 바르게 비교한 것은? (단, 소수점 첫째 자리에서 반올림한다.)

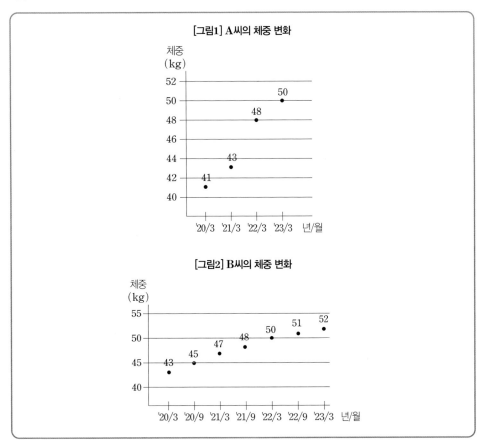

[그림1] A씨의 체중 변화

[그림2] B씨의 체중 변화

① A씨의 체중 증가율은 B씨의 체중 증가율보다 약 1% 더 높다.
② A씨의 체중 증가율은 B씨의 체중 증가율보다 약 10% 더 높다.
③ A씨의 체중 증가율은 B씨의 체중 증가율보다 약 1% 더 낮다.
④ A씨의 체중 증가율은 B씨의 체중 증가율보다 약 10% 더 낮다.

해설 A씨의 체중 증가율 : $\frac{9}{41} \times 100 ≒ 22(\%)$, B씨의 체중 증가율 : $\frac{9}{43} \times 100 ≒ 21(\%)$

따라서 3년 전 동월 대비 2023년 3월 A씨의 체중 증가율은 B씨의 체중 증가율보다 약 1% 더 높다.

24 자료를 바탕으로 할 때, 보기 중 옳지 않은 것을 모두 고르면?

본인과 자녀의 범죄피해에 대한 두려움

(단위 : %)

응답내용 \ 범죄피해 대상 \ 응답자		본인	아들	딸
전혀 걱정하지 않는다	아버지	13.9	3.4	3.0
	어머니	4.8	2.3	1.7
걱정하지 않는 편이다	아버지	27.3	6.3	2.7
	어머니	11.5	5.7	3.4
그저 그렇다	아버지	31.7	13.2	4.7
	어머니	25.3	8.6	3.8
걱정하는 편이다	아버지	24.7	52.0	52.0
	어머니	53.1	50.4	43.5
매우 걱정한다	아버지	2.4	25.1	37.6
	어머니	5.3	33.0	47.6

※ 해당 문제의 내용 중 '걱정한다'는 표의 '걱정하는 편이다'와 '매우 걱정한다'를 합한 것임

보기

ㄱ. 자녀의 범죄피해에 대해 걱정하는 비율은 아들과 딸 각각에 대해 아버지보다 어머니가 더 높게 나타난다.

ㄴ. 아버지의 경우 어머니와 달리 아들보다 딸의 범죄피해에 대해 걱정하는 비율이 더 높게 나타난다.

ㄷ. 자녀의 범죄피해에 대해 걱정하는 비율에서 아버지와 어머니 간의 차이는 딸에 대해서보다 아들에 대해 더 크게 나타난다.

ㄹ. 본인의 범죄피해에 대해 걱정하는 비율은 아버지가 어머니에 비해 2배 이상이다.

① ㄱ, ㄴ
② ㄴ, ㄹ
③ ㄷ, ㄹ
④ ㄱ, ㄴ, ㄷ

 ㄴ. 딸의 범죄피해에 대해 걱정하는 비율은 어머니 91.1%, 아버지 89.6%, 아들의 범죄피해에 대해 걱정하는 비율은 어머니 83.4%, 아버지 77.1%이다. 아버지, 어머니 모두 딸의 범죄피해에 대해 걱정하는 비율이 더 높다.

ㄹ. 본인의 범죄피해에 대해 걱정하는 비율은 어머니가 58.4%, 아버지 27.1%로 어머니가 아버지의 2배 이상이다.

25 자료를 바탕으로 할 때, 보기 중 옳은 것을 모두 고르면?

국가별 여성권한척도

| 구분 | 여성권한 척도 국가순위 | 여성권한 척도 | | | | 1인당 GDP 국가순위 |
		국회의원 여성비율 (%)	입법 및 행정관리직 여성비율 (%)	전문기술직 여성비율 (%)	남성대비 여성 추적소득비	
한국	59	13.0	6	39	0.48	27
일본	43	9.3	10	46	0.46	23
미국	10	14.8	46	55	0.62	8
필리핀	46	15.4	58	62	0.59	129

보기

ㄱ. 4개 국가 중에서 GDP 국가순위가 가장 높은 국가가 여성권한척도 국가순위도 가장 높다.

ㄴ. 필리핀은 4개 국가 중 1인당 GDP 국가순위보다 여성권한척도 국가순위가 높은 유일한 국가이다.

ㄷ. 일본은 4개 국가 중 1인당 GDP 국가순위와 여성권한척도 국가순위의 차이가 가장 큰 국가이다.

ㄹ. 4개 국가 중 입법 및 행정관리직 여성비율, 전문기술직 여성비율이 가장 낮은 국가는 한국이다.

① ㄱ

② ㄱ, ㄴ

③ ㄱ, ㄴ, ㄹ

④ ㄴ, ㄷ, ㄹ

➕해설 ㄷ. 4개 국가 중 1인당 GDP 국가순위와 여성권한척도 국가순위의 차이가 가장 큰 국가는 필리핀이다.

PART 5

직업기초능력평가

03 추리능력

객관식문제
+
정답 및 해설

BASIC VOCATIONAL COMPETENCY TEST

[01~06] 제시된 조건을 바탕으로 A, B에 대해 바르게 설명한 것을 고르시오.

01

[조건]

• 두꺼비는 개구리보다 무겁다.

• 개구리와 독수리의 무게는 같다.

....

[결론]

A : 두꺼비는 독수리보다 가볍다.

B : 두꺼비는 독수리보다 무겁다.

① A만 옳다.

② B만 옳다.

③ A, B 모두 옳다.

④ A, B 모두 틀렸다.

해설 'A가 B보다 무겁다.'를 A > B로 표시할 때,
두꺼비, 개구리, 독수리의 무게를 정리하면 다음과 같다.
두꺼비 > 개구리
개구리 = 독수리
따라서 '두꺼비는 독수리보다 무겁다.'라는 B의 말만 옳다.

02

[조건]
• 모든 갈매기는 과자를 좋아한다.
• 안경을 쓴 ★은 모두 갈매기이다.

[결론]
A : 안경을 쓴 ★은 과자를 좋아한다.
B : 안경을 쓴 ★은 과자를 싫어한다.

① A만 옳다.   ② B만 옳다.
③ A, B 모두 옳다.   ④ A, B 모두 틀렸다.

⊕해설 안경을 쓴 ★은 모두 갈매기이다.
↓
모든 갈매기는 과자를 좋아한다.
↓
안경을 쓴 ★은 과자를 좋아한다.
따라서 A만 옳다.

03

[조건]
• 성모는 영수보다 어리다.
• 영수는 길수보다 어리다.

[결론]
A : 성모는 길수보다 어리다.
B : 성모, 영수, 길수 중 길수의 나이가 가장 많다.

① A만 옳다.   ② B만 옳다.
③ A, B 모두 옳다.   ④ A, B 모두 틀렸다.

⊕해설 제시된 조건을 통해 길수, 영수, 성모 순으로 나이가 많음을 알 수 있다.
나이
[많다] 길수 > 영수 > 성모 [적다]
따라서 A와 B의 말은 모두 옳다.

답 01. ② | 02. ① | 03. ③

04

[조건]

- 어떤 침팬지는 천재이다.
- 모든 천재는 바나나를 좋아한다.
- 현민이는 천재이다.

....

[결론]

A : 현민이는 바나나를 좋아한다.

B : 현민이는 바나나를 좋아하지 않는다.

① A만 옳다.

② B만 옳다.

③ A, B 모두 옳다.

④ A, B 모두 틀렸다.

해설 세 번째 조건에서 '현민이는 천재이다.'라고 했고, 두 번째 조건에서는 '모든 천재는 바나나를 좋아한다.'라고 했으므로 '현민이는 바나나를 좋아한다.'라는 A의 말은 옳다.

> **TIP** **'모든 x' 또는 '어떤 x'의 참·거짓**
> - 모든 x에 대하여
>   - 한 개의 예외도 없이 성립하면 참
>   - 성립하지 않는 예가 있으면 거짓
> - 어떤 x에 대하여
>   - 한 개라도 성립하면 참
>   - 모든 x에 대하여 성립하지 않으면 거짓

05

[조건]

• A, B, C, D가 벤치에 일렬로 앉는다고 할 때, A의 왼쪽에는 B가 앉는다.

• B의 왼쪽에는 D가 앉아 있다.

• C의 오른쪽에는 D가 앉아 있다.

....

[결론]

A : 벤치의 오른쪽 끝에 앉은 사람은 A이다.

B : C와 A 사이에는 두 사람이 앉는다.

① A만 옳다.

② B만 옳다.

③ A, B 모두 옳다.

④ A, B 모두 틀렸다.

해설) A~D가 벤치에 앉는 순서는 다음과 같다.

앞

왼쪽 C - D - B - A 오른쪽

뒤

따라서 A와 B의 말은 모두 옳다.

06 게임을 하기 위해 A, B, C, D, E, F, G, H, I는 세 명씩 세 팀으로 편을 나누려고 한다. 다음 조건을 만족시키는 경우 팀을 바르게 연결한 것은?

> [조건]
> • A와 B는 같은 팀이 될 수 없다.
> • E는 G와 같은 팀이 될 수 없다.
> • F와 G는 같은 팀이어야 하며, B와 같은 팀이 될 수 없다.
> • D와 H는 같은 팀이어야 한다.
> • C는 I와 같은 팀이어야 하며, B와 같은 팀이 될 수 없다.

① A, C, E   ② B, E, I

③ C, D, H   ④ A, F, G

⊕ 해설 • 첫 번째 조건에 의해 (A, ?, ?), (B, ?, ?), (?, ?, ?)으로 나누어진다.
• 세 번째와 네 번째, 다섯 번째 조건에 따라 (A, ?, ?), (B, D, H), (?, ?, ?)으로 나누어진다는 것을 알 수 있다.
• C와 I가 같은 팀이 되고, F와 G가 같은 팀이 되면서 두 번째 조건을 만족시키려면 (A, F, G), (B, D, H), (C, E, I)로 팀이 나누어진다.

[07~08] 다음 문장으로부터 추론할 수 있는 것을 고르시오.

07

> 리본 바구니는 천 바구니에 넣어진다.
> 대나무 바구니는 플라스틱 바구니에 넣어진다.
> 플라스틱 바구니와 리본 바구니는 같은 크기이다.

① 리본 바구니는 플라스틱 바구니에 넣어진다.
② 천 바구니는 플라스틱 바구니에 넣어진다.
③ 천 바구니는 대나무 바구니에 넣어지지 않는다.
④ 플라스틱 바구니는 천 바구니에 넣어지지 않는다.

⊕해설 천 바구니 > 리본 바구니 = 플라스틱 바구니 > 대나무 바구니
따라서 천 바구니는 대나무 바구니에 넣어지지 않는다.

08

> 반도체 기술이 중요하다.
> 반도체 기술보다 더 중요한 것은 인문학이다.
> 기초 과학 없이는 반도체 기술은 없다.

① 기초 과학이 가장 중요하다.
② 반도체 기술이 가장 중요하다.
③ 인문학이 반도체 기술보다 중요하다.
④ 반도체 기술이 기초 과학보다 중요하다.

⊕해설 본문에서 확실하게 나타나 있는 것은 인문학의 중요성 > 반도체 기술의 중요성
따라서 인문학이 반도체 기술보다 중요하다.

[09~10] 주어진 명제로 문장이 참인지 거짓인지 혹은 알 수 없는지 고르시오.

09 6명이 원탁에 앉아 토론을 하고 있다. A의 오른쪽으로 한 사람 걸러 B가 앉아 있고, C의 맞은편에 F가 앉아 있다. E의 오른쪽 한 사람 걸러 D가 앉아 있다. A의 맞은편에 앉아 있는 사람은 누구인가?

① C　　　　　② D　　　　　③ E　　　　　④ 알 수 없음

➕해설 주어진 조건으로 6명의 위치를 살펴보면

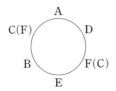

따라서 A의 맞은편에 앉아 있는 사람은 E이다.

10 다음 내용을 바탕으로 '사람들이 하루 두 잔 이상 커피를 마시면 심장병에 걸릴 위험이 높다.'고 결론 내렸을 때, 이를 반박하는 근거가 되는 것은?

> 최근 한 연구에 의하면, 운동량이 적은 중년 남녀 중에서 하루에 두 잔 이상의 커피를 마시는 사람들이 그렇지 않은 사람들에 비해 높은 수준의 콜레스테롤을 혈액 내에 축적하고 있다고 한다. 과다한 콜레스테롤은 심장병을 유발시킨다고 알려져 있다.

① 조사 대상이 된 사람들은 과체중일 경우가 많았다.
② 커피는 심장박동의 증가를 자극하는 카페인을 함유하고 있다.
③ 운동을 별로 하지 않는 것이 혈중 콜레스테롤 수치를 증가시킬 수 있다.
④ 하루 두 잔 이상의 커피를 마신 사람들은 콜레스테롤이 높은 음식을 먹었다.

➕해설 운동량이 적은 중년 남녀를 대상으로 한 실험이므로 이들 중 ③에 의해 콜레스테롤 수치가 올라갔을 가능성이 있으므로 꼭 커피의 다량 섭취가 심장병에 걸릴 위험이 높다고는 할 수 없다.

[11~13] 일정한 규칙으로 수를 나열할 때, ( ) 안에 들어갈 알맞은 수를 고르시오.

11 **3 4 6 7 9 10 12 ( )**

① 16   ② 15   ③ 14   ④ 13

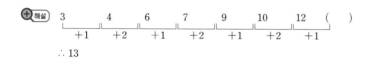

$$3 \underset{+1}{\quad} 4 \underset{+2}{\quad} 6 \underset{+1}{\quad} 7 \underset{+2}{\quad} 9 \underset{+1}{\quad} 10 \underset{+2}{\quad} 12 \underset{+1}{\quad} ( )$$

∴ 13

12 **13 ( ) 25   8 4 16   7 1 36**

① 6   ② 7   ③ 8   ④ 9

해설 $(8-4)^2 = 16$

$(7-1)^2 = 36$

$(13-(\quad))^2 = 25$

∴ 8

13 **3 1 2 6   7 3 4 84   9 1 8 ( )**

① 70   ② 71   ③ 72   ④ 73

해설 $3 \times 1 \times 2 = 6$

$7 \times 3 \times 4 = 84$

$9 \times 1 \times 8 = ( )$

∴ 72

[14~16] 다음에 나열한 문자의 공통된 규칙을 찾아 (   ) 안에 들어갈 알맞은 문자를 고르시오.

14 A D H M S (   )

① Z 　　　　② Y 　　　　③ X 　　　　④ W

해설 A 　 D 　 H 　 M 　 S 　(   )

$$+3 \quad +4 \quad +5 \quad +6 \quad +7$$

∴ Z(26)

15 B C E I (   )

① P 　　　　② Q 　　　　③ R 　　　　④ S

해설 B 　 C 　 E 　 I 　(   )

$$+1 \quad +2 \quad +4 \quad +8$$

∴ Q(17)

16 F G I L M O (   )

① Y 　　　　② X 　　　　③ T 　　　　④ R

해설 F 　 G 　 I 　 L 　 M 　 O 　(   )

$$+1 \quad +2 \quad +3 \quad +1 \quad +2 \quad +3$$

∴ R(18)

[17~18] 다음에 제시된 [규칙]과 [조건]에 따라 변환할 때, 마지막에 나올 수 있는 모양으로 적절한 것을 고르시오.

[규칙]

A : 1행을 3행에 복사해서 붙여 넣는다.

B : 1열을 3열에 복사해서 붙여 넣는다.

C : 1열과 3열을 교환한다.

D : 가운데를 중심으로 시계방향으로 한 칸씩 이동한다.(가운데 칸은 움직이지 않는다.)

....

[조건]

田 : 시작 도형과 색이 같은가?

⊠ : 시작 도형과 모양이 같은가?

17

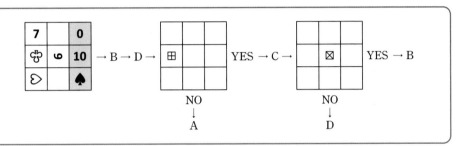

①
♣	7	
♡	9	7
♡		♠

②
7		7
♣	9	♣
♢		♢

③
	7	
7	9	7
♣	♢	♣

④
7		7
♣	9	♣
♢		♢

해설 다음과 같은 과정을 거친다.

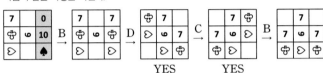

18

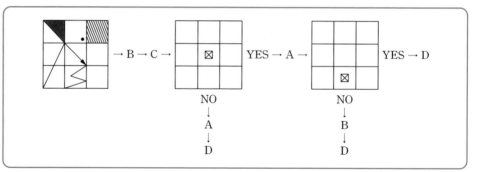

① 　　　　②

③ 　　　　④

해설 다음과 같은 과정을 거친다.

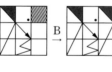 B → C → A → B →

YES　　　NO

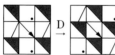 D →

[19~22] 주어진 조건에 따라 변화했을 때, 물음표에 들어갈 알맞은 수를 고르시오.

⊕ : 표시한 자리에 있는 문자 위치 바꾸기

▭ : 표시된 숫자만큼 시계 방향으로 회전

▨ : 표시된 숫자만큼 반시계 방향으로 회전

⊕ : 색칠한 칸에 있는 문자를 수로 바꾸어 더하기

⊕ : 색칠되지 않은 칸에 있는 문자를 수로 바꾸어 곱하기

▭ : 순서도의 결과값이 해당 수보다 큰지 판단하는 기호

▭ : 순서도의 결과값이 해당 수보다 작은지 판단하는 기호

A	B	C	D	E	F	G	H	I	J	K	L	M
1	2	3	4	5	6	7	8	9	10	11	12	13
N	O	P	Q	R	S	T	U	V	W	X	Y	Z
14	15	16	17	18	19	20	21	22	23	24	25	26

19

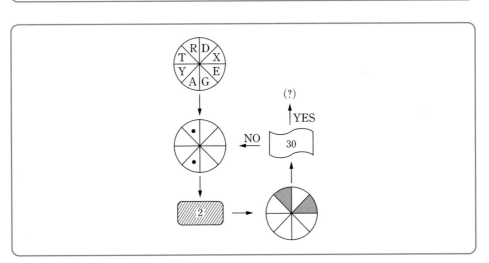

① 31　　　　　② 32　　　　　③ 33　　　　　④ 34

➕해설 다음과 같은 과정을 거친다.

이때 표시된 위치의 두 문자를 수로 변환시켜 더하면

X(24)＋G(7)＝31

30보다 크다는 조건을 만족한다.　∴ 31

답 18. ④ | 19. ①

20

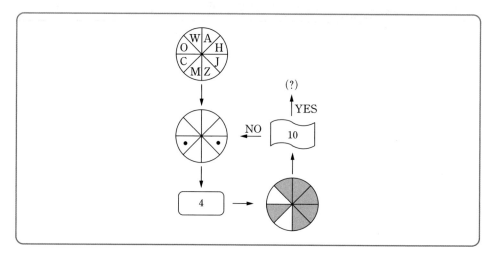

① 9

② 7

③ 5

④ 3

해설 다음과 같은 과정을 거친다.

이때 표시된 위치의 두 문자를 수로 변환시켜 곱하면

$A(1) \times C(3) = 3$

10보다 작다는 조건을 만족한다.

∴ 3

21

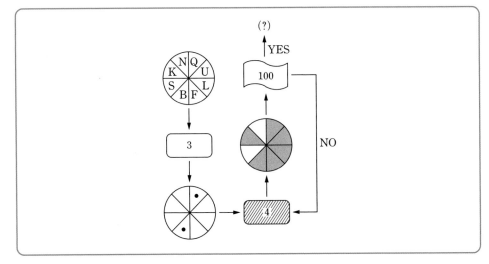

① 12

② 24

③ 36

④ 48

해설 다음과 같은 과정을 거친다.

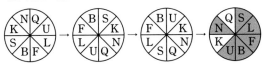

이때 표시된 위치의 두 문자를 수로 변환시켜 곱하면

$K(11) \times Q(17) = 187$

100보다 작다는 조건을 만족하지 않는다.

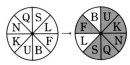

이때 표시된 위치의 두 문자를 수로 변환시켜 곱하면

$L(12) \times B(2) = 24$

100보다 작다는 조건을 만족한다.

∴ 24

part
05
직업기초능력평가

22

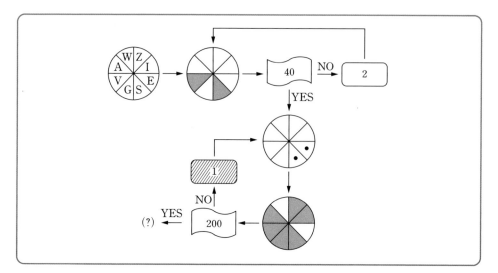

① 178

② 180

③ 182

④ 184

해설 다음과 같은 과정을 거친다.

표시된 위치의 두 문자를 수로 변환시켜 더하면

$S(19) + V(22) = 41$

40보다 크다는 조건을 만족한다.

[23~25] 다음 물음에 알맞은 답을 고르시오.

23 다음 그림에서 물체를 들어 올리는데 필요한 최소한의 힘 F의 크기는? (단, 실의 질량과 모든 마찰은 무시한다.)

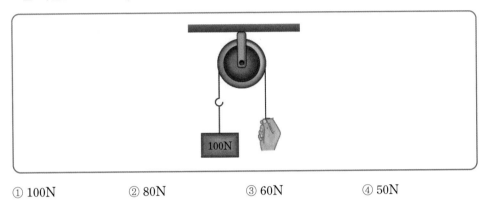

① 100N   ② 80N   ③ 60N   ④ 50N

⊕해설 고정 도르래의 경우 힘과 이동 거리에 이득이 없고 힘의 방향을 바꿀 수 있다. 따라서 물체를 들어 올리는데 필요한 최소한의 힘은 100N이다.

24 다음 그림과 같은 궤도를 가진 공의 운동에 관한 설명 중 옳지 않은 것은? (단, 공기 저항은 무시한다.)

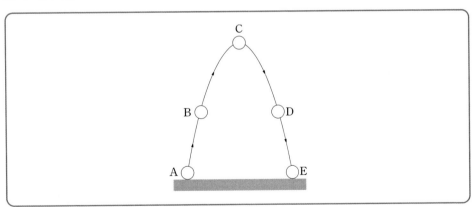

① A에서 C로 갈수록 위치에너지가 증가한다.
② C에서 E로 갈수록 운동에너지가 증가한다.
③ C에서 운동에너지가 최대이다.
④ B와 D의 역학적 에너지는 같다.

⊕해설 C의 경우 운동에너지는 최소이고, 위치에너지는 최대이다. 따라서 ③은 옳지 않다.

답 22. ③ | 23. ① | 24. ③

25 다음 그림은 동일한 전구 A~C를 혼합 연결한 회로도이다.

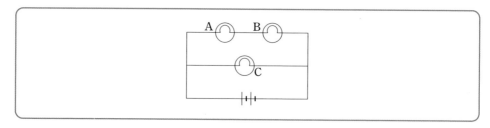

전구 A~C의 밝기를 바르게 비교한 것은?

① A=B=C   ② A=B<C   ③ A>B>C   ④ A<B<C

➕해설 A와 B는 직렬연결이므로 전구에 흐르는 전류가 같아 밝기도 같다. 전구 A, B는 전구 1개일 때보다 저항이 크므로 전구 A, B보다 전구 C에 더 센 전류가 흐른다. 따라서 전구 A, B보다 전구 C가 더 밝다.

제 **5** 장

직업기초능력평가

04 공간지각

객관식문제
+
정답 및 해설

BASIC VOCATIONAL COMPETENCY TEST

part
05

직업기초능력평가

[01~05] 다음에 제시된 전개도를 사용하여 만들 수 있는 입체도형을 고르시오.

01

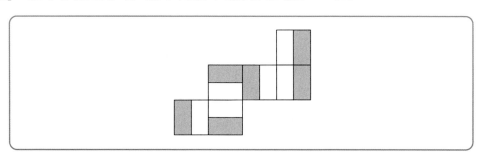

①

②

③

④

02

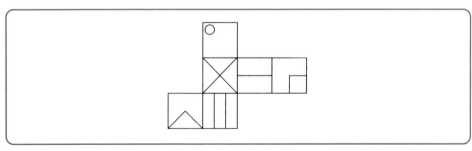

①

②

③

④

03

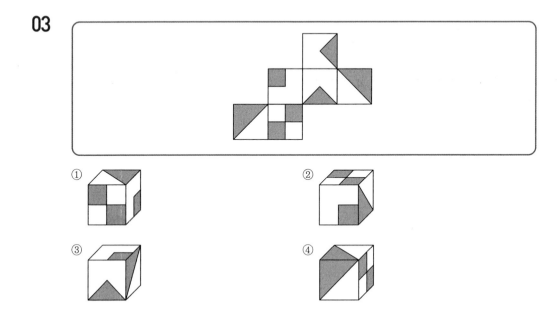

04

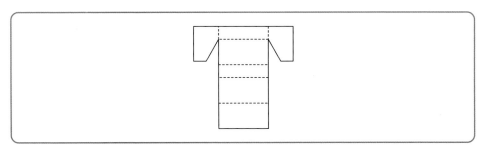

①

②

③

④

05

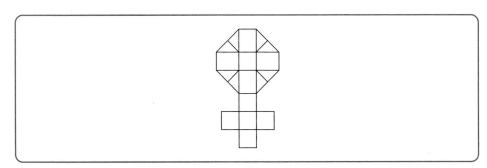

①

②

③

④

답 02. ① | 03. ③ | 04. ③ | 05. ②

[06~07] 다음 주어진 입체도형에 대한 바른 전개도를 찾으시오.

06

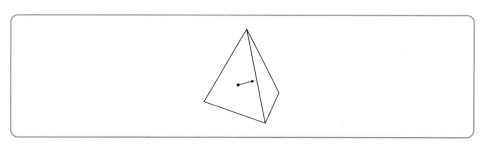

① 　　　　②

③ 　　　　④

07

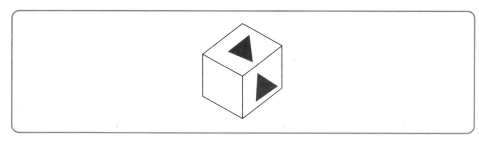

① 　　　　②

③ 　　　　④

[08~09] 다음 중 전개도를 접었을 때 완성되는 입체도형이 나머지와 다른 하나를 고르시오.

08

①

②

③

④

09

①

②

③

④

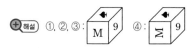

[10~11] 다음 그림과 같이 종이를 접은 후, 펀치로 구멍을 뚫고 다시 펼쳤을 때의 그림으로 옳은 것을 고르시오.

10

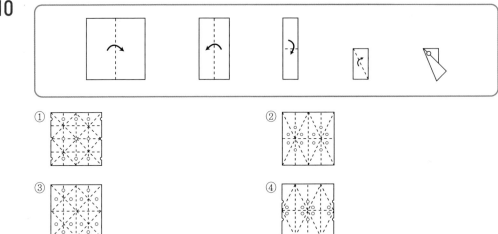

①

②

③

④

11

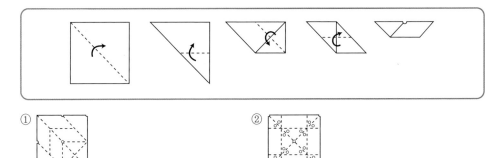

①

②

③

④

[12~13] 다음에 제시된 입체도형이 통과할 수 있도록 구멍이 난 것은 무엇인지 고르시오.

12

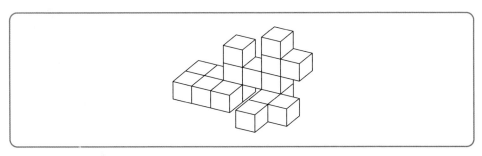

①

②

③

④

🔍 해설

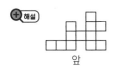

앞   위   옆

13

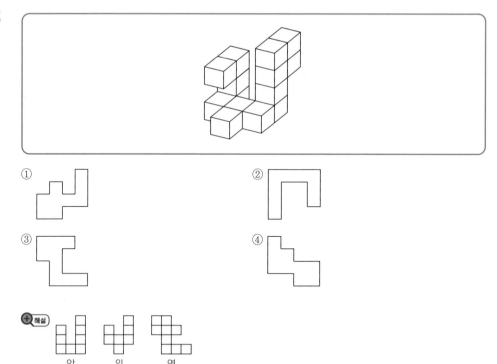

①   ②

③ ④

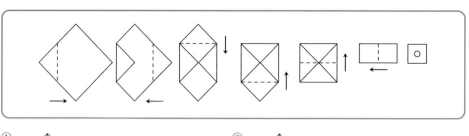

앞   위   옆

14 다음 그림과 같이 화살표 방향으로 종이를 접은 후, 펀치로 구멍을 뚫고 다시 펼쳤을 때의 그림으로 옳은 것은?

① ②

③ ④

[15~18] 다음은 어떤 입체도형을 정면, 윗면, 측면에서 바라본 투상도를 나타낸 것이다. 아래에 제시된 투상도의 입체도형을 고르시오.

15

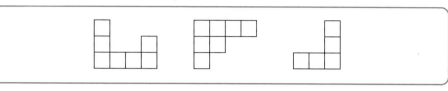

①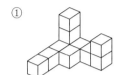

②

③

④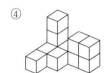

16

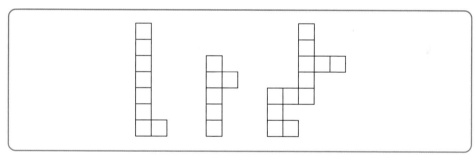

①

②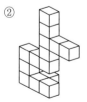

③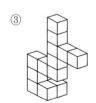

④

17

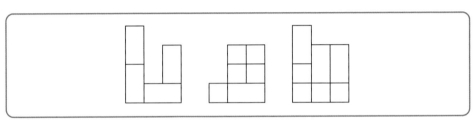

18

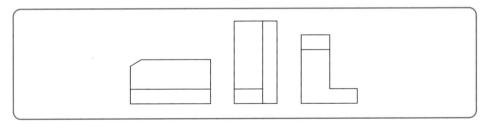

[19~20] 다음 입체도형 중 나머지와 다른 것을 고르시오.

19

①

②

③

④

해설 ①의 도형에서 덮개가 없어졌다.

20

①

②

③

④

해설 ③의 도형에서 작은 원 하나가 없어졌다.

답 17. ① | 18. ② | 19. ① | 20. ③

part **05** 직업기초능력평가

[21~23] 다음 도형에서 찾을 수 없는 것을 고르시오.

21

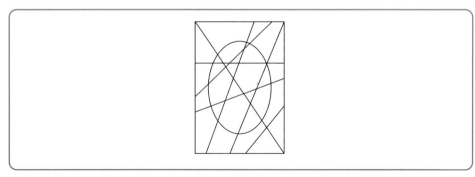

①

②

③

④

22

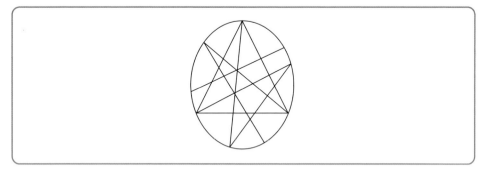

①

②

③

④

23

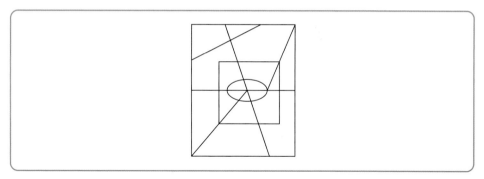

①

②

③

④

part
05

직업기초능력평가

24 다음 제시된 도형을 조합하였을 때 만들 수 없는 것은?

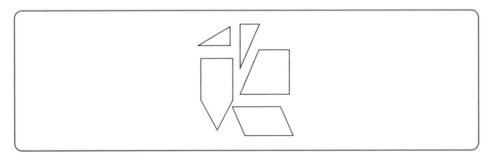

①

② ③

③

④

➕ **해설** 제시된 도형을 조합해보면

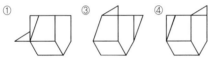

따라서 제시된 도형을 조합하면 ②는 만들 수 없다.

25 다음 두 개의 블록을 결합했을 때 만들 수 없는 형태를 고르시오.

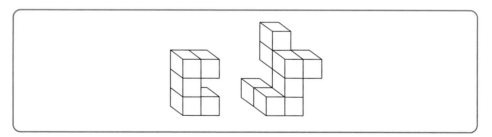

①

②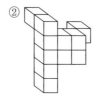

③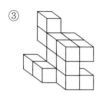

④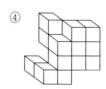

➕해설 두 개의 블록을 결합해보면

따라서 ②는 두 개의 블록을 결합해도 만들 수 없다.